Innenpolitik in Theorie und Praxis 13

Herausgegeben von
Lutz-Rainer Reuter, Hamburg
(geschäftsführender Herausgeber)
Rüdiger Voigt, Siegen

Die Reihe »Innenpolitik in Theorie und Praxis« dient der Diskussion, Dokumentation und kritischen Analyse grundlegender Fragen sowie aktueller Probleme des gesellschaftlichen, politisch-administrativen und wirtschaftlichen Systems der Bundesrepublik Deutschland. Die Vielschichtigkeit des Gegenstandsbereiches und die wechselseitige Abhängigkeit seiner Teilsysteme verdeutlichen die Notwendigkeit des fachübergreifenden Gesprächs. Forum dieses Gesprächs zwischen den verschiedenen sozialwissenschaftlichen Fachdisziplinen einerseits und zwischen Sozialwissenschaftlern und Praktikern der unterschiedlichen gesellschaftlichen, politischen und wirtschaftlichen Teilbereiche andererseits zu sein, ist Absicht der in der Reihe »Innenpolitik in Theorie und Praxis« erscheinenden Beiträge.

Die Herausgeber

 minerva publikation münchen

Reform oder Restauration?

Eine vergleichende Analyse
der schulpolitischen Konzepte
und Maßnahmen der Besatzungsmächte
1945 – 1949

Hans-Werner Fuchs
Klaus-Peter Pöschl

mit einem Vorwort von
Bernhard Muszynski

MPM minerva publikation münchen

CIP-Kurztitelaufnahme der Deutschen Bibliothek

Fuchs, Hans-Werner:
Reform oder Restauration? : Eine vergleichende
Analyse d. schulpolit. Konzepte u. Massnahmen d.
Besatzungsmächte 1945 – 1949 / Hans-Werner Fuchs ;
Klaus-Peter Pöschl. Mit e. Vorw. von Bernhard
Muszynski. – München : Minerva-Publikation,
1986.
  (Innenpolitik in Theorie und Praxis ; 13)
  ISBN 3-597-10523-8

NE: Pöschl, Klaus-Peter : GT

© 1986 by Minerva Publikation Saur GmbH
Druck/Binden: WB-Druck GmbH & Co. Buchproduktions KG, Rieden b. Füssen
Printed in the Federal Republic of Germany

RE-EDUCATION: EIN BILDUNGSSOZIOLOGISCHES LEHRSTÜCK?

(Bernhard Muszynski)

Als im Verlauf der Frühjahrsoffensiven des Jahres 1945 die Alliierten das deutsche Reichsgebiet fast vollständig besetzten, kamen sie in ein Land, dessen soziale Zerstörung der materiellen in nichts nachzustehen schien: "Die für den ökonomischen und sozialen Zusammenhalt relevanten Institutionen waren aufgelöst; große Teile der Bevölkerung waren apathisch. Horizontal schien die Gesellschaft aufgelöst in einer Ansammlung isolierter Einzelorte und vertikal atomisiert in eine Ansammlung isolierter Individuen." (L. Krieger, 1984, S. 27). Und egal, ob man dieses Resultat der 12-jährigen NS-Herrschaft nun als Zusammenbruch, Befreiung oder schlicht Ende bezeichnet, gemeinsam ist allen Prädikaten, daß von nun an de jure und de facto alle politische Macht bei den vier Siegern lag. Deren Absichtserklärungen in Hinblick auf die soziale und politische Umgestaltung der deutschen Gesellschaft zielten auf die Trias "Denazification", "Demilitarisation", "Democratisation", verstanden als ein breit angelegtes Erziehungsprogramm, bei dem dem Bildungswesen ein zentraler Stellenwert zukam: "German education shall be so controlled as completely to eliminate Nazi and militarist doctrines and to make possible the successfull development of democratic ideas." (Potsdamer Protokoll, S. 5)

Unter Berücksichtigung des breiten Interpretationsspielraumes zumindest des letzten Ziels können in diesen alliierten Konsens auch weithin die Vorstellungen von deutscher Seite einbezogen werden, so das von der breiten Akzeptanz einer b i l d u n g s-politischen Therapie als geeignete Reaktion auf die historische Katastrophe der Deutschen ausgegangen werden kann. Dieses in der westlichen Literatur unter dem Begriff "Re-education" gefaßte Vorhaben war sowohl aus dem Verständnis der Zeitgenossen wie auch aus der Rückschau ein gigantisches Sozialexperiment: "Das Wagnis, eine ganze Nation 'umzuerziehen' d. h. zu einer moralischen und geistigen Katharsis zu bewegen,

hat in der Geschichte, zumindest der Neuzeit, kaum seinesgleichen."
(H. Kellermann 1981, S. 88) Man sollte meinen, die Singularität
dieses Experiments, seine relativ sehr gute Nachvollziehbarkeit anhand detaillierter Daten sowie die ohne weiteres einsehbar hohe
Relevanz hätten ein reges sozialwissenschaftliches Interesse hervorgerufen, ging es doch um nicht weniger als um gezielte und grundlegende Eingriffe in zentrale Sozialisationsagenturen eines ganzen
Volkes und damit um die Frage der exogenen Formbarkeit zumindest der
strukturellen Kompetenten eines konstituierenden Subsystems. Indessen
hat die makrosziologische Analyse diese naheliegende Möglichkeit zur
Anwendung und Überprüfung ihrer ansonsten sehr fruchtbaren Theoriebildung bislang versäumt - die Tatsache, daß erst in jüngster Zeit
wichtige Archive zugänglich wurden, dürfte eher für Historiker von
Bedeutung sein. Vielleicht hätte eine intensivere Be- und Verarbeitung dieses Komplexes einige bildungspolitische Reformeuphorien der
Brandt-Ära gedämpft und zumindest die Annahme, Reformen wären schon
auf Grund ihrer rationalen Plausibilität leicht durchsetzbar, nachhaltig relativiert.

Das angesprochene Forschungsdefizit verwundert umso mehr als insbesondere die bildungssoziologische Forschung hier ein breites Feld von
geradezu exemplarischer Bedeutung für die hohe Persistenz tradierter
Normen, Strukturen und Konflikte gerade im Bildungsbereich finden
könnte, die auf wirksame Kontinuitäten vom Kaiserreich bis in unsere
Tage hinweisen. Prominentestes Beispiel hierfür dürften die andauernden Auseinandersetzungen um die Gesamtschule sein, die gerade in
der Re-education-Phase in historisch wohl einmaliger Weise virulent
wurden: Alle vier Siegermächte verbanden mit ihren heimischen Einheitsschulsystemen nicht nur den Anspruch, damit ein modernes, an
sozialer Mobilität orientiertes Schulwesen zu besitzen sondern darüber hinaus auch ihrem jeweiligen Demokratieverständnis hiermit einen
adäquaten strukturellen Ausdruck verliehen zu haben. Zudem waren auch
auf deutscher Seite just die durch den Hitlerismus am wenigsten
desavouierten politischen Kräfte Gegner des gegliederten Schulwesens.
Was hätte also näher gelegen, wenn aus heutiger Sicht die alte Klas-

senschule nunmehr historische Reminiszenz wäre? Stattdessen bestehen im westdeutschen Staat auch noch vier Jahrzehnte nach der Zäsur von 1945 die alten Fronten, munitioniert durch eine ungebrochen lebhafte Ideologieproduktion um "Begabungsgerechtigkeit", "sozialistische Gleichmacherei", das "Verhängnis von zuviel Bildung" u. dergl. mehr.

Nun ist die Annahme einer "Stunde Null" für die Zeit nach der Befreiung schon immer ein naives oder gewolltes Mißverständnis zu den tatsächlichen Abläufen und in Sonderheit zur bildungspolitischen Restauration in Westdeutschland gewesen. In der Tat hatten die nationalsozialistischen Einwirkungsversuche auf das Schulwesen seine wesentlichen Züge aus der Weimarer Zeit unangetastet gelassen. Zwar hatte man bereits 1934 die Kulturhoheit der Länder in einem "Reichsministerium für Wissenschaft, Erziehung und Volksbildung" aufgehen lassen, war 1939 die ideologische Gleichschaltung durch eine umfassende Lehrplanrevision der "Gesinnungsfächer" abgeschlossen, erfolgte 1941 die Einrichtung der Hauptschule als eine Art Volksschuloberstufe auf Kosten der alten preußischen Mittelschule und bildeten die quantitativ eher bedeutungslosen NS-Eliteschulen eine gewisse Konkurrenz zum übrigen Schulwesen. (vergl. zur NS-Bildungs- und Schulpolitik: Eilers 1963; Scholz 1973; Nyssen 1979; Heinemann 1980) Aber weder kam eine nationalsozialistische Bildungskonzeption - die so auch gar nicht existierte - zum Tragen, noch gelang die angestrebte Marginalisierung der traditionellen Bildungsinstitutionen zugunsten außerschulischer Erziehungseinrichtungen. Vielmehr hatte die genuine Bildungsferne faschistischer Gesellschaftsentwürfe auch in Deutschland das Bildungswesen von grundlegenden Veränderungen ausgespart.

Diese in wesentlichen Strukturmerkmalen ungebrochene Tradition des Weimarer und darüber hinaus partiell auch des vorrepublikanischen Schulwesens ließ eine grundlegende Umgestaltung nach dem Krieg zumindest für die schnell wieder an Einfluß gewinnenden konservativen Kräfte keineswegs dringlich erscheinen. Mehr noch: Ihr Verständnis des III. Reiches als eine Heimsuchung durch "die Mächte des Bösen", als ein Akt der kollektiven "Entchristlichung" (in diesem Sinne etwa noch Kanzler Kohl in einer Gedenkrede am 21.4.85 im KZ Bergen-Belsen, s. Presse- u. Informationsamt d. Bundesregierung, Bulletin vom 22.4.85), als ein Phänomen, das zwischen den Deutschen und den Nazis wie zwischen Opfern und Tätern unterscheidet, forderte eher eine Stärkung der traditionellen Elemente und eine Rückkehr zu den "abendländischen" religiösen und ethischen Werten und Normen. (vergl.: F. Schramm 1947) Entsprechend fremd erschien dieser Denkungsart die Vorstellung, im Bildungswesen gäbe es strukturelle Anhaltspunkte für eine Anfälligkeit gegenüber totalitären Herrschaftsansprüchen, gar für faschistoide Affinitäten. Die Ausblendung des Hitlerismus als ein zuerst soziales Ereignis, das seine Monstrosität im Alltag der zahllosen Denunzianten, Mitläufer, Ignoranten kaum realisierte, ließ die wohl entscheidende Fragestrategie nicht nach den Beförderern, vielmehr nach den fehlenden Immunisierungskräften garnicht erst wirksam werden.

Die Zurückhaltung gegenüber durchgreifenden Strukturreformen im Bildungswesen kann selbst für die sowjetische Besatzungszone aufgezeigt werden, in der die dort schon im Frühjahr 1946 eingeführte Einheitsschule - übrigens keineswegs als Oktroy der sowjetischen Militäradministration - lediglich ein Torso war, indem sie nur die Grund- und Mittelstufe umfaßte und die berufliche Bildung zunächst überhaupt nicht integrierte. Immerhin fand hier eine direkte Anknüpfung an progressive Entwürfe der 20er Jahre statt, die sich allerdings erst im DDR-Schulgesetz von 1959 und schließlich im Bildungsgesetz aus dem Jahre 1965 voll entfalteten - einem Zeitraum übrigens, in dem in einigen Regionen der BRD noch um die Abschaffung von "Zwergschulen" (ein- bis zweiklassige Grundschulen vor allem im ländlichen Raum) gerungen wurde.

Soweit diese Skizze des relativ schnellen und fast totalen Triumphes der deutschen pädagogischen Provinz über die bildungspolitischen Modernisierungsimpulse der Westalliierten in seiner endogenen Genesis plausibel machen mag, bleibt doch eine Fülle von bildungssoziologischen Fragestellungen auf allen Analyseebenen, angefangen von den ersten Rekonstruktionsprozessen in Landkreisen und Ländern, über die Differenzierung nach Besatzungszonen und Regionen, der komparativen Aufarbeitung von Sonderfällen (Berlin!), bis hin zur Entwicklung von Theorien, die den exemplarischen Charakter des Re-education-Projekts auch für die fortdauernde Aufgabe von Bildungsreform erschließt.

Für diese allfälligen Vorhaben bietet die Arbeit von Fuchs und Pöschl, indem sie eine erste Gesamtdarstellung leistet, eine wichtige Grundlage, der lebhafte Spin-off-Effekte zu wünschen sind.

INHALT

1. VORBEMERKUNG

1.1 Abgrenzung des Themas und Vorgehensweise (13)

1.2 Literaturlage und Forschungsstand (15)

2. EINLEITUNG: SCHULREFORM ALS INSTRUMENT ZUR VERÄNDERUNG DER GESELL-SCHAFT?

2.1 Sozio-kulturell-ökonomische Rahmenbedingungen des Erziehungswesens (20)

2.2 Äußere und innere Schulreform (21)

2.3 Das Beispiel Re-education (22)

3. DIE ENTWICKLUNG DER RE-EDUCATION-ANSÄTZE DER ALLIIERTEN WÄHREND DES ZWEITEN WELTKRIEGES

3.1 USA (25)
   3.1.1 Die Vorstellungen des Morgenthau-Kreises (25)
   3.1.2 Die Vorstellungen der Westintegrationisten (27)
   3.1.3 Die Kritik John Deweys am deutschen Idealismus und Bildungswesen (29)
   3.1.4 Psychiatrische und soziologische Interpretationen des Nationalsozialismus (31)
   3.1.5 Der Beitrag deutscher Emigranten zur amerikanischen Re-education-Diskussion (35)

3.1.6 Ergebnisse der US-amerikanischen Diskussion - politisch-
pädagogische Leitziele für die Anfangsphase der Re-education
(36)

3.2 Großbritannien (40)

3.2.1 Der Vansittarismus und seine Auswirkungen auf die britische
Re-education-Diskussion (40)

3.2.2 Andere Ansätze (41)

3.2.3 Der Education-Act von 1944 und seine Auswirkungen auf britische Reformvorstellungen für das deutsche Erziehungswesen
(45)

3.2.4 Deutsch-englische Zusammenarbeit in der G.E.R. (47)

3.2.5 Ergebnisse der britischen Diskussion (48)

3.3 Frankreich (50)

3.3.1 Die Sonderrolle Frankreichs - vom Besetzten zum Besatzer
(50)

3.3.2 Die Vorüberlegungen der Résistance für ein Nachkriegsdeutschland (51)

3.3.3 Die Vorüberlegungen des Kreises um de Gaulle für ein Nachkriegsdeutschland (52)

3.3.4 Andere Vorstellungen zur Umerziehung der Deutschen (55)

3.3.5 Ergebnisse der französischen Diskussion (56)

3.4 Sowjetunion (58)

3.4.1 Die Beurteilung der nationalsozialistischen Ideologie und
ihre Auswirkungen auf die sowjetische Besatzungspolitik
(58)

3.4.2 Die Vorbereitungen der Exil-KPD in der Sowjetunion zur
Reform des Schulwesens in der SBZ (59)

3.4.3 Die Arbeit des NKFD zur Vorbereitung der Reform des Schulwesens in der SBZ (61)

3.4.4 Ergebnisse der sowjetischen Planungen (62)

3.5 Interalliierte Vorbereitungen (64)
    3.5.1 Anglo-amerikanische Zusammenarbeit in der Erziehungsabteilung des Supreme Headquarter of Allied Expedition Forces (SHAEF) (64)
    3.5.2 Die amerikanisch-britisch-sowjetische Zusammenarbeit in der European Advisory Commission E.A.C. (67)
    3.5.3 Die alliierten Gipfelkonferenzen von Casablanca, Teheran und Jalta (68)
    3.5.4 Die Konferenz von Potsdam (69)

3.6 Zusammenfassende Beurteilung des Vorbereitungsstandes der alliierten Re-education-Vorhaben zu Beginn der Besatzungszeit anhand ausgewählter Kriterien (70)
    3.6.1 Die Perzeption der Re-education-Problematik in interalliiertem Vergleich (70)
    3.6.2 Die Präzisierung der pädagogisch-politischen Leitziele für die Re-education im interalliierten Vergleich (72)
    3.6.3 Der Stand der organisatorischen Vorbereitungen der Alliierten für die Kontrolle des deutschen Erziehungswesens (73)
    3.6.4 Chancen für das gemeinsame Vorgehen der Alliierten vor dem Hintergrund der Gemeinsamkeiten und Unvereinbarkeiten der Re-education-Planungen für die Anfangsphase der Besatzung (74)

4. DIE KONKRETISIERUNG UND DURCHFÜHRUNG DER SCHULPOLITIK DER ALLIIERTEN IN DER ANFANGSZEIT DER BESATZUNG

4.1 Die allgemeine Lage im besetzten Deutschland (76)
    4.1.1 Die ideelle und materielle Notlage der deutschen Bevölkerung (76)
    4.1.2 Das Flüchtlingsproblem (77)

4.2. Die Einbettung der Re-education-Behörden in die Organisationsstruktur der Militärregierungen (78)
    4.2.1 In der US-Zone (78)
    4.2.2 In der britischen Zone (79)
    4.2.3 In der französischen Zone (80)
    4.2.4 In der sowjetischen Zone (81)

4.3 Gemeinsame schulpolitische Schwerpunkte der Alliierten (82)
    4.3.1 Die Umerziehung der Lehrer (82)
    4.3.2 Die Schulbuchrevision (85)
    4.3.3 Die Revision der Lehrpläne (87)
    4.3.4 Die Wiedereröffnung der Schulen (89)

4.4 Voraussetzungen für die Durchführbarkeit der Re-education-Vorhaben (90)

5. DIE FORMIERUNG GESELLSCHAFTLICH RELEVANTER GRUPPEN UND IHRE BILDUNGSPOLITISCHEN VORSTELLUNGEN

5.1 In den Westzonen (94)
    5.1.1 CDU/CSU (94)
    5.1.2 SPD (96)
    5.1.3 Gewerkschaften und Lehrerverbände (97)
    5.1.4 Zusammenfassung: Bildungspolitische Schwerpunkte gesellschaftlich relevanter Gruppen im Westen (101)

5.2 In der SBZ (102)
    5.2.1 Gründung und Vereinigung von KPD und SPD und ihre schulpolitischen Vorstellungen (102)
    5.2.2 Die bürgerlichen Parteien (104)
    5.2.3 Die Pädagogischen Kongresse (106)

6. DIE ENTWICKLUNG DES VERHÄLTNISSES DER BESATZUNGSMÄCHTE UNTEREIN-
   ANDER ALS RAHMENBEDINGUNG IHRER ZUSAMMENARBEIT IM BESETZTEN
   DEUTSCHLAND

6.1 Die Nachkriegs-Außenministerkonferenzen der Siegermächte (110)

6.2 Die Truman-Doktrin (113)

6.3 Der Marshall-Plan und die Zusammenlegung der Westzonen (114)

6.4 Die Entwicklung der USA zur führenden westlichen Macht und die
    deutsche Teilung (116)

6.5 Die Gleichschaltung der Parteien und die Stalinisierung der SED
    in der SBZ (117)

7. DIE ENTWICKLUNG DES EINHEITSSCHULGEDANKENS ALS LEITZIEL DER SCHUL-
   REFORM IN DEN WESTZONEN

7.1 Britische Reformvorstellungen in Anlehnung an den Education Act
    von 1944 (120)

7.2 Das französische Schulwesen als Leitziel der französischen Re-
    formbemühungen (122)

7.3 Der Bericht der amerikanischen Erziehungskommission und die Neu-
    definition der amerikanischen Bildungspolitik (123)

7.4 Die Kontrollratsdirektive Nr. 54 (131)

8. DIE ÜBERGABE DER KULTURHOHEIT AN DIE LÄNDER DER WESTZONEN - DIE SCHULPOLITIK DER LÄNDERADMINISTRATIONEN IM WIDERSTREIT MIT DEN ERZIEHUNGSABTEILUNGEN DER BESATZUNGSMÄCHTE

8.1 In der US-Zone (134)

8.2 In der britischen Zone (139)

8.3 In der französischen Zone (143)

9. DIE EINHEITSSCHULKONZEPTION IN DER SBZ

9.1 Die "antifaschistisch-demokratische" Reform des Schulwesens und und die Entwicklung des Gesetzes "zur Demokratisierung der deutschen Schule" (149)

9.2 Die Entwicklung zur "sozialistischen Einheitsschule" (154)

10. DAS SCHULWESEN IN BERLIN

10.1 Die Besatzungsmächte und ihr Einfluß auf die Gestaltung des Berliner Schulwesens (160)

10.2 Die Auseinandersetzungen der Parteien um das Berliner Schulgesetz (165)

10.3 Die Revision des Schulgesetzes in West- und Ost-Berlin (170)

11. DIE SCHULREFORM ZWISCHEN EINHEITSSCHULE UND TRADITIONELLEM DREI-
    GLIEDRIGEM SCHULWESEN

11.1 Die Gestaltung der wirtschaftlichen und gesellschaftlichen
     Rahmenbedingungen durch die Besatzungsmächte und ihre Auswirkun-
     gen auf Parteienpräferenz und Schulreform (172)

11.2 Konkrete Ergebnisse der Schulreformbemühungen (176)
    11.2.1 Einführung der Einheitsschule (176)
    11.2.2 Lehrplanreform und Partizipation (178)
    11.2.3 Schulgeld- und Lehrmittelfreiheit (179)

12. DAS ALLGEMEINBILDENDE SCHULWESEN IN DER BUNDESREPUBLIK DEUTSCH-
    LAND UND IN DER DDR NACH 1949

12.1 Parallelen zur Reformdiskussion während der Besatzungszeit in
     in der Bundesrepublik: Die Diskussion um die integrierte Ge-
     samtschule (181)

12.2 Die Weiterentwicklung des sozialistischen Einheitsschulwesens
     in der DDR (185)

Anhang I: Abkürzungsverzeichnis (188)

Anhang II: Literaturverzeichnis - Monographien und Quellensamm-
           lungen (192)

Anhang III: Dokumente zur alliierten Re-education-Politik (203)

1. VORBEMERKUNG

1.1 Abgrenzung des Themas und Vorgehensweise

Im Zusammenhang mit der jüngeren Schulreformdiskussion um die Einführung der integrierten Gesamtschule ist in der Bundesrepublik eine Reihe von Untersuchungen und Aufsätzen erschienen, die sich mit der Bildungs- und Schulpolitik der alliierten Mächte im besetzten Deutschland nach dem Zweiten Weltkrieg befassen.

Neben der, mit der allmählichen Freigabe alliierter Dokumente zur Besatzungszeit ermöglichten, Erschließung dieses Abschnitts pädagogischer Zeitgeschichte setzten sich die Autoren mit allgemeinen Rahmenbedingungen der Konzeptualisierung und Implementierung von Schulreformvorhaben auseinander, ferner versuchten sie die Frage zu klären, inwieweit das öffentlich-allgemeinbildende Schulwesen, u. U. nach einer entsprechenden Reform, einen Beitrag zur "Demokratisierung" einer Gesellschaft leisten kann.

Die bisher vorliegenden Arbeiten behandeln zumeißt die schulpolitischen Konzeptionen und Maßahmen jeweils einer Besatzungsmacht; an verschiedenen Stellen, wie historischen Handbüchern (z. B. Erdmann, 2. Aufl., 1982) oder Aufsatzsammlungen (z. B. Heinemann (Hg.) 1981), finden sich knappe Gesamtübersichten oder zusammengetragene Forschungsergebnisse. Mit der vorliegenden Arbeit soll nun - unseres Wissens erstmals - der Versuch einer umfassenderen Gesamtdarstellung unternommen werden.

Im Mittelpunkt stehen die Bemühungen der vier Siegermächte des Zweiten Weltkrieges, das deutsche öffentlich-allgemeinbildende Schulwesen im Sinne der von ihnen angestrebten Nachkriegsordnung so zu gestalten, daß es einen Beitrag zur Demokratisierung und langfristigen Befriedung Deutschlands zu leisten vermöge. Schwerpunktmäßig wird der Zeitraum vom Ende des Zweiten Weltkrieges bis zur Gründung der beiden deutschen Teilstaaten 1949 behandelt, in dem die Besatzungsmächte unmittelbar auf die Geschicke Nachkriegsdeutschlands einwirken konnten. Zum besseren Überblick und Erfassen schulpolitischer Kontinuitäten und Brüche ist die Darstellung in Ausführungen über Konzepte und Planungen der Besatzungsmächte während des Krieges und Vorstellungen bildungspolitisch einflußreicher deutscher Gruppen sowie über spätere Schulreformbemühungen in den beiden deutschen Teilstaaten eingebettet.

Besonderer Wert wird auf die Rahmenbedingungen alliierter Schulpolitik im besetzen und geteilten Deutschland gelegt, insbesondere das Demokratieverständnis der jeweiligen Besatzungsmacht, die Entwicklung des Verhältnisses der Alliierten zueinander nach Kriegsende und schließlich die allgemeine Lage in Deutschland nach dem Zusammenbruch. Leitfragen in diesem Zusammenhang sind:

- Wie werden die sozio-kulturellen Rahmenbedingungen durch die Besatzungsmächte gestaltet? Welche Nachkriegswirtschafts- und -gesellschaftsordnung streben sie an, welche deutschen gesellschaftlich relevanten Gruppen werden von ihnen an der Herrschaft beteiligt?
- Welche Reformziele für das öffentlich-allgemeinbildende Schulwesen werden entwickelt? Inwieweit befinden sich diese in Übereinstimmung mit den Rahmenbedingungen?
- Inwieweit stellt der 1949 in den verschiedenen Zonen vorzufindende Schulaufbau eine Reetablierung des vertikal gegliederten Schulwesens Weimarer Tradition dar, bzw. gelang es den Besatzungsmächten in ihren Zonen ein davon abweichendes Schulwesen zu implementieren?

In Anlehnung an Lawson (1963) geht es den Autoren vor diesem Hintergrund auch darum, die Abhängigkeit einer Schulreform von ihren sozio-ökonomisch-kulturellen Rahmenbedingungen zu illustrieren und nachzuweisen, daß eine Überwindung der Rahmenbedingungen durch eine Schulreform nicht möglich ist und eine mit diesem Ziel initiierte Schulreform nicht erfolgreich implementiert werden kann.

Die Auseinandersetzung mit der Schulpolitik vierer, unterschiedlichen Kulturkreisen und Weltanschauungen angehöriger Staaten in einem von ihnen gemeinsam besiegten und besetzten Land ist letztendlich ein denkbares Forschungsproblem der Vergleichenden Erziehungswissenschaften, einer relativ jungen Teildisziplin, die noch nicht über eine ausgereifte, originäre Methodik zur Erschließung ihrer Forschungsfelder verfügt. Insbesondere für die Analyse von in solch hohem Maße ideoligisch durchsetzten Problemen wie dem vorliegenden mangelt es an Vergleichsmaßstäben, die den Forderungen wissenschaftlicher Objektivität genügen (vgl. Pöggeler, in Baumann u. a. (Hg.) 1981, S. 17 f). Deshalb mußte es auf den von obigen Leitfragen umrissenen Ebenen unserer vergleichenden Analyse alliierter Schulpolitik häufig bei der, von F. Hilker als methodisches Schema für die Vergleichenden Erziehungswissenschaften vorgeschlagenen, Beschreibung, Interpretation und Gegenüberstellung bleiben (vgl. Wolf (Hg.), 5. Aufl., 1980, S. 614), konnte der Vergleich nur dort geleistet werden, wo konkrete historische Daten anzutreffen waren, so bei dem 1949 in Mittel- und Westdeutschland vorzufindenden Schulaufbau. Ein weiteres Problem stellte der historisch-chronologische Ablauf dar. Lassen sich bei der Behandlung einzelner Besatzungsmächte durchaus Brüche in der Besatzungspolitik mit entsprechenden Auswirkungen auf die Schulpolitik als Gliederungseinschnitte für eine Untersuchung festmachen, kommt es bei einer auf alle vier Besatzungsmächte ausgeweiteten Untersuchung jedoch zu Überlappungen und Phasenverschiebungen, die aus der unterschiedlichen Reaktionsgeschwindigkeit und -stärke der Besatzungsmächte auf Veränderungen im Verhältnis untereinander und daraus folgenden Umorientierungen in ihrer Besatzungspolitik resultieren. Dies machte sowohl Ausblicke als auch Rückblenden erforderlich.

1.2 Literaturlage und Forschungsstand

Einen allgemeinen Überblick über die Re-education-Politik aller Besatzungsmächte bieten: A. Hearnden in "Bildungspolitik in der BRD und DDR" (2. Aufl., 1977) und K. D. Erdmann: "Das Ende des Reiches und die Neubildung deutscher Staaten" (2. Aufl., 1982). Erdmann bietet darüber hinaus auch die wichtigsten Daten und Fakten zu den Rahmenbedingungen der alliierten Deutschlandpolitik, ebenso wie C. Klessmann: "Die doppelte Staatsgründung" (1982).

Die Dokumentenlage für die amerikanische und für die sowjetische Zone ist gut, die Dokumente für die britische und die französische Reeducation-Politik sind noch nicht vollständig erschlossen, da sie teilweise von den jeweiligen Regierungen noch unter Verschluß gehalten werden. Allgemeine Dokumentensammlungen zur alliierten Besatzungspolitik wurden herausgegeben von I. v. Münch: "Dokumente des geteilten Deutschland" (1976) und von C. Klessmann (1982, s. o.). Als speziell auf die Bildungspolitik der Alliierten bezogene Sammlung liegt vor: L. Froese "Bildungspolitik und Bildungsreform. Amtliche Texte und Dokumente zur Bildungspolitik im Deutschland der Besatzungszonen, der Bundesrepublik Deutschland und der DDR (1969).

Wesentliche Darstellungen zur US-Besatzungspolitik liefern H. Zink: "The United States in Germany 1945-1955" (1957) und J. Gimbel: "Amerikanische Besatzungspolitik in Deutschland 1945-1949" (1971). Gimbel betont besonders den Stellenwert der Wirtschaftspolitik der Besatzungsmacht im Gesamtrahmen der Besatzungspolitik und das "Dilemma" zwischen Demokratisierung und wirtschaftlichen Notwendigkeiten.

Eine Dokumentensammlung zur zweiten Hälfte der Besatzungszeit der amerikanischen Besatzungszone wurde herausgegeben vom US-Government Printing Office: "Germany 1947-1949. The Story In Documents" (1950).

In einer schwerpunktmäßig auf Re-edcuation-Politik bezogenen Darstellung "Umerziehung zur Demokratie" beschreibt K. E. Bungenstab (1969) die amerikanische Umerziehungspolitik, er versucht eine differenzierte Bewertung von Erfolg und Mißerfolg der amerikanischen Bemühungen. Darüberhinaus bringt Bungenstab Interpretationen des Begriffs "Reeducation" sowie eine Auswahl an Dokumenten.
.pa

Der Band "Neuordnung oder Restauration?" von J. B. Lange-Quassowski (1979) stellt die amerikanischen Demokratisierungs- und Re-education-Bemühungen in ihren Rahmenbedingungen dar, wesentlich hier: die amerikanische Wirtschaftspolitik als Besatzungsmacht.

R. F. Lawson versucht in "Reform on the West-German School-System" (1963) den Nachweis der These, daß Reformen nur dann erfolgreich sind, wenn sie einem konkreten Reformbedürfnis entspringen und sich an gesellschaftsspezifischen soziokulturellen Bedingungsfaktoren orientieren.
Inneramerikanische und amerikanisch-deutsche Ansätze und Kontroversen über Re-edcuation und Demokratisierung, betrachtet vor einem philosophischen, erziehungs- und sozialwissenschaftlichen Hintergrund, zeigt O. Schlander in "Reeducation" (1975) auf. Sein Schwerpunkt liegt auf dem Land Hessen, auch er bietet im Anhang eine Auswahl an Dokumenten.

Die Kontroversen um die Schulpolitik zwischen amerikanischer Besatzungsmacht und Kultusministerium, Parteien und Kirchen wird besonders deutlich herausgearbeitet in "Schulpolitik in Bayern zwischen Demokratisierung und Restauration in den Jahren 1945-1950" (1970) von I. Huelsz.

Erst in den letzten Jahren gründlich ausgearbeitet wurde die britische Re-education-Politik in Deutschland "The British in Germany", herausgegeben von A. Hearnden (1978). gibt Berichte von britischen Mitarbeitern der "Education Branch" über ihre Tätigkeit wieder. G. Pakschies vermittelt in "Umerziehung in der britischen Zone 1945-1949" (1979) Informationen über Planung und Durchführung der Reeducation sowie englische und deutsche Interpretationen von Re-education. Er versucht eine Bewertung der britischen Re-education-Bemühungen und gibt ebenfalls eine Auswahl an Dokumenten.

Die Schulbuchrevision als Schwerpunkt der Reformpolitik der britischen Besatzungsmacht sieht M. Halbritter in ihrer Dissertation "Schulreformpolitik in der britischen Zone von 1945-1949" (1979).

Darüber hinaus beschreibt sie die Schulpolitik der deutschen Länderadministrationen in der britischen Zone.

Allgemeine Angaben zum deutsch-französischen Verhältnis seit dem Ende des 2. Weltkrieges liefert F. R. Willis in "France, Germany and the New Europe 1945-1967" (1968). Wesentlich detailliertere Informationen zur französischen Re-education gibt Willis in dem schon 1962 erschienenen Buch "The French in Germany 1945-1949". Hier geht er ein auf die französischen Umerziehungsvorstellungen, auf die Durchführung der Umerziehung in der französischen Zone und die Auseinandersetzungen zwischen den französischen Besatzungsbehörden und den deutschen Vertretern der Schulpolitik in Behörden, Parteien und Kirchen. Diese Kontroverse ist auch der Schwerpunkt der Analyse von R. Winkeler: "Schulpolitik in Württemberg-Hohenzollern 1945-1952" (1971). Er beschreibt die Übermächtigkeit der katholischen Kirche und der von ihr beeinflußten Organisationen und Verbände und ihre Restaurationsbemühungen im Schulbereich als eine der Hauptursachen des Scheiterns der französischen Schulreformbemühungen. Eine weitere grundlegende Arbeit über die französische Re-education-Politik ist die Dissertation von A. Ruge-Schatz: "Umerziehung und Schulpolitik in der französischen Besatzungszone" (1977). Ruge-Schatz legt den Schwerpunkt auf Rheinland-Pfalz. Eine Dokumentensammlung zur Re-education in der französischen Zone lag leider nicht vor, einige allgemeine Dokumente zur französischen Deutschland-Politik finden sich im Europa-Archiv (14. Folge, 10. Juni 1954) "Französische Dokumente über Deutschland, August 1945 - Februar 1947".

Die Dokumentenlage zur Besatzungs- und Umerziehungspolitik in der SBZ ist hingegen wesentlich besser. Eine ausführliche Dokumentensammlung bietet der Band VI der Monumenta Paedagogica "Dokumente zur Geschichte des Schulwesens in der Deutschen Demokratischen Republik. Teil I: 1945-1955", herausgegeben 1970 von der Kommission für deutsche Erziehungs- und Schulgeschichte der Deutschen Akademie der Wissenschaften in Berlin (Ost) mit einer längeren Einleitung von K.-H. Günther und G. Uhlig. Eine inhaltlich umfassende Darstellung der

Schulreformmaßnahmen in der sowjetischen Besatzungszone liefern die
Bände II und III der "Monumenta Paedagogica", herausgegeben von der
o. g. Kommission. Der Band II von G. Uhlig, "Der Beginn der antifaschistisch-demokratischen Schulreform 1945-1946" (1965), beginnt
schon bei den Vorbereitungen einiger Gruppen im Moskauer Exil zur
Neugestaltung des Schulwesens der späteren SBZ und endet beim I.
Pädagogischen Kongreß. Band III schließt hier an. "Zur Entwicklung
des Volksbildungswesens auf dem Gebiet der Deutschen Demokratischen
Republik 1946-1949" (1968) wurde von einem Autorenkollektiv verfaßt
und führt die Thematik weiter bis zum IV. Pädagogischen Kongreß.

Die Bände II und III bieten eine Fülle von Fakten und Daten, im
historischen Urteil sind sie (für Westdeutsche) jedoch problematisch,
da die Autoren voll der sowjetischen Marxismus-Interpretation und der
offiziellen DDR-Staatsideologie folgen, so daß sich manche Passage
eher als Rechtfertigung denn als kritische Bestandsaufnahme der
SBZ/DDR-Schulreform liest. Dennoch bleiben die beiden Bände neben den
Dokumentensammlungen die ausführlichste Materialgrundlage zur Darstellung der Schulreform in der SBZ/DDR, in westdeutschen Schriften
finden sich nur knappe Hinweise auf die Schulreform in der SBZ der
Jahre 1945-1949. Auch in S. B. Robinsohn, Hrsg.: "Schulreform im
gesellschaftlichen Prozeß, Band I" (1969) wird das Schulwesen der SBZ
für den Zeitraum von 1945-1949 auf ganzen 13 Seiten abgehandelt.
Allgemeine Informationen zur Politik in der SBZ/DDR finden sich bei
H. Weber: "Von der SBZ zur DDR, Band I, 1945-1955" (1966) und im Band
"Die SED 1946-1971" (1971) vom gleichen Autor.

Grundlage für das Kapitel über das Schulwesen in Groß-Berlin von der
Besetzung der Stadt bis zur Revision des Schulgesetzes in West- und
Ost-Berlin in den Jahren 1948-1951 war der Band "Berliner Einheitsschule 1945-1951" von M. Klewitz (1971), die alle wesentlichen Informationen zur Auseinandersetzung sowohl zwischen den Besatzungsmächten
als auch zwischen den Parteien liefert.

2. EINLEITUNG: SCHULREFORM ALS INSTRUMENT ZUR VERÄNDERUNG DER GESELLSCHAFT?

2.1 Sozio-kulturell-ökonomische Rahmenbedingungen des Erziehungswesens

Einher mit der Untersuchung des Verhältnisses zwischen Pädagogik und Gesellschaft ging und geht die Theorienbildung über Entwicklungsprozesse innerhalb gesellschaftlicher Systeme, über Mechanismen und Faktoren, die zu gesellschaftlicher Stabilität und/oder gesellschaftlichem Wandel beitragen. Von besonderem Interesse sind dabei die Instanzen, welche mit der Sozialisation einer nachwachsenden Generation befaßt sind: d. h., sie mit für das Leben in ihrem jeweiligen Gemeinwesen erforderlichen Qualifikationen versehen und, durch Gebrauch eines Sanktionspotentials von Belohnung und Bestrafung, an Normen und Werte gewöhnen.

In einer gängigen Unterteilung der Sozialisationsinstanzen erscheinen, in Anlehnung an die verschiedenen Sozialisationsphasen, die von den Kindern, Jugendlichen und jungen Erwachsenen in modernen Hochzivilisationen durchlaufen werden, primäre wie die Familie, sekundäre wie das staatliche Erziehungswesen, und tertiäre, in denen die berufliche Sozialisation erfolgt.
Die in diesen Instanzen geleistete, an den jeweiligen Normen und Werten ausgerichtete, Sozialisation, die ERZIEHUNG, wirkt sich einerseits prägend auf die zu erziehenden Personen aus, beeinflußt ihr Verhalten und kann in diesem Sinne durchaus innovativ wirken, andererseits ist die Erziehung dem Gemeinwesen verpflichtet und wird, wie im Falle des staatlichen Erziehungswesens, von öffentlichen Institutionen wahrgenommen, die eigens mit dieser Aufgabe betraut sind. Vor diesem Hintergrund konnte W. Dilthey von der Erziehung als einer Funktion der Gesellschaft sprechen.

Insbesondere die herrschenden Gruppen innerhalb eines Gemeinwesens sind daran interessiert, daß in ihrem Sinne erzogen wird und die bestehenden Herrschaftsverhältnisse nicht destabilisiert werden. Die jeweilige Wirtschaftsform fragt bestimmte Qualifikationen nach, mit denen die heranwachsende Generation ausgestattet werden muß, um in den Produktionsprozeß eingegliedert werden zu können. In der primären, familialen Sozialisationsphase werden grundlegende Inhalte und Determinanten von Erziehung vermittelt: Gemäß der sozialen Schichtzugehörigkeit der Eltern erlernen die Kinder schichtspezifischen Sprachgebrauch sowie schichtspezifische Verhaltensweisen, Einstellungsmuster, Ausprägungen von Aufstiegsorientierung und Leistungsmotivation, die den Verlauf der späteren schulischen und beruflichen Sozialisation mitbestimmen. Innerhalb des Kulturkreises, dem das jeweilige Gemeinwesen angehört, werden bestimmte Werte, Normen und Inhalte als besonders vermittlungswert angesehen. All diese soziokulturell-ökonomischen Faktoren wirken sich auf die Ausformung der Erziehungsinhalte und die Form der Vermittlung aus und stellen die Rahmenbedingungen dar, in denen Erziehung geleistet wird. Von daher erscheint es zumindest als sehr unwahrscheinlich, daß Erziehung gegen diese Rahmenbedingungen, mit dem Ziel ihrer Überwindung, erfolgreich geleistet werden kann. Wandel und Reformen in der Erziehung werden wohl eher durch einen Wandel der Rahmenbedingungen ausgelöst (vgl. Klafki u. a. 1970, Bd. 1, S. 263 ff).

2.2 Äußere und innere Schulreform

Reformen können sich sowohl auf die Form als auch auf den Inhalt von Erziehungsprozessen beziehen. Entsprechend erscheinen in Diskussionen um Schulreformen die Begriffe "äußere" und "innere" Schulreform.

Unter "äußere" Reformen werden dabei diejenigen verstanden, die sich auf den Aufbau der Institution Schule beziehen, und z. B. vertikale Strukturmerkmale wie begabungshierarchische Untergliederungsprinzipien zugunsten horizontal vernetzter Kooperationsformen verändern, also das gegliederte in ein stärker integriertes Schulsystem überführt.

Demgegenüber erstrecken sich "innere" Schulreformen auf inhaltliche
Bereiche, z. B. die in Lehrplänen oder Curricula ausgeworfenen Lernziele und -inhalte, oder den für verbindlich erachteten Fächerkanon.

Beide Begriffe sind in der Vergangenheit oftmals als alternative
Möglichkeiten, Reformziele zu erreichen, angesehen worden (vgl.
Furck, in Fürstenau u. a. 2. Aufl., 1972, S. 115 ff), erst in der
jüngsten bundesdeutschen Schulreformdiskussion wurde auf den engen
Zusammenhang zwischen Zielen und Inhalten und die Form von Erziehungsprozessen hingewiesen. So ist ja auch die Einführung der integrierten Gesamtschule nicht nur durch eine "äußere" Reform des traditionellen Schulaufbaus in der Bundesrepublik, sondern auch durch
curriculare, "innere" Reformen gekennzeichnet (vgl. Bildungswesen
1979, S. 79).

Trotzdem haben beide Begriffe einen heuristischen Wert insofern sie
den jeweiligen Schwerpunkt des intendierten Reformansatzes kennzeichnen.

2.3 Das Beispiel Re-education

Die vier Siegermächte des Zweiten Weltkrieges hatten sich für ihre
Besatzungspolitik gemeinsam das Ziel gesetzt, über die militärische
Niederwerfung hinaus die Grundlagen dafür zu schaffen, daß sich im
Nachkriegsdeutschland kein aggressiver Militarismus mehr entfalten
können und Deutschland langfristig in den Kreis der friedlichen
Nationen der Nachkriegs-Weltordnung eingeführt werden sollte. Durch
entsprechende Maßnahmen sollte zu diesem Zweck die gesamte politische
Kultur des deutschen Volkes so verändert werden, daß sich ein - nach
den Maßstäben der jeweiligen Besatzungsmacht - demokratisches Gemeinwesen entfalten konnte.

Die Besatzungspolitik der Alliierten war demnach von zwei Zielsetzungen her gedacht: einer "zweckrationalen", auf die langfristige Befriedung Nachkriegsdeutschlands gerichteten, und einer "wertrationalen", in einen "missionarisch aufklärerischen" Sendungsbewußtsein die, durch den Ausgang des Zweiten Weltkrieges als überlegen bestätigte und - was für die historisch-materialistische Betrachtungsweise der Sowjetunion zutrifft - sogar einer geschichtlichen Gesetzmäßigkeit folgende, eigene Weltanschauung und politische Kultur in Deutschland zu implementieren.

In diesem Sinne lassen sich nach unserer Ansicht die Ausführungen Bungenstabs (1970, S. 18 f) über die US-amerikanische Besatzungspolitik auf die aller vier Siegermächte übertragen. Für die auf die "Demokratisierung" Nachkriegsdeutschlands zielenden Konzeptionen und Maßnahmen sind von den Besatzungsmächten unterschiedliche Begriffe gebraucht worden, in der Sowjetunion und ihrer Zone der der "antifaschistisch-demokratischen Umgestaltung", Frankreichs "mission civilisatrice", und die von den beiden angelsächsischen Mächten benutzten Begriffe "Re-education" und später, in der Vorbereitung der Gründung des westdeutschen Teilstaates, "Reorientation", ferner der spezifisch britische der "Reconstruction". Der in der westlichen Literatur zum Zeitraum 1945-1949 am häufigsten verwandte und wohl auch bekannteste ist der der "Re-education" oder seine deutsche Übersetzung "Umerziehung", die freilich die semantischen Konnotationen des englischen Wortes nur unvollkommen wiedergibt und etwa die Vorstellung vom besetzten Deutschland als einem gigantischen "Umerziehungslager" erweckt, damit aber der Praxis der alliierten Besatzungspolitik natürlich nicht annähernd gerecht wird (vgl. Bungenstab 1970, S. 9 ff).

Das Wort "education" reicht in seiner Bedeutung über das deutsche "Erziehung" hinaus und erfaßt auch "Bildung" und "Kultur"; "Re-education" meint demnach in unserem Zusammenhang sowohl "Wiedererlernen" vergessener Traditionen Weimarer Provenienz, als auch eine, eher sozialpsychologisch verstandene "Korrektur" jener (mentalen) Schäden des "deutschen Volkscharakters", die dem NS-Staat Vorschub geleistet und ihn getragen haben (vgl. Bungenstab 1970, S. 20 ff). Aus diesen Gründen werden in unserer Arbeit alle diejenigen besatzungspolitischen Konzeptionen und Maßnahmen unter dem Begriff "Re-education" geführt, die nach dem Verständnis der jeweiligen Besatzungsmacht zu einer Demokratisierung der gesellschaftlichen Strukturen Nachkriegsdeutschlands beitragen sollten.

Unserer Fragestellung gemäß liegt der Schwerpunkt auf der Analyse der Re-education-Konzeptionen und -Maßnahmen im Bereich des öffentlich-allgemeinbildenden Schulwesens und ihrer Rahmenbedingungen. Die behandelten Schulreformansätze der Besatzungsmächte und der von ihnen an der Verwaltung beteiligten deutschen Gruppen sind insofern beispielhaft, als sie - im Sinne des bisher in diesem Kapitel Gesagten - geradezu "klassisch" zu nennen sind: Eine gesamtgesellschaftliche Krisensituation, ausgelöst durch einen verlorenen Krieg und der Besetzung durch fremde Siegermächte, bewirkt eine Hinterfragung bislang gültiger Normen und Werte und eine bewußte Setzung neuer, sowohl durch die Besatzer als auch durch die beteiligten Deutschen. Die erfolgende Umgestaltung der sozio-kulturell-ökonomischen Rahmenbedingungen erfordert eine Reform der Erziehung und der damit befaßten Instanzen, insbesondere des institutionalisierten und somit Reformweisungen am ehesten zugänglichen Erziehungswesens. Dabei wird deutlich, wie eng Schulreformen mit den vorgeordneten Rahmenbedingungen korrespondieren und nur dort erfolgreich implementiert werden können, wo sie nicht über das durch den krisenbedingten Wandel der Rahmenbedingungen erzeugte Reformbedürfnis hinausgehen und umgekehrt (re-)etablierte Rahmenbedingungen zu überwinden suchen.

3. DIE ENTWICKLUNG DER RE-EDUCATION-ANSÄTZE DER ALLIIERTEN WÄHREND DES ZWEITEN WELTKRIEGES

3.1 USA

3.1.1 Die Vorstellungen des Morgenthau-Kreises

Unmittelbar nach Kriegseintritt konstituierte sich in den USA das "Advisory Committee on Post War Foreign Policy" und nahm im Februar 1942 seine Tätigkeit als Forum der US-amerikanischen Kriegszieldiskussion auf. Von Anfang an wurden in diesem, mit Vertretern verschiedener Regierungsbehörden beschickten, Beratungsgremium zwei kontroverse Ansätze bezüglich der Behandlung der Kriegsgegner nach deren Niederlage verhandelt: Während die "Westintegrationisten" die Möglichkeit einer langfristigen, über den Krieg hinausreichenden Zusammenarbeit mit den sowjetischen Kriegsalliierten wegen der ideologischen Gegensätze skeptisch beurteilten und vor diesem Hintergrund eine Einbindung der Achsenmächte in den Kreis der westlichen Demokratien favorisierten, hielt die - wegen ihrer sowjetfreundlichen Haltung so benannte - "Linke" eine konstruktive Zusammenarbeit mit der Sowjetunion bei der Gestaltung der Nachkriegsweltordnung für möglich (vgl. Lange-Quassowski 1979, S. 103 ff).

Innerhalb dieser Gruppe waren antideutsche Ressentiments besonders stark ausgeprägt - ihr späterer prominentester Vertreter, US-Finanzminister Morgenthau, war zudem als Jude vom Schicksal seiner europäischen Glaubensbrüder persönlich betroffen - und trugen zur Forderung nach einer harten Vorgehensweise insbesondere gegen Deutschland bei. Hier zeigte sich zuerst jene moralisierende "Kreuzzugmentalität", die in der Kriegspropaganda der Medien und in der öffentlichen Diskussion starken Widerhall fand und den wesentlichen Charakterzug der "wertrationalen" Komponente in der besatzungspolitischen Zielsetzung ausmachte (vgl. Boehling 1981, S. 135 ff).

Insbesondere US-Präsident Roosevelt aber "entwickelte die überkommenen Ideen eines von messianischem Selbstbewußtsein beflügelten Liberalismus zur volkstümlichen Kriegsideologie" (Schwarz 1966, S. 43): In seinen Kriegsansprachen an das amerikanische Volk wurden, gründend in einer "emotionale(n) Abneigung gegen den Faschismus", jene "klassischen Zielsetzungen liberaler Außenpolitik" evident, wie sie 1941 in der Atlantik-Charta der künftigen Politik der Alliierten zugrundegelegt worden waren, so das Völkerrecht auf nationale Selbstbestimmung und Unabhängigkeit im Zeichen der Freiheit, der Gerechtigkeit und des Fortschritts, der "Verzicht auf Einflußsphären, auf Blockdenken und auf nationale Machtpolitik zugunsten internationaler Kooperation, freier Welthandel (und schließlich die) Entwaffnung aggressiver Friedensstörer." (a.a.O.)

In Ablehnung eines ersten Entwurfs einer Dienstanweisung für die amerikanische Militärregierung (Handbook for Military Government on Germany vom August 1944; vgl. Gelber 1965, S. 380) entwarf Morgenthau im September sein als "Morgenthau-Plan" bekanntes "Programm zur Verhinderung der Entfesselung des Dritten Weltkrieges durch Deutschland". Das Programm konzentrierte die von den "Linken" vertretenen besatzungspolitischen Zielsetzungen und forderte die Aufteilung, Dezentralisierung, Entnazifizierung und Entmilitarisierung Deutschlands unter der maßgeblichen Verantwortung europäischer Mächte, namentlich der Sowjetunion, Frankreichs und Polens. Mit der "Kollektivschuldthese" machten Morgenthau und seine politischen Freunde den "aggressiven Charakter" des deutschen Volkes für die Nazi-Greuel verantwortlich und beurteilten vor diesem Hintergrund die Möglichkeit zur Demokratisierung Deutschland äußerst skeptisch. Von daher wurden keine neuen, demokratischen Erziehungsziele aufgestellt, sondern lediglich die Verhinderung einer weiteren Erziehung "im Sinne preußischen Militarismus" als kultur- und schulpolitisches Leitziel formuliert. Da der vorgesehene Agrarstaat Deutschland höherer Qualifikationen nicht bedurfte, sollten nur die Volksschulen den Betrieb nach ihrer Entnazifizierung wieder aufnehmen, die höheren Schulen und die Universitäten aber auf absehbare Zeit geschlossen bleiben: "All

schools and universities will be closed until an Allied Commission of
Education has formulated an effective reorganization program. It is
contemplated that it may require a considerable period of time before
any institutions of higher education are reopened. Meanwhile the
education of German students for foreign universities will not be
prohibited. Elementary schools will be reopened as quickly as appro-
priate teachers and text books are available." (American Foreign
Policy, S. 503).

Churchill, der bei konsequenter Realisierung der Vorstellungen des
Morgenthau-Kreises nachteilige Konsequenzen für die europäische
Nachkriegswirtschaft befürchtete, konnte auf seinem Treffen mit
Roosevelt in Quebec im September 1944 den "Morgenthau-Plan" erheblich
abmildern (vgl. Reitzel, Kaplan, Coblenz 1956, S. 143). Wenn er auch
in der revidierten Fassung keine Gültigkeit als internationaler Ver-
trag oder maßgebliche interalliierte Erklärung besaß, führte eine
zeitweilige Interessenidentität mit Roosevelt zu einem großen Einfluß
der Vorstellungen des Morgenthau-Kreises auf die US-Nachkriegsplanung
in der Endphase des Krieges (vgl. Gelber 1965, S. 379 ff) und zu
Anfang der Besatzungszeit.

3.1.2 Die Vorstellungen der Westintegrationisten

Die Gruppe der "Westintegrationisten" hatte ihren Rückhalt im amerikanischen Außen- und Kriegsministerium sowie unter nach Amerika emigrierten Deutschen. Ihre antikommunistische Grundhaltung wies Nachkriegsdeutschland eine Rollwerkfunktion zur Eindämmung des sowjetischen Einflusses in Europa zu, weshalb ihre Ansätze den Wiederaufbau
der deutschen Wirtschaft, wenn auch unter alliierter Kontrolle, sowie
die Errichtung eines demokratischen und föderativen Staatswesens
vorsahen (vgl. Kuklick 1972, S. 19 ff).
Bei einer westlich-pluralistischen Demokratieauffassung mußte der
Versuch, ein Volk mit den Mitteln einer Militärregierung quasi "auf
Befehl" (Weniger 1959, S. 409) zu demokratisieren, besonders fragwürdig erscheinen, auch wenn eine anfänglich strikte Kontrolle zur
Beseitigung des Nationalsozialismus notwendig war. Um diesem normati-

ven Dilemma zu entgehen, befürworteten die "Westintegrationisten" frühzeitig die Beteiligung "zuverlässiger" Deutscher sowie die Fruchtbarmachung der demokratischen Traditionen Weimars. Hauptadressat der Re-education sollte die Jugend sein: in einer Rede über die alliierten Nachkriegspläne führte der damalige US-Vizepräsident Wallace am 28.12.42 aus, daß "(revenge) for the sake of revenge would be a sign of barbarism - but this time we must make absolutely sure that the guilty leaders are punished, that the defeated nation realizes its defeat and is not permitted to rearm. The United Nations must back up military disarmament with psychological disarmament - supervision, not at least inspection, of the school systems of Germany and Japan, to undo so far as possible the diabolical work of Hitler and the Japanese war lords in poisoning the minds of the young." (Current History, Feb. 1943, Vol. 3, Nr. 18, S. 540). Der Jugend sollte eine demokratische Lebensweise nahegebracht und so der Einfluß nationalsozialistischer "pervertierter" Erziehung korrigiert werden (vgl. Lange-Quassowski 1979, S. 109 ff).

1942/43 erarbeitete das aus Beamten des State Department und zivilen Beratern zusammengesetzte "General Advisory Committee on Postwar Foreign Policy" erste vorläufige Studien, Mitte 1943 wurden die jeweils mit der Planung für eine bestimmte Achsenmacht betrauten "Country Units" geschaffen, so das "Interdivisional Committee on Germany". Im Mai 1944 wurde hier bereits die Leitlinie für die unter maßgeblichem Einfluß der "Westintegrationisten" stehende zweite Phase der amerikanischen Besatzungspolitik formuliert: Durch Etablierung demokratischer Prinzipien und Praxis im deutschen Schulwesen und Entnazifizierung des Lehr- und Schulverwaltungspersonals sollte eine "grundlegende Änderung der deutschen Haltung gegenüber Krieg und Ultra-Nationalismus" (zit. nach Tent, in Heinemann (Hg.) 1981, S. 69) unter verantwortlicher deutscher Mitwirkung, erreicht werden. Die Aufgabe der Besatzungsmacht sollte sich zunehmend auf Unterstützung, Beratung und indirekte Kontrolle beschränken; eine dauerhafte Einwirkung im Sinne einer Demokratisierung sei nur durch maßgebliche deutsche Beteiligung an der Re-education und nicht durch eine Oktroyierung demokratischer Formen durch die Besatzungsmacht erreichbar (vgl. a.a.O., S. 69 ff).

Weitere Langzeitplanungen für die Re-education gingen aus dem im Mai 1945 vom für internationale kulturelle Zusammenarbeit zuständigen stellvertretenden Außenminister (assistant secretary of the state) Archibald McLeish ins Leben gerufenen "Advisory Committee on German Re-education" hervor; an der Entstehung des erst im Sommer 1946 veröffentlichten, aber bereits 1945 in den Grundzügen vorliegenden und Schlüsselpersonen der US-Militärregierung bekannten SWNCC 269/5 war McLeish maßgeblich beteiligt.

Im Kriegsministerium waren verschiedene Stellen mit der Auswertung der Erfahrungen, die nach dem Ende des Ersten Weltkrieges als Besatzungsmacht im Rheinland gesammelt worden waren, befaßt, auf deren Grundlage 1942 im "Field Manual FM 27 - 5" allgemeine Richtlinien für die spätere Militärregierung erstellt wurden. Mit der Vorbereitung und Koordination von Ausbildungsgängen für Angehörige der künftigen Militärregierung war die "Civil Affairs Division" betraut. Wichtigste Institution für die Nachkriegsplanung im Kriegsministerium war jedoch die "German Country Unit" beim Alliierten Hauptquartier für Europa SHAEF, die für jenes "Handbook of Military Government on Germany" verantwortlich zeichnet, das im Spätsommer 1944 den erbitterten Widerspruch Henry Morgenthau gegen die US-Nachkriegsplanungen für Deutschland provozieren sollte (vgl. Tent 1982, S. 13 ff).

3.1.3 Die Kritik John Deweys am deutschen Idealismus und Bildungswesen

Unter dem Eindruck des Zweiten Weltkrieges versuchten insbesondere anglo-amerikanische Autoren, im deutschen Geistesleben Wurzeln für den deutschen Militarismus und dann auch für den Nationalsozialismus zu entdecken. Als Träger und Vermittler deutscher Kultur und Philosophie spielte das Erziehungswesen in ihren Beiträgen zur Re-education-Diskussion eine bedeutende Rolle. Es sollte zuallererst reformiert werden, um als Basis für ein demokratisches Staatswesen dienen zu können.

Der bedeutende amerikanische Philosoph und Pädagoge John Dewey (1958 - 1952) hatte mit der von ihm mitbegründeten "Progressive Education"-Bewegung um die Jahrhundertwende eine amerikanische Schulreform initiiert, um das Schulwesen an den, durch rapides Bevölkerungswachstum aufgrund hoher Einwandererzahlen und soziale Implikationen der Industrialisierung gekennzeichneten, tiefen sozialen Wandel in den USA anzupassen (vgl. Handlin, in Dewey u. a. 2. Aufl., 1966, S. 105 ff). Mit dem Aufbau einer Schule als demokratischer Lebens- und Erfahrungsraum sollte dem sozialen Wandel und Fortschritt einer modernen Industriegesellschaft mit ihren schnell wechselnden Anforderungen Rechnung getragen (vgl. Röhrs 1977, S. 19 ff) und die Möglichkeit gegeben werden, in einem freien Kommunikationsprozeß den "vernünftigen", verantwortungsvollen Gebrauch der persönlichen Freiheit innerhalb eines demokratischen Gemeinwesens zu erlernen (vgl. Dewey, in Dewey u. a. 2. Aufl., 1966, S. 43 ff).

In seiner bereits 1915 zum ersten Mal erschienenen und 1942 neu aufgelegten Sammlung von Vorträgen über den deutschen Idealismus sah Dewey in der an absoluten Werten orientierten Philosophie Kants die philosophische Legitimation des Obrigkeits- und Führerstaates. In der Überhöhung des Nationalstaates, als mit der Erziehung des Volkes betrautem "essential moral being" (zit. nach Schlander 1975, S. 47) bei Fichte und als sich im Geschichtsverlauf materialisierende Vernunft bei Hegel, lägen weitere Bausteine des deutschen Nationalismus und Sendungsbewußtseins, auf welchem Nährboden der Nationalsozialismus hatte gedeihen können.

Das deutsche Schulwesen sei nicht nur der Vermittler dieser Philosophie, in seiner Dreigliedrigkeit und seiner hierarchischen Struktur spiegele es zudem den ständischen Aufbau der Gesellschaft und verhindere eine Erziehung zur demokratischen Partizipation. Als pädagogische Konsequenz Deweys ergibt sich demnach die Forderung nach der

Umgestaltung des Schulwesens in dem Sinne, daß es nicht mehr an absolute Werte gebunden sein soll, sondern an die Aufgabe, zur Entwicklung einer demokratischen Lebensform beizutragen. Dies lasse sich nur mit einer, den freien Meinungsaustausch zwischen allen sozialen Gruppen ermöchlichenden und so schließlich die sozialen Schranken überwindenden Einheitsschule nach amerikanischem Vorbild bewerkstelligen (vgl. Schlander 1975, S. 35 ff).

Trotz der Einseitigkeit seiner Interpretation der deutschen Philosophie nahmen Deweys Gedanken einen entscheidenden Einfluß auf die ab 1946 entwickelten Schulreformvorstellungen der amerikanischen Besatzungsmacht, zumal zu dieser Zeit die US-Pädagogik von Dewey und seinen Schülern in der "Progressive Education"-Bewegung geprägt war (vgl. Lange-Quassowski 1979, S. 76/Kap.).

3.1.4 Weitere sozialwissenschaftliche Interpretationen des Nationalsozialismus - die öffentliche Re-education-Diskussion in den USA

In der amerikanischen Öffentlichkeit wurden die verschiedensten Interpretationen des Nationalsozialismus und darauf fußende Ansätze zu seiner Überwindung mit den nicht militärischen Mitteln einer Re-education des deutschen Volkes in einer für Kriegszeiten bemerkenswerten Breite diskutiert. Insbesondere in der Monatszeitschrift "Current History" erschienen ab März 1942 in loser Folge immer wieder Beiträge angesehener Vertreter der unterschiedlichsten sozialwissenschaftlichen Disziplinen zur großen Nachkriegsaufgabe des amerikanischen Volkes, der Demokratisierung der Deutschen. Während sich jenseits des Atlantiks die nationalsozialistische Kriegspropaganda in ihren Haßtiraden wider die Alliierten erging, erstaunt hier das hohe Maß an Ausgewogenheit und Gerechtigkeit, die viele dieser Artikel dem deutschen Volk widerfahren lassen, auch wenn diese Objektivität sich zu guten Teilen aus der ruhigen Gewissenheit, für eine "bessere" Weltanschauung einzustehen, und der Ferne des Kriegsschauplatzes vom amerikanischen Mutterland gespeist haben mag. Wenn die folgend refe-

rierten Beiträge aus der öffentlichen Re-education-Diskussion in den
USA auch nur sehr vermittelt ihren Eingang in die offizielle Politik
gefunden haben dürften, sind sie doch dazu angetan, das Bild von den
amerikanischen Vorstellungen zur Demokratisierung Deutschlands abzurunden.

In der Ausgabe vom April 1943 der Zeitschrift "Current History"
empfahl der Harvard-Historiker Sidney B. Fay einen organischen Aufbau
der Demokratie in Deutschland aus kleinen, dezentralen Einheiten,
gestützt auf "local and trustworthy leaders" etwa aus dem kirchlichen
oder gewerkschaftlichen Widerstand: "It is in this work of practical
cooperation, with the assistance of the democratic occupying forces,
that the Germans will gradually learn to understand and appreciate
democratic government." (Current History, April 1943, Vol. 4, Nr. 20,
S. 101).
Robert Ergang, Professor für Geschichte an der Universität New York,
sah die langfristige Befriedung Deutschlands als Hauptaufgabe der Reeducation: "If the peace that will be concluded at the end of this
war is to be permanent, the Germans must be reeducated for peace and
democraty to cure them of their aggressiveness." (Current History,
Juli 1943, Vol. 4, Nr. 23, S. 326). Zunächst sollte durch eine totale
Niederlage der Mythos von der Unbesiegbarkeit der deutschen Armee,
wie er sich nach dem Ersten Weltkrieg gehalten habe, entgültig zerbrochen werden. In einem zweiten Schritt stellte Ergang sich vor, die
Deutschen von der alleinigen Kriegsschuld der nationalsozialistischen
Regierung zu überzeugen. Die - bei etwaiger deutscher Widerspenstigkeit mit Zwang aufzuerlegenden - Re-education-Maßnahmen sollten das
deutsche Volk empfänglich machen für die Ideen dauerhaften Friedens
und der Demokratie (vgl. a.a.O., S. 326 f).

In seinem 1943 erschienenen Buch "Is Germany incurable?" hatte R. M.
Brickner am Beispiel des humanistischen Gymnasiums das deutsche Erziehungswesen analysiert und eine teufelskreisartige Erziehung von
paranoiden Menschen in einem militärisch straff hierarchisierten
Erziehungswesen einer größenwahnsinnigen und militaristischen Gesell-

schaft konstatiert. Ein "Karthago-Frieden", wie er in der aufgeputschten Kriegsstimmung nicht nur von Teilen der amerikanischen Öffentlichkeit, sondern auch von offiziellen Planern innerhalb der mit der Konzeptualisierung der Besatzungspolitik betrauten Regierungsstellen projektiert wurde, würde die paranoiden Züge der Deutschen nur verstärken und sei daher abzulehnen. Stattdessen sollte Nachkriegsdeutschland in eine gigantische Klinik umgewandelt werden, in der die "Träger paranoiden Verhaltens" entfernt, entnazifiziert und nicht paranoide Kräfte unter der Kontrolle der Besatzungsmacht entwickelt werden würden (vgl. Schlander 1975, S. 75 ff).

Neben dieser sozialpsychologischen Untermauerung wurde die Notwendigkeit einer Re-education aber auch von soziologischer Seite her fundiert und legitimiert: In seinem 1915 erstmals erschienenen und 1939 wieder herausgebrachten Buch "Imperial Germany" hatte Th. Veblen für das kaiserliche Deutschland einen Widerspruch zwischen einer hochentwickelten Industrie und einer zurückgebliebenen sozialen Organisation, Gesellschafts- und Herrschaftsstruktur festgestellt, der dazu führe, daß der industrielle Gewinn ausschließlich der herrschenden Klasse der "Junker" und "Offiziere" zugute komme. Daraus folge zwangsläufig Aufrüstung und (militärischer) Expansionismus. Dem deutschen Schulwesen falle die Aufgabe zu, dem Nachwuchs Patriotismus und Tapferkeit "einzuimpfen". (vgl. a.a.O., S. 69 ff).

Ähnlich äußerte sich Walter Lippman zum Problem des deutschen Militarismus: "(The) enemy is not merely Hitler and the Nazi Party. Nor is it the German Nation all of it and for all time. The enemy is the historic German governing class, that mixture of a military caste with the feudal landed class and the great industrialists, which has waged wars of aggression of ever greater scope and intensity for three quarters of a century. This class raised Hitler to power. It is they who organized the force which he has wielded." (Current History, Juni 1943, Vol. 4, Nr. 22, S.).

Verbindlicher im Ton hatte J. K. Pollock bereits im März 1942 fünf Prämissen aufgestellt, die ein künftiges Nachkriegsdeutschland bestimmen sollten: Unter Anerkennung der Schlüsselrolle, die es sowohl kulturell als auch industriell-wirtschaftlich in Europa spiele, sollte es - zunächst noch unter alliierter Aufsicht stehend, aber auch mit alliierter Hilfe - eine bundesstaatlich organisierte, demokratische Regierungs- und Lebensform entwickeln, um in eine globale Friedensordnung eingebettet werden zu können: "After the surgical operation of existing Hitlerism from the German body politic is successfully performed, it will not be enough to disarm Germany. Her collaps will have to be controlled, and her abilities utilized to build a (peaceful and democratic) Germany and to fit this new Germany into both a European and a world organization. People without rights will have to be transformed into responsible citizens. The straightjacket of the Nazi state will have to be supplanted by a selfgoverning democracy. Then and only then will Europe and the world be able to enjoy peace and freedom." (Current History, März 1942, Vol. 2, Nr. 7, S. 5).

T. Parsons ging in einem 1942 publizierten Zeitschriftenaufsatz mit dem Titel "Democracy and Social Structure in Pre-Nazi Germany" von der These aus, daß nach dem Sturz der Monarchie die Kontinuität der alten Machteliten die Ausbildung einer funktionsfähigen Demokratie verhindert habe. Desweiteren habe die deutsche Philosophie zu einer Überbetonung des Staates, der soziale Wandel der Industrialisierung zur "Realitätsflucht" der "desintegrierten" Teile der Bevölkerung und zur romantischen Glorifizierung der nationalen Tradition geführt und den Nährboden des Nationalsozialismus bereitet (vgl. Schlander 1975, S. 71 f).

Die in den USA inhaftierten deutschen Kriegsgefangenen waren, ähnlich wie in Großbritannien und in der Sowjetunion, die erste Zielgruppe, anhand derer Erfahrungen mit Re-education-Maßnahmen gesammelt werden konnten, über sie berichtete im Januar 1944 Curt Bondy in der Zeitschrift "Harvard Educational Review", in welchem Zusammenhang er

ausführte: "The possibility of a lasting peace depends to a large
extend on the success of the reeducation of the German people and
their satellites." (Harvard Educational Review, Januar 1944, Vol.
XIV, Nr. 1, S. 12). Die deutschen Kriegsgefangenen seien die geeigneten Studienobjekte, an denen Erfahrungen für die Re-education der
deutschen Bevölkerung gesammelt werden und das Spekulative der bisherigen Re-education-Planungen überwunden werden könne (vgl. a.a.O.).
"If we understand education as the building up to a character, providing a philosophy of life, and forming a certain attitude, the
r e e d u c a t i o n (im Original kursiv, der Verf.) is the attempt
to offer new hope, new ideas, new faith, and new values, and to have
them accepted." (a.a.O., S. 15). Wenn von den genannten Sozialwissenschaftlern auch keine konkreten Aussagen bzgl. einer Reform des
deutschen Erziehungswesens gemacht wurden, hatten sie doch einigen
Einfluß auf die inneramerikanische Re-education-Diskussion und auf
die Formulierung der wertrationalen Ziele für die Besatzungspolitik
(vgl. Schlander 1975, S. 71 f).

3.1.5 Der Beitrag deutscher Emigranten zur amerikanischen Re-
      education-Diskussion

Deutsche Emigranten hatten sich 1944 in den USA im "Institute on Reeducation of the Axis Countries" sowie im "Council for Democratic
Germany" zusammengeschlossen und vertraten Vorstellungen, wie sie
zuvor bereits in sozialpsychologischen Re-education-Ansätzen entwickelt worden waren: Am deutschen Erziehungswesen sollte, unter maßgeblicher deutscher Beteiligung, der Hebel zur Korrektur der nationalsozialistischen Erziehung auch zur Demokratisierung angesetzt werden
(vgl. Bungenstab 1970, S. 26 f).

In dem Aufsatz "Notes on the reeducation of Germany" warnte
Maximilian Beck ausdrücklich vor der Anwendung von Zwang: "For, as
every one knows, the attempt to force a specific belief upon people
will cause a strong resistance against this belief" (Harvard Educational Review, Mai 1945, Vol. XV, Nr. 3, S. 226). Vor diesem Hinter-

grund sei eine weitgehende Beteiligung der Deutschen an der Re-
education anzustreben. Ausgangspunkt bei dem Bemühen, die Deutschen
von der Idee der Freiheit und Demokratie zu überzeugen, sollte in der
Veranschaulichung der Tatsache liegen, daß sich diese Idee - entgegen
den Behauptungen der Nazipropaganda - nicht als Ausdruck von Schwäche
und Dekadenz, sondern als dem Nationalsozialismus überlegen erwiesen
habe. Dafür liefere der Ausgang des Krieges den besten Beweis (vgl.
a.a.O.). Der Nationalsozialismus stellte sich seiner Meinung nach
nicht als ein zwangsläufiges Produkt des "deutschen Volkscharakters"
und der deutschen (Geistes-)Geschichte dar: "The conclusion to be
drawn from all this is that it would be wrong, besides being very
foolish, to teach the German people that Nazism, from which we want
to disengage them, is the natural result and expression of their
character." (a.a.O., S. 228). Schuld an der gegenwärtigen Misere
nicht nur Deutschlands hätten auch die modernen Naturwissenschaften:
"The underlying situation comes from the collaps of faith in the
absolute validity of truth, justice and ethics, a collaps caused in
part by crude misinterpretations of the religions, moral and metaphy-
sical condition, made from the point of view of modern science."
(a.a.O., S. 229).

Der Einfluß der Emigranten auf die offizielle Planung während des
Krieges und unmittelbar danach war jedoch äußerst gering, was sie
sich z. T. selbst zuzuschreiben hatten: Exilierte Schriftsteller wie
Feuchtwanger und Döblin hatten mit ihren antideutschen Ressentiments
ihre Kontaktleute im State Department so vor den Kopf gestoßen, daß
sie künftig bei den Planungen auf offizieller Ebene nicht mehr berücksichtigt wurden (vgl. Tent 1982, S. 23/Roehling 1981, S. 135).

3.1.6 Ergebnisse der US-amerikanischen Diskussion - politisch-
      pädagogische Leitziele für die Anfangsphase der Re-education

Die im April 1945 vom Oberkommando der amerikanischen Streitkräfte
(Joint Chiefs of Staff) erlassene Direktive JCS 1967 enthielt allgemeine Richtlinien für die Besatzungspolitik der US-Militärregierung

in Deutschland für die Zeit unmittelbar vor und nach der Kapitulation. Sie war offiziell gültig bis zum 11.07.47, als sie durch die neue Direktive JCS 1779 er-setzt wurde, und stellt eines der wichtigsten Dokumente für die amerikanische Besatzungspolitik bis Ende 1946 dar.

Die JCS 1067 war ein Kompromiß der beiden, an der Konzeptualisierung der Besatzungspolitik beteiligten politischen Gruppierungen, der "Westintegrationisten" des Außen- und Kriegsministeriums und der "Linken" bzw. des Morgenthau-Kreises im Finanzministerium: Für gewisse Erleichterungen der wirtschaftlichen Auflagen hatten die "Westintegrationisten" Zugeständnisse im politisch-gesellschaftlich-kulturellen Bereich gemacht, der besonders von der bestrafenden Kreuzzugsmentalität des Morgenthau-Kreises geprägt war (vgl. Lange-Quassowski 1979, S. 120). Insgesamt jedoch hatten sich die Vorstellungen Morgenthaus weitgehend durchgesetzt (vgl. Dorn 1958, S. 76); sein Einfluß wird in den Ausführungen zum Erziehungswesen besonders deutlich: Den Forderungen seines Programms entsprechend waren alle Erziehungsinstitutionen zu schließen, wobei die Partei- und SS-Eliteschulen gänzlich aufzulösen waren. Die Schaffung eines Kontrollsystems zur Entnazifizierung und eines "affirmative program of reorientation" wurde angekündigt mit dem Ziel, "to encourage the development of democratic ideas." (US-Government 1950, S. 26)

Volks-, Mittel- und Berufsschulen waren zum frühestmöglichen Zeitpunkt, nach umfassender Entnazifizierung des Personals, der Lehrpläne und Schulbücher, wieder zu öffnen, für das höhere Schulwesen und die Universitäten wurde auf vom Alliierten Kontrollrat zu entwickelnde Programme verwiesen. In der Frage der Bekenntnisschulen und des Religionsunterrichts wurde der Besatzungsmacht weitgehende Zurückhaltung auferlegt, hier sollte lediglich die Übereinstimmung von "religious instruction and administration" der Bekenntnisschulen mit allgemeinen Bestimmungen der Alliierten überwacht werden (vgl. a.a.O.).

Bei strenger Auslegung zielte die JCS 1067 auf eine umfassende Veränderung der ökonomisch-sozio-kulturellen Rahmenbedingungen in Deutschland, jedoch weniger auf die "antifaschistisch-demokratische Umgestaltung" in dem Sinne, wie sie von der sowjetischen Besatzungsmacht, gestützt auf den konsequenten Austausch der nationalsozialistischen gegen eine kommunistische Führungselite, durchgeführt wurde (vgl. Huden 1981, S. 151). Die Veränderung war eine rein negative: Die Reste des NS-Staates und seine wirtschaftlichen und gesellschaftlichen Grundlagen sollten vollkommen beseitigt werden, als maßgebliche Voraussetzung für einen demokratischen Neuaufbau. Da die JCS 1067 jedoch nur für eine Übergangszeit gedacht war, verzichtete sie darauf, der US-Militärregierung langfristige Perspektiven und Leitlinien für diesen Neuaufbau an die Hand zu geben. (vgl. US-Government 1950, S. 21 : f).

Dieser Mangel an detaillierter, langfristiger Nachkriegsplanung war vor allem auf eine gewisse Führungsschwäche des im April 1945 verstorbenen US-Präsidenten Roosevelt zurückzuführen: Er gefiel sich zwar in der Rolle des Bannerträgers der Vereinigten Nationen und der ihnen zugrundeliegenden Idee der Demokratie und Freiheit (vgl. Schwarz 1966, S. 43), auch wurde er nicht müde, den missionarischen Kreuzzugcharakter des US-Engagements im Zweiten Weltkrieg zu betonen, so in seiner Rede am Geburtstag Washingtons, am 23.02.42: "Washingtons conduct (...) has provided the model for all Americans ever since - a model of moral stamina. He held to his course, as it had been charted in the Declaration of Independence. He and the brave men who served with him knew that no man's life or fortune was secure, without freedom and free institutions. The present great struggle has taught us that freedom of a person and security of property anywhere in the world depend upon the security of the rights and obligations of liberty and justice everywhere in the world." (Current History, April 1942, Vol. 2, Nr. 8, S. 146).

Trotzdem war er gekettet an die isolationistischen Tendenzen innerhalb des Kongresses und der amerikanischen Öffentlichkeit, die sich

gegen ein langfristiges amerikanisches Engagement in Europa nach
Kriegsende wandten (vgl. Gelber 1965, S. 372 f). Der Präsident-
schaftswahlkampf gegen den Republikaner Thomas E. Dewey 1944 und die
Entwicklung in China beanspruchten Roosevelts Energie und Aufmerksam-
keit (vgl. Dallek 1979, S. 481 ff). Schließlich machte ihm seine
schwere Erkrankung zunehmend zu schaffen: "The problem (of planning
for the postwar period) started at the highest level with President
Roosevelt`s reluctance to prepare for an occupation during wartime,
a reluctance that increased as his health declined." (Tent 1982, S.
13)

Sowohl Führungskraft als auch langfristiges Engagement der USA in
Europa waren aber zweifellos erforderlich, sollte ein behutsamer,
demokratischer Neuaufbau Deutschlands vonstatten gehen, zumal dieses
Land kaum auf eigene demokratische Traditionen zurückgreifen konnte
und so unbedingt alliierter Hilfestellung bedurfte. Ob den amerikanischen Bemühungen überhaupt Erfolg beschieden sein werde, wurde schon
1945 angezweifelt: Unter dem Titel "The Treatment of Germany" erschien in der Ausgabe der Zeitschrift "Foreign Affairs" vom Juli 1945
ein Aufsatz von Jacob Viner, in dem es u. a. hieß: "I am wholly
skeptical of the administrative practicability or the effectiveness
of extensive foreign intervention in the process of German reeducation. The Germans will have to learn for themselves the errors of
their past ways. Any attempt to impose wisdom upon them will tend to
cast a patriotic halo over the old doctrina. We can properly insist
that the administrative and teaching personnel of the schools and
universities be purged of all persons with Nazi records; we can base
decisions as to the relaxation of external controls in part upon
periodic appraisals of the political context of textbooks and other
teaching materials used in the schools; and we can require that the
German press will be free from German censorship. But that is probab-
ly all that can profitably be attempted from outside." (Foreign
Affairs, Juli 1945, Vol. 23, Nr. 4, S. 576 f).

3.2 Großbritannien

3.2.1 Der Vansittartismus und seine Auswirkungen auf die britische Re-education-Diskussion

In der britischen Kriegsziel- und Re-education-Diskussion hatten Sir Vansittart, bis 1941 diplomatischer Chefberater Churchills, und die nach ihm benannten Vansittartisten, hauptsächlich aus den Reihen der Konservativen Partei, als Verfechter eines harten Kurses gegenüber Deutschland großen Einfluß auf die britische Öffentlichkeit.

Vansittart interpretierte den "deutschen Volkscharakter" als aggressiv und militaristisch und fundierte diese Variante der Kollektivschuldthese mit einer einseitigen Darstellung der deutschen Rolle in der europäischen Geschichte, in die sich der Nationalsozialismus nahtlos einfüge. Daraus folgerte er die Notwendigkeit eines "complete change of heart, mind and soul" (zit. nach Pakschies 1979, S. 27) der Deutschen, unter alleiniger Verantwortung der Alliierten. Potentielle deutsche Reformer seien zahlenmäßig zu gering, um nachhaltigen Einfluß ausüben zu können, auch hätten sie selbst dem Nazismus keinen entscheidenen Widerstand entgegengesetzt und sich somit ebenfalls schuldig gemacht.

Auch noch 1945 verfocht Vansittart in einer Diskussion mit Angehörigen des "Royal Institute of International Affairs" seine These, Deutschland durch einen "harten" Frieden jegliche Möglichkeit zur Entfesselung weiterer Kriege zu nehmen: "I do not think that the difference between what people call a `hard` peace and a `soft` peace will influence the Germans in attempting its abrogation (...). I would not admit that what is called the difference between `hard` and `soft` peace will prevent the agitation. All I say is that what most people in Great Britain seem to me to understand by a `soft` peace would be certainly a passport to a third attempt (für Deutschland nach Erstem und Zweitem Weltkrieg, die Weltmachtstellung zu erkämpfen, der Verf.)." (International Affairs, Vol. XXI, Juli 1945, Nr. 3,

S. 324).

Andere Vertreter des Vansittartismus, sowohl Publizisten als auch Sozialwissenschaftler, führten Deutschlands Aggressivität - wie vergleichbare amerikanische Veröffentlichungen - auf eine zu rasche Industrialisierung, den verderblichen Einfluß von "Junkern", Militärs und Großindustriellen auf die deutsche Außenpolitik oder auf ein "Preußensyndrom" des deutschen Volkes zurück. Als Leitlinien für eine Nachkriegspolitik gegenüber einem besiegten Deutschland wurden politische Dezentralisierung, militärische und wirtschaftliche Abrüstung, sowie eine totale Re-education vorgeschlagen. Besonders radikale Stimmen zeigten grundsätzliche Zweifel am Erfolg von etwaigen Re-education-Bemühungen: Das Ziel der Befriedung Deutschlands sei langfristig nur durch seine Zerstückelung und somit Auslöschung seiner nationalen Existenz zu erreichen (vgl. Pakschies 1979, S. 25 ff).

3.2.2 Andere Ansätze

Kritik an den Vorstellungen der Vansittartisten wurde hauptsächlich von Vertretern der Labour-Partei und der Gewerkschaften geleistet, die der Kollektivschuldthese eine klare Unterscheidung zwischen NS-Führern und der lediglich "verführten" Masse des deutschen Volkes entgegensetzten (vgl. a.a.O., S. 42 ff). Die britischen Kommunisten interpretierten den "Faschismus" als ein nicht nur auf Deutschland beschränktes Phänomen, das sowohl auf die Macht der Kapitalisten als auch auf die Schwäche der westlichen Demokratien in der Vorkriegszeit zurückzuführen sei. Sie vertrauten auf die antifaschistisch-demokratisch-sozialistischen Kräfte in Deutschland, die, unterstützt durch eine geeignete Re-education-Politik der Alliierten, maßgeblich die Gestaltung Nachkriegsdeutschlands wahrnehmen sollten. Die alliierten Re-education-Maßnahmen sollten insbesondere der Förderung der "Arbeiterbewegung" sowie der Umerziehung der Kriegsgefangenen nach sowjetischem Vorbild dienen (vgl. a.a.O., S. 46 ff).

Unter dem Namen "Mercator" erschien in der Zeitschrift "The Political Quarterly" in der letzten Ausgabe von 1942 ein Aufsatz zum Thema "German Disarmament and European Reconstruction", in dem der Autor ausführte: "Whatever penalties may be coming to Germany for her black record of aggression, it would be wise to avoid those which are likely to throw out of gear the economic machinery of Europe. The international control of the steel industry offers one possiblity of maintai-ning an important part of that machinery in good order, and even if it does involve the acceptance of German representation, it would at least strengthen the possibility of harnessing the productive ressources of the German people to the common task of reconstruction." (The Political Quarterly, Vol. XIII, Oktober/Dezember 1942, S. 361).

1943 war im Auftrag der Regierung vom "Royal Institute of International Affairs" eine Studie mit dem Titel "The Problem of Germany" durchgeführt worden, mit dem Ziel, generelle Richtlinien für eine durch den Kriegsverlauf in den Bereich des Wahrscheinlichen rückende Besetzung Deutschlands zu entwerfen. Nach Ansicht der Autoren sollte, gestützt auf freiwillige deutsche Mitarbeit, eine positive Einstellung des deutschen Volkes zur internationalen Kooperation erreicht werden, nachdem die institutionellen und sozialen Grundlagen des Nationalsozialismus beseitigt worden wären. Der politischen Ordnung im Nachkriegsdeutschland wurde das Leitbild der bürgerlich-liberalen Demokratie vorangestellt.

Für den Bereich des Erziehungswesens sprachen sich die Autoren, ähnlich wie in dem von einem internationalen Expertengremium erstellten Report "Education and the United Nations", für eine umfassende Entnazifizierung des Lehrpersonals, Austauschprogramme sowie eine Re-education in weitestmöglicher deutscher Eigenverantwortlichkeit, wenn auch unter der (anfänglichen) Kontrolle der Alliierten, aus. (vgl. Pakschies 1979, S. 50 ff) Als Beauftragte dieses Instituts sollte später Helen Liddell im zweiten Besatzungsjahr Deutschland bereisen und mit ihrer Studie "Education in Occupied Germany" einen ersten Gesamtüberblick über die Erziehungssysteme der vier Besatzungszonen liefern.

Im Dezember 1943 wurde in einem Kabinettsmemorandum als Ziel der Reeducation die Entnazifizierung und Demokratisierung der deutschen Bevölkerung unter deutscher Beteiligung genannt. Die Besatzungsmacht sollte nach der Methode: "to guide rather than lead, to influence rather than to initiate" (zit. nach Pakschies, in Heinemann (Hg.) 1981, S. 110) verfahren.

Andere Stimmen wiesen auf die moralische Fragwürdigkeit und praktische Unmöglichkeit hin, ein Volk von 70 Millionen durch die in vielen Punkten uneinigen Alliierten umzuerziehen, und rückten die bei einer rigorosen Entnazifizierung zu erwartenden Probleme, insbesondere Lehrer- und Schulbuchmangel, ins Bewußtsein (vgl. Pakschies 1979, S. 59 ff).

Ohne detaillierte Re-education-Pläne vorzulegen, forderte T. H. Minshall in seinem in der Januar-Ausgabe 1944 der Zeitschrift "Interntional Affairs" erschienenen Aufsatz "The Problem of Germany" zu einer besonnenen und ausgewogenen Vorgehensweise auf: "It seems to me that the danger of the postwar attitude of the democracies is that in the early years we shall be all too fierce, all too repressive, all too angry, I was almost to say, all too unfair, too violent anyway. And ten years later we shall be all too bored, all too sentimental and all too much the other way. Now the ideal attitude to take, which is terribly difficult, seems to me to be that of a surgeon who is operating on a wounded gangster. The surgeon does not allow his hands or the operation to be affected either by sympathy for the gangster`s wounds or by horror at the gangster`s criminal record. He just gets on with the job." (International Affairs, Vol. XX, Januar 1944, Nr. 1, S. 9).

Mit dem moralischen Dilemma der westlichen Demokraten bei der Umerziehung der Deutschen befaßte sich Kingsley Martin in der Zeitschrift

"The Political Quarterly": "Since no country, least of all a victorious alliance of nations that do not agree themselves or within themselves, can ˋeducateˋ another country of seventy million people, it is to those who are still faithful to (Germanyˋs cultural) traditions that we must primarily look when we talk of the psychological rebirth of Germany. We cannot dictate what shape this rebirth will take. Culture cannot be planned. All we can do, is to provide conditions in which the growth of a freer spirit is possible in Germany. That cannot happen under foreign dictatorship, not must the necessary supervision of Germany be of a type to deprive the young of hope and self-respect. The re-education of Germany is merely a fact of the general problem of European reconstruction." (The Political Quarterly, Vol. XV, April/Junii 1944, Nr. 2, S. 139). Von großer Bedeutung sei die angemessene Beteiligung der Deutschen an der Re-education: "It is common ground amongst students of the problem that foreigners cannot ˋre-educateˋ Germany. Those who teach Germans must be Germans; if the school books are written at Allied dictation they will be written off as the propaganda of the victors, and teachers selected by an Allied Commission will too easily look like hirelings and quislings." (a.a.O., S. 144). An konkreten Maßnahmen schlug Martin vor, "(to put) the radio and film industry, the two most propagandist agencies, into the hands of Germans with an international outlook, and seeing that many of Germanyˋs finest writers, artists, teachers and scientists, who habe been exiled by the Nazis, are in a position to exercise such influence as they can on a population which has been doped, bewildered and terrorised." (a.a.O., S. 145 f).

In der gleichen Zeitschrift setzte sich Major F. Evans im Frühjahr 1945 mit den Vansittartistischen Thesen vom durch etwaige Re-education-Maßnahmen nicht veränderbaren militaristischen deutschen Volkscharakter auseinander, um sie entschieden zurückzuweisen (vgl. The Political Quarterly, Vol. XVI, Januar/März 1945, Nr. 1, S. 22 f). Als Leitziel der Re-education formulierte er: "Through the re-establishment of law, of the dignity of the individual and his rights in society, may be found the first great positive purpose towards which

the new Germany can be directed. (...) Before we consider how this
may be brought about, a short term educational plan will be necessary
to follow immediately upon the defeat of the erstwhile enemies of the
best ideas of the world. This can only be carried out by Germans
through German press, cinema and radio influences." (a.a.O., S. 25).

Auch hier, wie im oben referierten Beitrag Martins, wird also den
unter der Regie zuverlässiger Deutscher geführten Massenmedien bei
der Re-education eine tragende Rolle zuerkannt: Auf den gleichen
Instrumenten, auf denen die nationalsozialistische Propaganda eines
Joseph Goebbels ihre Weltanschauung so diabolisch-meisterhaft unter
das deutsche Volk gebracht hatte, sollten nun demokratische Weisen
gespielt werden. Die Re-education der Deutschen wird - ebenfalls ein
Kennzeichen vieler Stellungnahmen der öffentlichen Diskussion bei den
Westalliierten, in den größeren Zusammenhang einer weltweiten Neube-
stimmung grundlegender Werte eingebettet: "The new education of Germany should give therefore two main purposes to Germany society: the
achievement of the rule of law and of individual values within the
country and co-operation as good neighbours in a world society outside it. The success of such a plan depends not only upon a reorientation of German thought and effort in these directions, but in
its status as part of a wider world movement in which the force of
the victors is being used to give justice and to keep the peace."
(a.a.O., S. 28).

3.2.3 Der Education Act von 1944 und seine Auswirkungen auf
       britische Reformvorstellungen für das deutsche Erziehungswesen.

Den wohl nachhaltigsten Einfluß auf die spätere Schulpolitik der
britischen Besatzungsmacht übte die britische Schulreform mit dem
"Education Act" von 1944 aus.

Unter dem Eindruck der durch den Krieg ausgelösten Krisensituation
war auf die Notwendigkeit eines schichtenübergreifenden Zusammenhalts
der Gesamtgesellschaft verwiesen worden. Gleichzeitig legte der für

die Nachkriegswirtschaft zu erwartende Mangel an qualifizierten Kräften in der durch Kriegseinflüsse nur unzulänglich ausgebildeten jungen Generation, eine Ausschöpfung aller Begabungspotentiale der Bevölkerung nahe. So entstanden Reformbestrebungen, die hauptsächlich auf mehr Gleichheit der Zugangsmöglichkeiten zum bislang recht elitären höheren Schulwesen zielten. Darüberhinaus forderte das innerhalb der Labour-Partei virulente Leitbild eines Nachkriegswohlfahrtsstaates die Intensivierung der staatlichen Kontrolle und Einflußmöglichkeiten im traditionell dezentralen, zumeinst kommunalen Körperschaften obliegenden britischen Schulwesen. Vor diesem Hintergrund erschien der Education Act als Teil der sozialpolitischen Reformvorhaben für die Nachkriegszeit (vgl. Thomas 1975, S. 28 ff).

Die mit dem Education Act implementierte Schulreform schuf eine von allen Schülern im Alter von fünf bis elf Jahren gemeinsam zu besuchende Primarschule. Der Sekundarbereich war dreigliedrig projektiert und umfaßte die Secondary Modern School (12 - 15 Jahre), die Secondary Technical School (12 - 16/18 Jahre) sowie die Grammar School (12 - 18 Jahre). Die Verteilung auf die einzelnen Schulzweige erfolgte in der sog. "Eleven-plus-examination" mit den "objektiven" Methoden eines Intelligenztests, der die verschiedenen Begabungsausprägungen erfassen sollte. Die englischen Elite-Oberschulen, die Public Schools, blieben zwar von der Reform unberührt, der Education Act war den Forderungen der politischen Linken aber insofern entgegengekommen, als er die - zumindest theoretische - Möglichkeit zur späteren Schaffung eines Einheitsschulwesens eröffnete.

Vor dem Hintergrund des Education Act sollten die sechsjährige Grundschule und das dreigliedrige Sekundarschulwesen Maßstab für die Schulreformbemühungen in der britischen Zone werden (vgl. Pakschies 1979, S. 73 ff/Kap. 7.1.).

3.2.4 Deutsch-englische Zusammenarbeit in der G.E.R.

Während des Krieges befaßten sich in England internierte Deutsche und deutsche Emigranten mit der Entwicklung von Vorstellungen zu einer demokratischen Neuordnung Nachkriegseuropas. Auf Anregung des englischen Ehepaars Wood bildete sich 1943 (unterschiedliche Zeitangaben in der Lit., d. Verf.) die "German Educational Reconstruction G.E.R.", ein Zusammenschluß deutscher und englischer Erwachsenenbildner und Erzieher, mit dem Ziel, Vorschläge für ein demokratisches deutsches Nachkriegsschulwesen auszuarbeiten. Die Gruppe hatte sich bewußt für die Bezeichnung "Reconstruction" anstelle von "Re-education" entschieden, um die internationale, über Deutschland hinausgreifende Dimension der "allgemeinen gesellschaftlichen und geistigen Erneuerung" zu verdeutlichen. Als Hauptaufgabe hatte sie sich gestellt, durch Information und Aufklärung der britischen Öffentlichkeit über die deutsche Kultur und das deutsche Erziehungswesen ein Gegengewicht zur vansittartistischen Kriegspropaganda zu schaffen, ferner die deutschen Exilpädagogen zu vereinen und Kontakte mit britischen und internationalen Erziehern zu knüpfen. Zu diesem Zweck veranstaltete sie Vortragsreisen und Tagungen und war in der Betreuung deutscher Kriegsgefangener aktiv (vgl. Borinski 1969, S. 52 ff).

In dem 1944 erschienenen Thesenpapier "General Background and Principles of Educational Reconstruction in Germany" (vgl. Pakschies 1979, S. 86 ff) sprach sich die G.E.R. für eine umfassende Entnazifizierung und Entmilitarisierung sowie für eine Zerschlagung der "ökonomischen" Basis des Nationalsozialismus, des "Junkertums" und des Kapitalismus, aus. Als Eziehungsziel wurde der "free, responsible and incorruptable man" als "conscious and active member of a genuine democracy" (zit. nach a.a.O., S. 89) aufgestellt.

Mit den "Suggestions intended for the initial Stages of Re-construction (Part I)" lancierte die G.E.R. im gleichen Jahr einen Plan für den Neuaufbau des deutschen Nachkriegsschulwesens, der auch im deutschen Widerstand diskutiert wurde. Danach sollte der Neuaufbau durch deutsche Antifaschisten unter alliierter Kontrolle geleistet werden. Als provisorische Schulträger wurden lokale und regionale Körperschaften, gebildet u. a. aus Lehrern und Eltern, empfohlen, die zwecks Schulverwaltung und Lehrerbildung mit den Besatzungsmächten zusammenarbeiten sollten, bis zum Aufbau einer "staatlichen Verwaltung durch eine demokratisch gewählte Regierung". Die "Gesinnungsfächer" Geschichte und Rassenlehre sollten bis auf weiteres abgesetzt werden. Wegen des Übergangscharakters machte der Plan keine konkreten Vorschläge für den künftigen Aufbau des deutschen Erziehungswesens (vgl. a.a.O., S. 93 ff).

Nach Kriegsende trug die G.E.R. bis zu ihrer Auflösung 1958 maßgeblich zur deutsch-englischen Zusammenarbeit im kulturellen und pädagogischen Bereich bei (vgl. a.a.O., S. 108 ff).

3.2.5 Ergebnisse der britischen Diskussion

Wie in den USA, so wurde auch in Großbritannien die "Entwicklung einer folgerichtig durchdachten (...) Deutschlandpolitik" durch die "Ungewißheit hinsichtlich der ferneren Kriegsziele gehemmt". Stattdessen wurde sie "nach dem Eingreifen der Vereinigten Staaten und im Zuge der wiederholten, immer ungeduldiger erhobenen Forderung der Sowjetunion nach Errichtung einer zweiten Front weitgehend von Rücksichten auf die beiden mächtigen Verbündeten bestimmt. Einig waren die Alliierten nur über das Hauptziel, Hitler vernichtend zu schlagen und sein nazistisches Reich auszutilgen. Alle übrigen, auf die Zeit nach dem Sieg ausgreifenden Pläne, schienen dadurch zweitrangige Bedeutung zu erhalten." (Proebst, in: Kaiser/Morgan 1970, S. 183).

Vor diesem Hintergrund war man, ähnlich wie der transatlantische Verbündete, über die Formulierung allgemeiner Leitziele, wie der dauerhaften Befriedung Nachkriegsdeutschlands, und der vagen Nennung erforderlicher Maßnahmen noch nicht hinausgekommen, als das nahende Kriegsende die Briten mit ihrer zukünftigen Rolle als Besatzungsmacht konfrontierte. Kein Zweifel bestand an der Notwendigkeit einer umfassenden Entnazifizierung des Erziehungswesens und der Massenmedien und einer Re-education der deutschen Bevölkerung hin zu den Idealen der westlichen und angelsächsisch geprägten Demokratie. Stärker betont als in der zum gleichen Zeitpunkt in den USA stattfindenden Diskussion wurde die Beteiligung "zuverlässiger" Deutscher an der Bewältigung dieser Aufgabe, deren Anzahl wurde jedoch - realistischerweise - als gering angenommen.

Eingedenk der englischen Schulreform genoß das deutsche Erziehungswesen einen hohen Stellenwert für die Re-education, ohne daß jedoch bereits konkrete Reformvorschläge entwickelt worden wären (vgl. Pakschies 1979, S. 75 ff). Auch von der G.E.R. waren, u. a. wegen der weltanschaulichen Heterogenität ihrer Mitglieder, keine konkreten Pläne für eine demokratische Umgestaltung des deutschen Erziehungswesens vorgelegt worden (vgl. a.a.O., S. 127 ff).

Im Februar 1945 war das "Technical Manual on Education and Religious Affairs" als allgemeine Dienstanweisung für die Kulturpolitik der Militärregierung in der Zeit unmittelbar nach Kriegsende erlassen worden. Es befaßte sich hauptsächlich mit Entnazifizierungsmaßnahmen. Erforderlich sei eine "complete and comprehensive control of educational personnel (because) nothing can be accomplished of a constructive nature until the educational system of Germany has been freed of the Nazi stranglehold." (zit. nach a.a.O., S. 348 f). Es folgten explizite Anweisungen für die Erfassung des Lehr- und Schulverwaltungspersonals mit Hilfe von Fragebögen, nach den Kategorien "Black", Kriegsverbrecher, hohe Reichsbeamte, SS- und SA-Mitglieder sowie Lehrer der NS-Eliteschulen, die sofort zu entlassen waren: "Grey", verdächtige Personen insbesondere der mittleren Verwaltungsebene, über deren Verbleib aufgrund der Ergebnisse einer Untersuchung entschieden werden sollte; sowie "White", Zuverlässige und Unbelastete, die an den Re-education-Maßnahmen beteiligt werden konnten (vgl. a.a.O., S. 349 ff).

Wie in der amerikanischen JCS 1967 wurden auch hier keine konkreten
Angaben über einen demokratischen Aufbau des deutschen Nachkriegser-
ziehungswesens gemacht. Hier wahrscheinlich wegen des schon früh für
die britische Besatzungspolitik aufgestellten Grundsatzes, sich auf
eine lediglich überwachende und beratende Funktion zu beschränken,
die notwendigen Reformkonzeptionen aber von den Deutschen selbst
entwickeln und realisieren zu lassen. So war dann auch die spätere
britische Besatzungspolitik tatsächlich durch besondere Zurückhaltung geprägt; schon Ende 1946 wurden gesellschafts- und kulturpolitische Aufgaben in die Verantwortung der deutschen Administrationen
innerhalb der britischen Zone gelegt, verzichtete die britische Militärregierung darauf, in diesen Bereichen in das deutsche politische
Kräftespiel einzugreifen.

3.3 Frankreich

3.3.1 Die Sonderrolle Frankreichs - Vom Besetzten zum Besatzer

Bei der Betrachtung Frankreichs als spätere Sieger- und Besatzungsmacht muß berücksichtigt werden, daß Frankreich, als letztes in den
Kreis der Siegermächte aufgenommenes Land, im Gegensatz zu den USA,
Großbritannien und der Sowjetunion bis Anfang 1945 noch zu mehr oder
weniger großen Teilen von den Deutschen besetzt war. So hatte Frankreich im eigenen Land bis kurz vor Kriegsende weder eine politische
Grundlage noch personell oder materiell ausreichende Möglichkeiten,
über seine Rolle als künftige Besatzungsmacht nachzudenken bzw. Vor-
kehrungen zur Durchführung späterer Besatzungspolitik in umfassendem
Maße zu treffen (vgl.: Cheval, in: Heinemann, Hrsg., 1981, S. 190).

Erst auf der Konferenz von Jalta (04.-11.02.1945) stimmte Stalin der
Bildung einer französischen Besatzungszone aus Teilen der geplanten
amerikanischen und britischen Zonen zu, nachdem sich Churchill und
Roosevelt schon darüber geeinigt hatten (vgl.: Ruge-Schatz, 1977, S.
33/Hilge, Hrsg., 15. Auflage, 1981, S. 12). Die endgültige Entschei-

dung fiel erst im Sommer 1945, drei Monate nach der deutschen Kapitulation. Trotz Zuweisung einer Besatzungszone durfte Frankreich nicht an der Konferenz von Potsdam teilnehmen (vgl.: Ruge-Schatz, 1977, S. 33).

Schon im April 1945 wurden den Franzosen die pfälzischen Kreise Bergzabern, Germersheim, Landau sowie Speyer-Stadt und -Land überlassen, hinzu kamen im Juli 1945 die Pfalz, Rheinhessen, die Regierungsbezirke Koblenz und Trier, das Sauerland, desweiteren 4 rechtsrheinische Kreise sowie die Provinzen Süd-Baden und Württemberg-Hohenzollern südlich der Autobahn München-Stuttgart-Karlsruhe (vgl.: Pressestelle der Staatskanzlei Rheinland-Pfalz, Hrsg., 1976, S. 43 f/Ruge-Schatz, 1977, S. 43 f/Kinder/Hilgemann, 16. Aufl., 1981, S. 248 f). Somit hatte Frankreich seine eigene Besatzungszone auf deutschem Gebiet.

3.3.2 Die Überlegungen der Résistance für ein Nachkriegsdeutschland

Nach dem Einmarsch der deutschen Truppen in Frankreich im Mai und Juni 1940 hatte sich ein Teil der Bevölkerung mit den neuen Machthabern arrangiert, die Masse jedoch reagierte "hilflos und apathisch" (Ruge-Schatz, 1977, S. 21).
Widerstand gegen die Besatzer und ihre französischen Helfer breitete sich in größerem Maße aus, als die Unterdrückung und Ausbeutung des Landes zur Deckung des Bedarfs der Wehrmacht immer stärker wurden. Es bildeten sich verschiedene Widerstandsgruppen, die zum Teil im ganzen Land wirkten ("Résistance", "Maquis"), teilweise aber auch nur im besetzten Norden ("Liberation Nord", "Organisation civile et militaire") oder aber im erst ab 1942 besetzten Süden Frankreichs tätig waren ("Libération Sud", "Combat"). Desweiteren gab es in beiden Landesteilen Organisationen der kommunistisch beeinflußten "Front National" (vgl.: Kinder/Hilgemann, 16. Aufl., 1981, S. 208). Aus diesen Gruppen konstituierte sich im Mai 1943 der "Conseil National de la Résistance". Er sollte nach innen einigend wirken und nach außen Verbindungen aufbauen zu den Gruppen, die in Algier und London (de Gaulle) wirkten. Ein weiteres angestrebtes Ziel war der systema-

tische Ausbau der Beziehungen zu den Alliierten (vgl.: Ruge-Schatz, 1977, S. 21).

Konkrete Vorstellungen im kultur- und schulpolitischen Bereich bezüglich Deutschland gab es bei der Résistance allenfalls in Ansätzen, da für die Widerstandsgruppen in Frankreich die Erledigung lebenswichtigerer Aufgaben vorrangig war. In der nicht-kommunistischen Résistance wurden aber neben den Plänen für eine neue französische Gesellschaft auch Programme eines künftigen Europa diskutiert, wobei hier Deutschland immer eine wichtige Rolle spielte.

Geplant war, Deutschland in eine mächtige, internationale Gemeinschaft einzubinden, und die deutsche Nation umzuerziehen, zu disziplinieren und im Notfall zu beherrschen. Auch die sozialistischen Vertreter der Resistance vertraten diese Ansicht, verfolgten darüberhinaus aber auch den Gedanken einer an internationaler Solidarität der Arbeiterklasse, auch der deutschen, orientierten Politik (vgl.: Ruge-Schatz, 1977, S. 22 f).

3.3.3 Die Vorüberlegungen des Kreises um de Gaulle für ein Nachkriegsdeutschland

Als Frankreich von den deutschen Truppen überrannt wurde, konnte ein Teil der französischen Armee in Dünkirchen mit den Resten des britischen Expeditionskorps nach England ausgeschifft werden. In London bildete General de Gaulle am 18. Juni 1940 ein provisorisches "Nationakomitee der freien Franzosen" (Kinder/Hilgemann, 16. Aufl., 1981, S. 208). De Gaulle vertrat die Ansicht, daß im Londoner Exil das wahre, kämpfende Frankreich eine Zuflucht gefunden habe. Demgegenüber hätten die Politiker der Dritten Republik versagt und damit die Niederlage vom 10. Juni 1940 verursacht. Er betonte, daß Frankreich nach Wiederherstellung seiner militärischen Schlagkraft "als unter Siegern gleichberechtigter Partner die Nachkriegsordnung mitbestimmen" werde (Ruge-Schatz, 1977, S. 23).

De Gaulle gelang es zum einen, die von deutscher Gefangenschaft
verschont gebliebenen französischen Truppen in Großbritannien und
Algerien um sich zu sammeln, und zum anderen, seine außenpolitischen
Vorstellungen gegenüber den Alliierten durchzusetzen. Ebenso konnte
er in den Auseinandersetzungen der einzelnen Résistance-Gruppen um
die spätere Macht in Frankreich die Oberhand gewinnen, so z. B. über
Henri Giraud im Bemühen um die Führung des "Comite Francais de la
Liberation Nationale". Mit Hilfe der Amerikaner konnten von ihnen
ausgerüstete französische Truppen nach der Invasion an der Befreiung
ihres Landes teilnehmen. Nachdem de Gaulle am 25. August 1944 in
Paris eingezogen war, bildeten er und die Résistance eine sog. "Regierung der Einmütigkeit" (vgl.: Ruge-Schatz, 1977, S. 24 f/Kinder/
Hilgemann, 16. Aufl., 1981, S. 213/S. 246). Erst Ende Oktober 1944
wurde de Gaulle als Chef der rechtmäßigen französischen Regierung
anerkannt, vorher herrschten bei den Westalliierten Zweifel darüber,
ob wirklich die Mehrheit der Franzosen politisch von ihm repräsentiert wurde (vgl.: Thies/van Daak, 1979, S. 13 f).

Am 11. November 1944 dann wurde de Gaulles "France Libre" in die
"European Advisory Commission" aufgenommen. Diese tagte in London als
Instrument alliierter Deutschland-Planung. Die französischen politischen und wirtschaftlichen Vorstellungen für das Nachkriegsdeutschland wurden in der sog. "French Thesis" dargestellt, in der sich
sicherheitspolitische Vorstellungen und Reparationsansprüche Frankreichs gegenüber Deutschland manifestierten (vgl.: Willis, 1968, S.
15 ff), wovon Amerikaner und Briten aber nicht sonderlich angetan
waren, da die Forderungen der "French Thesis" ihren Vorstellungen von
alliierter Nachkriegspolitik in Deutschland zuwiderliefen (vgl.:
Ruge-Schatz, 1977, S. 31).

Die französischen Umerziehungsvorstellungen für die Deutschen sind
mit keinem Namen so verbunden wie mit Raymond Schmittlein, der eine
entscheidende Rolle "bei der Feststellung der Ziele und dem Aufbau
der Strukturen der Bildungsbehörde der Zone, der "Direction de
l'Education Publique", gespielt hat" (Cheval, in: Heinemann, Hrsg.,

1981, S. 192). Schmittlein war ausgebildeter Germanist. Ab 1943 war
er Militärattache de Gaulles in Moskau, dann bis 1944 Mitglied des
Kabinetts de Gaulle in Algier. An der Befreiung Frankreichs nahm er
als Kommandeur einer Infanterie-Division teil.
Anfang 1945 erhielt Schmittlein den Auftrag, für eine noch hypothetische französische Zone Pläne für die Bildungspolitik auszuarbeiten
und dafür fähige Kräfte auszusuchen (vgl.: Ruge-Schatz, 1977, S. 39
f/Cheval, in: Heinemann, Hrsg., 1981, S. 192 f/Willis, 1962, S. 166).

Schon vorher, am 18. November 1944, wurde neben der "Mission Militaire pour les Affaires Allemagnes" (M.N.A.A.), die die Verhandlungen
mit den Alliierten übernahm, die "Administration Militaire Francaise
en Allemagne" (A.M.F.A.) eingerichtet, die den Aufbau der französischen Verwaltung in Deutschland vorbereiten sollte (vgl.: Ruge-
Schatz, 1977, S. 34). Schmittlein hatte sich zur Unterstützung seines
Teiles der Verwaltungsarbeit selbst eine Reihe von Mitarbeitern re-
krutiert, größtenteils Germanisten, die teilweise gute Kenntnisse
über Deutschland besaßen. Er beschrieb die Grundlage, auf denen seine
erzieherische Arbeit in der französischen Zone aufbauen sollte, wie
folgt: Es wäre davon auszugehen, daß der Mensch das Produkt seiner
Umwelt sei. Daher wäre die Annahme falsch, daß die Deutschen eine
minderwertige Rasse seien, vorbestimmt zu Nationalismus, Militarismus
und Totalitarismus, da dies im Prinzip einer Übertragung nationalsozialistischer Rassenideologien, nun auf die Deutschen selbst,
gleichgekommen wäre.

Nach seiner Ansicht war die Jugend in Deutschland in einem Klima von
falschem Nationalismus des 19. Jahrhunderts aufgewachsen. Durch Veränderung zu einer Erziehung, in der die Beachtung demokratischer
Werte und der Eigenwert des Individuums als höchste Güter galten und
durch ein Näherbringen französischer Kultur, in dem gezeigt werden
sollte, daß die deutsche Kultur nicht die Einzige von Wert sei,
wollte Schmittlein die deutsche Jugend umerziehen. Unterstützt wurde
seine Meinung auch von einem Großteil seiner Mitarbeiter (vgl.:
Willis, 1962, S. 16 ff). Außerhalb dieser Gruppe fand Schmittlein

aber nicht überall Zustimmung. In besonderem Maße sorgten sich die
verantwortlichen politischen Instanzen um die Frage, inwieweit die
Umerziehungsversuche der Abteilung Schmittleins zu einer Inanspruch-
nahme staatlicher Mittel führen würde. Denn: "...Um politisch-ideolo-
gischer Experiimente willen womöglich eine zusätzliche Belastung des
eigenen Staatshaushaltes in Kauf zu nehmen, kam schon garnicht in
Betracht..." (Fürstenau, 1969, S. 136). Diese rein finanziellen Probleme machten nur einen Teil dessen aus, wogegen Schmittlein zu
kämpfen hatte. Darüberhinaus wurden seine Ideen verschiedentlich auch
aus ideologischen Gründen abgelehnt.

3.3.4 Andere Vorstellungen zur Umerziehung der Deutschen

Neben den Plänen Schmittleins und seiner Mitarbeiter wurde die Diskussion um die Behandlung der Deutschen nach Beendigung des Krieges
noch von anderen, z. T. wesentlich radikaleren Ansichten geprägt.
Obwohl Schmittlein als Verantwortlicher für Bildung und Erziehung in
der französischen Besatzungszone letztendlich doch größtenteils seine
Ansichten durchsetzen konnte, sollen hier auch andere Meinungen kurz
benannt werden.

Das Bewußtsein vieler Franzosen gegenüber den Deutschen war geprägt
von drei deutschen Invasionen in Frankreich innerhalb von 70 Jahren:
1870/71, 1914 und 1940. Daher glaubten viele, ein "ewiges deutsches
Problem" (vgl.: Vaillant, in: Heinemann, Hrsg., 1981, S. 203) zu
erkennen, dem jetzt ein für allemal abgeholfen werden müsse. In der
Diskussion gab es zwei Hauptströmungen. Eine Gruppe vertrat die
Ansicht, daß die Deutschen von Natur aus Militaristen seien, was sich
in der deutschen Geschichte der letzten Jahrhunderte manifetiere.
Eine andere Gruppe wiederum glaubte, es existiere kein einheitliches
Deutschland, sondern es gäbe "verschiedene Deutsche und verschiedene
deutsche Länder" (Vaillant, in: Heinemann, Hrsg., 1981, S. 203).
Daher rührten auch die französischen Forderungen nach einer Auftei-
lung Deutschlands und einer Angliederung von Teilen an Frankreich,
die ihm geographisch und kulturell am nächsten standen. Desweiteren

glaubten Männer wie Edmont Vermeil, in der deutschen Philosophie die
Ursache für die deutsche Agressivität zu erkennen, festgemacht besonders an Kant und Nietzsche (vgl.: Vaillant, in: Heinemann, Hrsg.,
1981, S. 203 f).

Es wurde den Deutschen unterstellt, daß sich in ihnen durch aufge-
zwungenen preußischen Militarismus, romantische Verklärung, durch die
Musik Wagners und die Philosophie Nietzsches (s. u.) ein Gefühl des
Übermenschen herausgebildet habe, dem nun mit einem besonderen Maß an
Autorität und Disziplinierung entgegengetreten werden müsse, um die
deutsche Nation in die internationale Staatengemeinschaft zurückzuführen. Die französische Militärregierung hatte ein entsprechendes
Rezept parat: Sie glaubte, in "paternalistisch-autoritärer Weise ...
den Prozeß des Umdenkens lenken zu müssen" (Ruge-Schatz, 1977, S.
38), um die Deutschen auf den rechten, demokratischen Weg zurückfüh-
ren zu können. Voraussetzung für einen Erfolg des Umerziehungsprozes-
ses war nach ihrer Ansicht eine lange Besatzungszeit, mit der die
Franzosen auch rechneten (vgl.: Ruge-Schatz, 1977, S. 37 f).

Eine prägnante Zusammenfassung der französischen Umerziehungsdiskus-
sion gibt Grosser (4. Aufl., 1972). Besonders deutlich werden hier
die Differenzen zwischen Anspruch und Wirklichkeit, wenn er schreibt:
"...Der äußere Anblick der Besetzung konnte kaum den Eindruck erwek-
ken, hier seien die tugendhaften Sieger gekommen, um die besiegten
Übeltäter moralisch wieder aufzurüsten. Doch eben darauf beruhte der
Grundgedanke, der die gesamte "rèeducation" beherrschte. Alle Deutschen, besonders die Jugendlichen, waren einem schlechten Einfluß
ausgesetzt gewesen, gewissermaßen schlecht erzogen worden. Man mußte
sie also "umerziehen", um aus ihnen gute Demokraten zu machen..."
(Grosser, 4. Aufl., 1972, S. 80).

3.3.5 Ergebnisse der französischen Diskussion

Die Diskussion der französischen Vorstellungen über die Behandlung
Deutschlands nach dem Kriege war bis Kriegsende nicht abgeschlossen,

da die politischen Gruppierungen in Frankreich (Gaullisten, Sozialisten, Kommunisten) verschiedene Ansichten über die französische Nachkriegs-Außenpolitik im allgemeinen und die Deutschland-Politik im besonderen hatten. Schließlich bildeten sich zwei bestimmende Richtungen heraus. Eine Gruppe wollte vor dem Hintergrund des dreimaligen Einfalls Deutschlands nach Frankreich innerhalb von 70 Jahren, durch eine Politik der Stärke und der Härte und die Schaffung eines "Cordon Sanitaire" eine nochmalige Bedrohung Frankreichs durch den nördlichen Nachbarn für die Zukunft verhindern.

Die andere Gruppe war trotz der in Krieg und Besatzungszeit erlittenen schmerzlichen Erfahrungen zu einer Aussöhnung und Verständigung mit Deutschland bereit (vgl.: Cheval, in: Heinemann, Hrsg., 1981, S. 191).

Wie im allgemeinen, so unterschieden sich auch im speziellen die Ansichten über die Behandlung der deutschen Bevölkerung und ihre Umerziehung in der französischen Besatzungszone. So wollte die Militärregierung am Anfang der Besatzungszeit mit besonderer Härte und Autorität regieren, denn: "Da die Deutschen Sinn für Ordnung und Disziplin hatten, da allein Macht ihnen Respekt einflößte, mußte die französische Besatzungsmacht die Deutschen die militärische Präsenz und die Größe Frankreichs spüren lassen" (Vaillant, in: Heinemann, Hrsg., 1981, S. 204).

Auf der anderen Seite wollten Männer wie Schmittlein und seine Mitarbeiter versuchen, die erkannten Probleme von den Ursachen her anzugehen, durch Vermittlung demokratischer Werte und Ziele Verhaltens- und Einstellungsänderungen zu bewirken. Die Aufgabe der Umerziehung wurde als "mission civilisatrice angesehen, in diesem Fall mit dem Ziel, die in der französischen Tradition gepflegte Freiheitsliebe und Wertschätzung des Individuums bei den Deutschen zu wecken" (Hearnden, 2. Aufl., 1977, S. 21). Da Schmittlein zu de Gaulle ein besonders gutes Verhältnis hatte, war es ihm möglich, sich mit seinen Umerziehungsvorstellungen gegenüber den anderen Gruppen durchzusetzen und sie als

Chef der "Direction de l'Education Publique" in der französischen
Besatzungszone zu verwirklichen, damit allerdings oft im Gegensatz zu
militärischen Stellen stehend (vgl.: Ruge-Schatz, 1977, S. 39 f).
Inwieweit sich diese Vorstellungen auf die tatsächliche spätere Gestaltung des Schulwesens auswirkten, soll später aufgezeigt werden.
Beachtet werden muß, daß alle Planungen und Maßnahmen in einer Zeit
durchgeführt wurden, in der die Franzosen selbst nach Krieg und
Kollaboration über ihre eigene Identität nachzudenken gezwungen waren
(vgl.: Cheval, in: Heinemann, Hrsg., 1981, S. 190).

3.4 Sowjetunion

3.4.1 Die Beurteilung der nationalsozialistischen Ideologie und
ihre Auswirkungen auf die sowjetische Besatzungspolitik

In der kommunistischen Ideologie erfuhr der Nationalsozialismus eine
andersgeartete Beurteilung, als dies durch Staaten wie die USA oder
Großbritannien geschah. Die kommunistische Ideologie stellt den Nationalsozialismus über die marxistische Geschichtinterpretation in
die historische Kontinuität des Kapitalismus. So war der Nationalsozialismus also die letzte und stärkste Ausprägung des imperialistischen Kapitalismus, er fand sein Ende durch den "revolutionären
Befreiungskrieg der aufgeklärten, fortschrittlichen Kräfte" (vgl.:
Mon. Paed., C II, passim). Die Sowjetideologie und damit auch die ihr
folgende Ideologie der deutschen Exil-Kommunisten betrachteten den
Nationalsozialismus als Teil der faschistischen Bewegung, als "Folge
der Widersprüche des deutschen Kapitalismus in seinem letzten Entwicklungsstadium, dem Imperialismus" (Vaillant, in: Heinemann, Hrsg.,
1981, S. 202), als "offene terroristische Diktatur der reaktionärsten, am meisten chauvinistischen, am meisten imperialistischen Elemente des Finanzkapitals" (Mon. Paed., C. II, S. 13). Somit hatte der
"Hitlerfaschismus" die Rolle des Stoßtrupps der internationalen Konterrevolution, des Hauptanstifters des imperialistischen Krieges, des
Initiators eines Kreuzzuges gegen die Sowjetuniion"..." (a.a.O., S.

13). Daß der Nationalsozialismus als Ausprägung des Kapitalismus angesehen wurde, hatte Auswirkungen auf die geplante Besatzungspolitik der Sowjetunion. So war vorgesehen, einen Wiederaufbau des Nationalsozialismus oder ihm verwandter Ideologien zu verhindern, indem den Kräften, die nach der kommunistischen Ideologie den Aufstieg des Nationalsozialismus verursacht hatten, nämlich dem Monopolkapital, der Nährboden, d. h. die ökonomische Grundlage, entzogen wurde (vgl.: a.a.O., S. 35 f). "...Das wesentliche strukturelle Element der Veränderungen ist die Aufhebung des Eigentums an den Produktionsmitteln, wie es durch die Bodenreform und die Enteignung der Konzerne in der SBZ nach 1945 geschehen ist..." (Langewellpott, 1973, S. 24). Darüberhinaus bedeutete dies auch die Ausschaltung von Landadel und Besitzbürgertum als die ehemaligen politisch bestimmenden Kräfte.

Im politisch-ideologischen Bereich bedeutete es eine radikale Entfernung von ehemaligen Mitgliedern der NSDAP und anderer NS-Organisationen aus dem öffentlichen Dienst. Diese Maßnahme sollte besonders Richter, Staatsanwälte und Lehrer treffen, ca. 50.000 von ihnen mußten schließlich auch aus dem Dienst ausscheiden (vgl.: Erdmann, 2. aufl., 1982, S. 117). Als letzter Schritt zur Vernichtung des alten Systems konnte, fußend auf der marxistischen Faschismus-Theorie, nur der Aufbau eines "neuen Deutschlands" unter sozialistischen Bedingungen zur "endgültigen Vernichtung des deutschen Imperialismus und Militarismus" folgen, wie ihn dann auch in der sowjetischen Besatzungszone Deutschlands die "wahrhaft antifaschistisch-demokratischen Kräfte unter der Führung der KPD" (Mon. Paed., C II, S. 32) und unter der Oberherrschaft und Aufsicht der sowjetischen Besatzungsmacht beschritten.

3.4.2 Die Vorbereitungen der Exil-KPD in der Sowjetunion zur Reform des Schulwesens in der SBZ

Die Sowjetunion war das Ziel einer Reihe von deutschen Kommunisten, die in der Folge der Machtergreifung der Nationalsozialisten im Januar 1933 aus Deutschland emigrierten. Mit diesen Exil-Kommunisten,

die zum größten Teil aus der ehemaligen KPD kamen, arbeitete die
Sowjetführung, spätestens, nachdem sich durch den Verlust von Stalingrad die deutsche Niederlage abzeichnete, eng zusammen. So kam es,
daß sich die Ansichten von Exil-Kommunisten und Sowjetführung über
die Behandlung des späteren, von der Sowjetunion besetzten Teiles
Deutschlands, von Anfang an weitgehend deckten (vgl.: Klessmann,
1982, S. 96). Die Exil-Kommunisten wurden in der Sowjetunion darauf
vorbereitet, in der späteren SBZ die wichtigsten Stellen in der
Verwaltung zu besetzen, um so von zentraler Stelle auf die Entwicklung der Zone in ihrem Sinne, d. h. auch im Sinne der Sowjetmacht,
lenken zu können. Dies hatte für die Sowjetunion später den argumentativen Vorteil, gegenüber den anderen Alliierten behaupten zu können, die Umwandlung der Gesellschaftsordnung in ihrer Zone hin zum
Sozialismus erfolge im Namen und im Sinne der Deutschen selbst.

Detaillierte Vorstellungen über den Umbau Deutschlands bzw. der SBZ
nach der Zerschlagung des Hitler-Regimes und darüberhinaus über die
Neugestaltung des Schulwesens gab es nicht. Es war kein ausgearbeiteter Plan vorhanden, in dem konkrete Maßnahmen vorgestellt worden
wären, mit denen sofort nach Kriegsende die Schule im Sinne der neuen
Machthaber hätte fortgeführt werden können, zumal dies aufgrund von
Zerstörungen an Schulgebäuden, Lehrermangel, Lehr- und Lernmittelknappheit und -untauglichkeit sowieso kaum möglich gewesen wäre.
Detaillierte Pläne zur Umgestaltung des Schulwesens wurden erst aufgestellt im Prozeß der Konstituierung der nach dem Krieg in der SBZ
bestimmenden politischen Kräfte wie sowjetische Militäradministration, neugegründete oder wiederzugelassene Parteien, Verbände Die
Richtung, in die die Entwicklung laufen sollte, war aber durch die
von der Besatzungsmacht projektierte sozialistische Umgestaltung der
Zone schon vorgegeben (vgl.: Erdmann, 2. Aufl., 1982, S. 249).
Gleichwohl gab es aber schon vor Kriegsende Vorstellungen, wie die
besagte sozialistische Umgestaltung ablaufen sollte. Im Februar 1945
wurde eine Kommission unter dem Vorsitz W. Ulbrichts vom Politbüro
beauftragt, Richtlinien auszuarbeiten für die Arbeit der "deutschen
Antifaschisten" in den von der sowjetischen Armee besetzten deutschen

Gebieten (vgl.: Mon. Paed., C II, S. 33). Hier wurde auch über die
Frage der Umgestaltung des Schulwesens beraten, wobei einige allgemeine Forderungen aufgestellt wurden, die sofort nach Kriegsende
verwirklicht werden sollten. Unter anderem wurde vorgeschlagen: die
Entfernung aller NS-Lehrer aus dem Schuldienst und Ersatz durch
politisch unbelastete Lehrer, die Heranbildung neuer, politisch zuverlässiger Lehrkräfte durch 2-monatige Schnellkurse, die Entfernung
aller nationalsozialistisch beeinflußten Lehrbücher, die Erarbeitung
neuer Richtlinien für den Unterricht, die Vorbereitung des Unterrichts durch örtliche Schulkommissionen, bestehend aus Vertretern der
Verwaltung und politisch zuverlässigen Lehrern.
Als die Hauptaufgaben, deren Lösung vor dem Wiederbeginn des Unterrichts höchste Priorität besaß, wurden bezeichnet: "die Befreiung des
gesamten Bildungsinhalts von allem reaktionären Unrat und die Säuberung des Lehrkörpers" (Mon. Paed., C II, S. 34). Desweiteren wurden
im Bericht der Kommission vom Februar 1945 die Grundforderungen für
die Umgestaltung des Schulwesens aufgestellt, wie sie dann später im
"Gesetz zur Demokratisierung der deutschen Schule" verwirklicht werden sollten. Die Schaffung eines Einheitsschulsystems mit einer für
alle verbindlichen - wenn auch noch nicht dezidiert auf 8 Jahre
festgelegten - Grundschule und die konsequente Trennung von Schule
und Kirche waren Zentralforderungen, die später im Schulgesetz vom
Mai/Juni 1946 festgeschrieben wurden (vgl.: a.a.O., S. 34 f).

3.4.3 Die Arbeit des NKFD zur Vorbereitung der Reform des Schulwesens
in der SBZ

Auf eine Initiative der Exil-KPD in Moskau hin wurde am 12. und 13.
Juli 1943 das "Nationalkomitee Freies Deutschland" (NKFD) gegründet.
Seinem Wesen nach kann es als deutsche Anti-Hitler-Koalitiion verstanden werden. Seine Mitglieder waren in der Mehrzahl Kriegsgefangene, die alle Schichten des Volkes und alle Dienstgrade der Wehrmacht repräsentieren sollten (vgl.: Mon. Paed., C. II, S. 40).
Klessmann bezeichnet aber als hauptsächliche politische Adressatengruppe des NKFD das national-konservative deutsche Offizierkorps als

potentielle Opposition gegen Hitler (vgl.: Klessmann, 1982, S. 27).
Ziel der NKFD war es, alle Kräfte, die sich dazu bereitfanden, gegen
Hitler zu vereinigen, wobei eben auch die Deutschnationalen und
Konservativen nicht ausgeschlossen sein sollten (vgl.: Leonhard,
1955, S. 285). Gegen Ende des Krieges wurden im NKFD Kommissionen
gebildet, die darüber beraten sollten, welche Aufgaben beim Wiederaufbau Deutschlands nach dem Krieg von seinen Mitgliedern übernommen
werden könnten. Besonders intensive Überlegungen stellte eine Gruppe,
bestehend aus 9 Lehrern und 2 Geistlichen, zur Umgestaltung des
Unterrichtswesens an. Erarbeitet wurden von ihr Richtlinien für den
Unterricht in deutscher Geschichte. Es wurde eine Entfernung aller
faschistischen, militaristischen und reaktionären Theorien aus dem
Unterricht gefordert und eine Erziehung vorgeschlagen zu demokratischem Denken, zu verantwortlicher Teilnahme am Leben des Volkes und
zu "echtem Nationalbewußtsein, das begründet ist in dem Stolz auf die
großen Leistungen des deutschen Volkes, die dem Fortschritt der
Menschheit dienten" (Mon. Paed., C II, S. 41). Bis zum Frühjahr 1945
wurden vom NKFD neben den Memoranden, die vor allem zur neu zu schaffenden Volksbildung Stellung nahmen, auch schon fertige Manuskripte
für einige Geschichtsbücher vorgelegt (vgl.: Leonhard, 1955, S. 335).

3.4.4 Ergebnisse der sowjetischen Planungen

Die wesentliche Prägung erfuhren die Vorbereitungen für die Umgestaltung der Besatzungszone durch das Vorhaben, mit Hilfe der in der
Sowjetunion geschulten und auf die Interessenvertretung der Besatzungsmacht ausgerichteten Exil-Kommunisten den sowjetisch besetzten
Teil Deutschlands in allen Lebensbereichen umzugestalten.

Wichtigste Voraussetzung dafür war die Zerschlagung der materiellen
Basis der Kräfte, die nach sowjetischer Denkart die Triebkräfte und
Förderer des Nationalsozialismus waren, nämlich Großindustrie und
Großgrundbesitz. Hierzu gehörten die Verstaatlichung großer und mitt-
lerer Industriebetriebe und eine Bodenreform mit Umverteilung des
Landbesitzes von Großagrariern an Kleinbauern. Diese sozio-ökonomi-

schen Struktureingriffe wurden als wichtigste Entnazifizierungsmaßnahmen angesehen (vgl.: Klessmann, in: Heinemann, Hrsg., 1981, S. 236 ff). Weiterhin wichtig war die Entfernung von politisch belasteten Personen aus Schule und Verwaltung und ihr Ersatz durch linientreue und antifaschistische Beamte; diese Maßnahme wurde aber in der SBZ nicht mit der gleichen Gründlichkeit durchgeführt wie z. B. in den angelsächsischen Besatzungszonen.

Als zweiter Schritt war nach den o. a. Entnazifizierungsmaßnahmen die sozialistische Umgestaltung der Zone vorgesehen, für die, auch im Bereich des Schulwesens, bei Kriegsende schon gewisse Rahmenpläne vorlagen, auf denen die Umstrukturierung des Schulwesens aufbauen konnte. Durch die Berichte der KPD-Kommissionen und die Arbeit des NKFD waren die Voraussetzungen geschaffen worden für eine relativ rasche Wiederaufnahme des Unterrichts. Ebenso waren mit den Forderungen nach der undifferenzierten Einheitsschule und der konfessionellen Unabhängigkeit der Schulen schon die Eckpfeiler gesetzt für die Ausgestaltung des zukünftigen sozialistischen Einheitsschulsystems.

Auch zur Neugestaltung des Unterrichts in den Schulen, zur Schaffung von neuen Lehrbüchern und zur Einrichtung von zuverlässigen Schulbehörden wurden schon vor Kriegsende Vorbereitungen getroffen. Die Sowjetunion unterstützte diese, zum großen Teil durch Deutsche in die Wege geleiteten Initiativen mit Nachdruck, denn sie bereitete sich darauf vor, im Zuge der Neuordnung die Schulverwaltung so früh als möglich wieder den Deutschen selbst zu übertragen und nur noch Kontrollfunktionen wahrzunehmen. Die Schlüsselstellungen in der Verwaltung sollten mit Sozialdemokraten, vor allem aber mit linientreuen Kommunisten besetzt werden, die zur engen Zusammenarbeit mit den für Volksbildung zuständigen sowjetischen Stellen und den Bildungsoffizieren der Besatzungsmacht bereit waren (vgl.: Hearnden, 2. Aufl., 1977, S. 22).

Beim Vergleich mit dem Vorbereitungsstand der anderen Besatzungsmächte stellt sich heraus, daß die Sowjets, unterstützt von den

deutschen Exilkommunisten, wahrscheinlich die klarsten Vorstellungen
und den weitestgehenden Vorbereitungsstand zur Um- und Neugestaltung
ihrer Zone hatten, was, gepaart mit einer relativen Skrupellosigkeit
bei der Durchsetzung ihrer Ziele und wenig Rücksichtnahme auf deutsche Interessen dann auch die am deutlichsten sichtbaren Veränderungen nach sich zog.

3.5 Interalliierte Vorbereitungen

3.5.1 Anglo-amerikanische Zusammenarbeit in der Erziehungsarbeit des Supreme Headquarters of Allied Expedition Forces (SHAEF)

Sowohl in den USA als auch in Großbritannien bestand ein krasses
Mißverhältnis zwischen dem oft betonten Stellenwert des deutschen
Erziehungswesens für den Erfolg der Re-education und der personellen,
materiellen und organisatorischen Vorbereitungen, die von den beiden
angelsächsischen Alliierten zur Kontrolle und zum Neuaufbau desselben
ergriffen wurden. Bereits kurz nach Kriegseintritt waren in den USA
die "Military Government Section" beim Oberkommando der Militärpolizei (Office of Provost Marshall General) und die "Civil Affairs
Division" im Kriegsministerium eingerichtet und mit dem Aufbau einer
Organisationsstruktur für die künftige Militärregierung sowie die
Ausbildung von Soldaten betraut worden. Ab 1942 wurden u. a. an
verschiedenen Hochschulen Lehrgänge eingerichtet. Die Ausbildungserfolge waren jedoch eher gering: Den Lehrgangsteilnehmern wurden nur
äußerst dürftige Kenntnisse der deutschen Sprache, über das deutsche
Volk und über Institutionen und Geographie des zu besetzenden Landes
vermittelt; die Lehrgangsbesten wurden darüber hinaus von den Kampftruppen abgeworben, so daß die für die künftige Militärregierung
übriggebliebenen mit dem Odium der "zweiten Garnitur" und die Militärverwaltung mit permanentem Personalmangel behaftet waren (vgl.:
Zink 1957, S. 6 ff/Bungenstab 1973, S. 195 ff). Ab 1943 erfolgte die
Ausbildung gemeinsam mit den britischen Kameraden in England.

Deren war 1943 beim "Civil Affairs Staff" der für die Besetzung
Deutschlands vorgesehenen 21st Army Group aufgenommen worden. Dort
wurde auch ab 1944 die Planung für die Besatzungszeit konkretisiert:
Vorgesehen waren drei Phasen mit den jeweiligen Aufgabenschwerpunkten
der Überwachung des Waffenstillstandes, der Entnazifizierung und
Entmilitarisierung und schließlich der Demokratisierung, insbesondere
der deutschen Jugend. Dieser kurz-, mittel- und langfristigen Planung
entsprach auch die - zunächst wohl nur vorübergehend gedachte, dann
aber nahezu den ganzen Zeitraum von 1945 - 1949 beibehaltene - untergeordnete Stellung der Erziehungsabteilung (Education and Religious
Affairs Branch) in der Organisationsstruktur der Militärregierung
(vgl. Pakschies 1979, S. 131 ff).

Beim anglo-amerikansichen Oberkommando der Alliierten Expeditions-
streitkräfte (SHAEF) wurde im März 1944 die "German Country Unit"
eingerichtet, mit dem Ziel, eine an die deutsche Kreis-, Bezirks- und
Länderebene angelehnte Organisationsstruktur für die Militärregierung
zu entwickeln, eine Aufgabe, die jedoch ständig durch den Mangel an
Zielvorgaben aus Washington überschattet wurde (vgl. Zink 1957, S. 15
ff). In der mit nur fünf Offizieren besetzten Education Section
wurden erste Vorarbeiten für die Beschlagnahme aller Schulbücher
sowie Erstellung eines Schulbuch-Notprogramms geleistet, für das
ausgewählte Schulbücher der Weimarer Zeit nachgedruckt werden sollten
(vgl. Bungenstab 1970, S. 99 ff). Wichtigstes Ergebnis dieser anglo-
amerikanischen Zusammenarbeit war das SHAEF-"Handbook for Military
Government on Germany" vom Dezember 1944, dessen erster Entwurf -
wegen der angeblich zu "weichen" Haltung gegenüber Deutschland - die
Kritik des damaligen US-Finanzministers Morgenthau erregt und diesen
zur Vorlage seines sog. "Morgenthau-Plans" veranlaßt hatte (vgl. Kap.
3.1.1). Das Handbuch zeichnete sich durch eine klare Beurteilung der
Lage in Deutschland nach seiner erwarteten Kapitulation aus und
nannte die Belastungen, die der Schulpolitik der Alliierten daraus
erwachsen würden: so der Mangel an Schulgebäuden infolge der Zerstörungen, die Belegung der verbliebenen Gebäude durch Flüchtlinge oder
als Lazarette, der Mangel an Lehrern und ideologisch unbedenklichen

Schulbüchern und sonstigen Materialien, die Verringerung des Bildungsstandards der Jugend durch die kriegsbedingte Verkürzung der Schulzeit.

Als Sofortmaßnahmen waren die Schließung der Schulen bis zum Abschluß der Entnazifizierung sowie die Stellung befriedigenden Lehrmaterials vorgesehen (vgl. Pakschies 1979, S. 341 ff). Die Übernahme der Kontrolle des Erziehungswesens durch die Militärregierung sollte erfolgen "by indirect means, employing personell of the existing German educational system as far as possible, as purged or freed from Nazi and militaristic influence." (zit. nach a.a.O., S. 342).

Die ursprüngliche Fassung des SHAEF-Handbuchs räumte den Deutschen in allen Bereichen der Reform, sowohl bei der Entnazifizierung als auch bei der für einen späteren Zeitpunkt vorgesehenen strukturellen und curricularen Schulreform, ein Maximum an Eigeninitiative ein, womit es jedoch besonders bei Morgenthau, aber auch bei Roosevelt auf entschiedene Ablehnung stieß: Auf ihre Intervention hin wurde die Verteilung dieses Entwurfs an die im Aufbau befindlichen Stellen der Militärregierung untersagt (vgl. Tent 1962, S. 26). Die Neufassung "placed the education officers in the uncomfortable position of having to seek democratization through reeducation by negative means, namely, controls and purges." (a.a.O., S. 28). Immerhin stellte die Urfassung des Handbuchs eine maßgebliche Richtschnur zumindest für die britische Besatzungspolitik der ersten Monate dar (vgl. Pakschies 1979, S. 146).

Ein weiteres Ergebnis erscheint in der im Mai 1944 gegründeten "Working Party on the Re-education of Germany", ein gemeinsamer Ausschuß von Vertretern von SHAEF, dem britischen Außen- und Kriegsministerium und der britischen Erziehungsbehörde (Board of Education), der wichtige Vorarbeiten für die geplante Schulbuchrevision leistete (vgl. Halbritter 1979, S. 15 ff).
Aus Rücksicht auf den sowjetischen Verbündeten wurde die intensive Zusammenarbeit zwischen den beiden angelsächsischen Alliierten des

Zweiten Weltkrieges 1944 weitgehend eingestellt und die weitere Planung fortan in nationalen Stäben geleistett (vgl. Zink 1957, S. 110 f).

3.5.2 Die amerikanisch-britisch-sowjetische Zusammenarbeit in der European Advisory Commission E.A.C.

Auf britische und sowjetische Anregung hin wurde 1944 die European Advisory Commission als interalliierte politische Planungskommission ins Leben gerufen. Sie setzte sich aus den Botschaftern der USA, Großbritannien und der Sowjetunion, deren politischen Beratern und einem kleinen Mitarbeiterstab zusammen. Die Tätigkeit dieses Gremiums war von Anfang an überschattet durch tiefe Meinungsverschiedenheiten zwischen den Alliierten: Die USA hatten noch keine klare Vorstellung über Art und Umfang ihres Nachkriegsengagements in Europa, bzw. befürchteten eine Konkurrenz der E.A.C. zur geplanten Weltorganisation, die sich mit der Ausgestaltung der Nachkriegsweltordnung befassen sollte. Hinzu kamen Kompetenzstreitigkeiten mit militärischen Planungsgremien und das sowjetische Mißtrauen gegenüber möglichen amerikanisch-britischen Sonderabmachungen. Auf britischer Seite war man sich tatsächlich der Möglichkeiten zur Expansion bewußt, die der Zusammenbruch Deutschlands der eurasischen Großmacht offerieren würde. Vor diesem Hintergrund versuchte Churchill, auch über seine Ablösung als britischer Premierminister durch Attlee 1945 hinaus, die Grundlage für eine antisowjetische Koalition der Westalliierten zu schaffen und die USA zu einem langfristigen europäischen Engagement an der Seite Großbritanniens zu bewegen. Er war der erste westliche Politiker, der in seiner außenpolitischen Konzeption für die Nachkriegszeit dem eben erst geschlagenen Deutschland wieder eine besondere Stellung als westliches Bollwerk gegen das Ausgreifen der bolschewistischen Vormacht in Mitteleuropa zudachte (vgl. Schwarz 1966, S. 149 ff).

Wegen dieser alles andere als einmütigen Vorstellungen der "Großen Drei" konnten in der E.A.C. nur drei grundsätzliche Übereinkünfte zu den Befugnisse der nationalen Militärgouverneure in den jeweiligen Zonen getroffen werden verabschiedenden Kontrollratsbeschlüsse für gesamtdeutsche Angelegenheiten, zu den Zonengrenzen und zu der interalliierten Verwaltung Berlins (vgl. Zink 1957, S. 21 ff/Kowalski 1971, S. 261 ff).

Das von der E.A.C. erarbeitete Dokument über die "Erklärung zur Niederlage Deutschlands" war gekennzeichnet durch den "Kardinalfehler aller maßgebenden Entwürfe der alliierten Planung": Es war orientiert an der unmittelbar an die Kapitulation sich anschließenden Phase der Besatzung, die durch restriktive Kontrollmaßnahmen geprägt war. Darüber hinaus gab es keine Ansatzpunkte für eine interalliierte konstruktive, auf eine Demokratisierung Nachkriegsdeutschlands gerichtete Besatzungspolitik (vgl. Kowalski 1971, S. 276).

3.5.3 Die alliierten Gipfelkonferenzen von Casablanca, Teheran und Jalta

In Casablanca kamen vom 14. - 21. Januar 1943 Churchill und Roosevelt zusammen. Neben der Ausarbeitung von Grundsätzen zur systematischen Bombardierung Deutschlands wurde als weiteres Kriegsziel die Landung in Sizilien beschlossen und die Landung in Frankreich verschoben. Wichtigstes Ergebnis der Unterredung der beiden Staatsmänner war aber die Festlegung der Formel der "bedingungslosen Kapitulation" (unconditional surrender) der Deutschen als oberstes Kriegsziel der Alliierten (vgl.: Kinder/Hilgemann, 16. Aufl., 1981, S. 209).

Auf der Konferenz von Teheran (28.11. - 01.12.1943) kam es zur ersten Zusammenkunft der "Großen Drei", Roosevelt, Churchill und Stalin. Hier wurde die Invasion Frankreichs als Schaffung einer großen Entlastungsfront für die Sowjetunion festgelegt. Ferner entsprachen Churchill und Roosevelt der Forderung Stalins nach einer Verlegung der polnischen Ost-Grenze zugunsten der Sowjetunion. Polen sollte dafür als Entschädigung Teile Ostdeutschlands erhalten (vgl.: a.a.O., S. 209/Erdmann, 2. Aufl., 1982, S. 22 f).

Im Februar 1945 kam es angesichts der bevorstehenden Niederlage
Deutschlands zu einem erneuten Zusammentreffen der drei Staatschefs
in Jalta. Hier wurde die alliierte Nachkriegspolitik für Deutschland
festgelegt. Roosevelt, Churchill und Stalin erzielten Einigkeit darüber, daß Deutschland entwaffnet und der Nationalsozialismus beseitigt
werden müsse. Darüberhinaus wurde über die Zerstückelung Deutschlands
diskutiert, wobei es zu der Festlegung kam, daß Deutschland gemäß dem
1. und 2. Zonenprotokoll der European Advisory Commission (vgl. Kap.
3.5.2) bis zu einer endgültigen Friedensregelung in festgelegte Besatzungszonen aufgeteilt werden sollte (vgl.: a.a.O., S. 24 f/Kinder/
Hilgemann, 16. Aufl. 1981, S. 209).

3.5.4 Die Konferenz von Potsdam

Auf der Konferenz von Potsdam (16.07. - 02.08.1945) als dem letzten
Treffen der Staatsoberhäupter der drei Hauptmächte, Truman, Stalin
und Churchill (später Atlee), ging es darum, Deutschland und ganz
Europa in eine neue Ordnung zu bringen. Neben der "verbalen Bekräftigung des Willens zur Zusammenarbeit und Verständigung dokumentiert
sich in den Potsdamer Beschlüssen die beginnende Spaltung Europas und
Deutschlands" (Erdmann, 2. Aufl., 1982, S. 59), was von amerikanischer Seite auch schnell erkannt wurde: "Die Idee, Deutschland gemeinsam mit den Russen regieren zu wollen, ist ein Wahn... Wir haben
keine andere Wahl, als unseren Teil von Deutschland - ein Teil, für
den wir und die Briten die Verantwortung übernommen haben - zu einer
Form von Unabhängigkeit zu führen, die so befriedigend, so gesichert,
so überlegen ist, daß der Osten sie nicht gefährden kann. Das ist
eine gewaltige Aufgabe für die Amerikaner. Aber sie läßt sich nicht
umgehen, und hierüber, nicht über undurchführbare Pläne für eine
gemeinsame Militärregierung sollten wir uns Gedanken machen" (G. F.
Kennan, zit. nach: a.a.O., S. 69).
Die Potsdamer Beschlüsse enthalten neben einigen Absichtserklärungen
der unterzeichnenden Mächte - Frankreich war an der Konferenz nicht
beteiligt und fühlte sich daher auch nicht an die Beschlüsse gebunden
- eine Anzahl von unscharf formulierten Grundsätzen zur Behandlung

Deutschlands in politischer und wirtschaftlicher Hinsicht, die in
jede Richtung große interpretatorische Spielräume enthielten.

Wesentlich für die Umgestaltung des Schulwesens war lediglich Punkt 7
im Teil III A ("Deutschland - Politische Grundsätze"): "...7. Das
Erziehungswesen in Deutschland muß so überwacht werden, daß die
nazistischen und militaristischen Lehren völlig entfernt werden und
eine erfolgreiche Entwicklung der demokratischen Ideen möglich gemacht wird..." (Bundesanstalt für gesamtdeutsche Aufgaben, o. J., S.
4).

3.6 Zusammenfassende Beurteilung des Vorbereitungsstandes der alliierten Re-education-Vorhaben zu Beginn der Besatzungszeit anhand ausgewählter Kriterien

3.6.1 Die Perzeption der Re-education-Problematik im interalliierten Vergleich

In Potsdam hatten sich die USA, Großbritannien und die Sowjetunion
gemeinsam dazu bekannt, daß nach der militärischen Niederwerfung von
den Besatzungsmächten geeignete Maßnahmen zur Beseitigung des Nationalsozialismus und zur Demokratisierung Deutschlands ergriffen werden
sollten, um Deutschland in den Kreis der friedliebenden Nationen
führen zu können. Vor dem Hintergrund der unterschiedlichen Demokra-
tieverständnisse kam es jedoch nicht zur Verabredung eines konkreten,
gemeinsam getragenen und durchgeführten Re-education-Programms. Bei
den beiden Westmächten bestand ein weitgehender Konsens über die
Notwendigkeit der Re-edcucation als wesentlicher Beitrag zur Befriedung Deutschlands. Die neben dieser zweckrationalen Zielsetzung exi-
stierende wertrationale, ein missionarisch-aufklärerisches Sendungsbewußtsein für die Errichtung einer demokratischen Staats- und
Gesellschaftsform nach westlichem Vorbild, für die Korrektur der
geistigen Verwirrung des deutschen Volkes im Nationalsozialismus, sah
sich jedoch von Kritikern in der öffentlichen amerikanischen Dis-

kussion dem Vorwurf des "intellektuellen Imperialismus" und der Interpretation als amerikanische Variante der Herrenvolkidee ausgesetzt (vgl. Bungenstab 1970, S. 13 ff). In England wurde das normative Dilemma der Einführung einer Demokratie mit undemokratischen Mitteln in einem besiegten und besetzten Kulturvolk moniert: "It would be the height of arrogance to assume that victory somehow gave us the moral right to impose our way of life (...). In any case how could one educate an already civilised nation that had produced many of the greatest geniuses and benefactors of mankind? (...) Could one, for instance, persuade the Germans of the advantages of British parlamentary democracy while governing them by proclamation and decree?" (Murray, in Hearnden (Hg.) 1978, S. 78).

Frei von solchen Skrupeln pluralistischer, um die Relativität von Wertvorstellungen wissender Demokratien erklärte die Sowjetunion in konsequenter und Umsetzung ihrer Weltanschauung als Ziel ihrer Besatzungspolitik den "Kampf zur Beseitigung der faschistischen Ideologien in allen ihren Erscheinungsformen sowie Kampf gegen jene Ideologien, an die der Faschismus anknüpfen konnte" (zit. nach Mon. Pead. C II, S. 35). Damit schied auch die bürgerlich-parlamentarische Demokratie westlicher Prägung als Nachkriegsordnung für den von der Sowjetunion besetzten Teil Deutschlands aus, denn aus einer solchen, nämlich der Weimarer Republik, war der NS-Staat ja hervorgegangen. Nach sowjetischer Interpretation konnte nur die auf die "fortschrittlichen Kräfte" Deutschlands, namenlich der KPD, gestützte, in der historisch-materialistischen Gesetzmäßigkeit liegende Umwandlung in einen sozialistischen Staat die Wurzeln des Faschismus beseitigen und Deutschland befrieden.

Das dank der Gunst seiner Alliierten in den Kreis der Siegermächte aufgenommene Frankreich hatte am wenigsten Gelegenheit gehabt, sich auf seine Aufgabe als Besatzungsmacht vorzubereiten. Auch an der Potsdamer Konferenz hatte es nicht teilgenommen. Trotzdem orientierte sich die französische Militärregierung an den Beschlüssen des Potsdamer Abkommens, während in der Diskussion sowohl innerhalb der

Militärregierung als auch zwischen ihr und der provisorischen Regierung in Paris noch heftig gestritten wurde, welches der drei besatzungspolitischen Ziele, die Schaffung eines "cordon sanitaire", die Ausnutzung der Wirtschaftskapazität der Zone für den eigenen Wiederaufbau oder die Umerziehung des deutschen Volkes, die Priorität erhalten sollte.

Als Ziel der Re-education hatten sich Entnazifizierung und "Entgermanisierung" (vgl. Ruge-Schatz, 1977, S. 4 f), langsame geistige Veränderung und Einführung in die demokratische Kultur nach Maßgabe des französischen Vorbilds herauskristallisiert.

3.6.2 Die Präzisierung der pädagogisch-politischen Leitziele für die Re-education im interalliierten Vergleich

Alle vier Besatzungsmächte erkannten dem deutschen Nachkriegsschulwesen einen hohen Stellenwert innerhalb der Re-education zu. Die moralisch-ethischen Skrupel bezüglich der Legitimität des jeweils eigenen Systems als Vorbild für die Nachkriegsordnung hatten jedoch wesentlich zur Konzeptionslosigkeit der beiden angelsächsischen Mächte, zu einem Mangel an konkreten, über die Entnazifizierung und Entmilitarisierung hinausgehenden Planungen, beigetragen. Selbst bei den Briten enthielt das "Technical Manual on Educational and Religious Affairs" - genau wie die amerikanische JCS 1067 - keine Planungen für einen Neuaufbau (vgl. Pakschies 1979, S. 77 f), obgleich die zeitliche und thematische Nähe zu Education Act von 1944 dies hätte erwarten lassen (s.o. 3.2.3).

Wesentlich konkreter waren die Vorstellungen in der Sowjetunion und in Frankreich. In der sowjetischen Besatzungszone sollte ein "antifaschistisch-demokratisches" Bildungswesen zum Hauptträger der Umerziehung der jungen Generation werden, "das Wiedererstehen des Faschismus und Militarismus (...) verhindern, die revolutionär-demokratische Diktatur der Arbeiter und Bauern, die auch andere Schichten des Volkes einbezog, (...) stützen und den Übergang zur sozialistischen

Etappe der Revolution (vorbereiten)." (Mon. Paed. C II, S. 40).
Darüber hinaus waren im "Nationalkomitee Freies Deutschland" (NKFD)
bereits Pläne für den Geschichtsunterricht erstellt und eine sozialistische Einheitsschulkonzeption diskutiert worden.

Nicht zuletzt wegen der oben skizzierten (s.o. 3.3) nur marginalen
Vorbereitungen wurde als ad-hoc-Lösung für die französische Besatzungszone - gemäß einem Rahmenplan des Ministeriums für Nationalbildung (vgl. Willis 1962, S. 168) - die Einführung des französischen
Schulwesens vorgesehen, bis hin zur französischen Notenskala (1 -
20), die als differenzierter und somit demokratischer als die, die
Noten 1 - 5 umfassende, deutsche Skala angesehen wurde (vgl. Cheval,
in Heinemann (Hg.), 1981, S. 190 ff). In der Schule sollte die Heilung der Deutschen von der "folie pangermaniste", die Änderung der
deutschen Mentalität, und die Anleitung zum moralistischen und politischen Handeln geleistet werden (vgl. Ruge-Schatz, 1977, S. 37).

3.6.3 Der Stand der organisatorischen Vorbereitungen der Alliierten
     für die Kontrolle des deutschen Erziehungswesens

Im Widerspruch zu den verbalen Bekenntnissen zur Bedeutung schulpolitischer Maßnahmen im Rahmen der Re-edcuation waren die Vorbereitungen
der anglo-amerikanischen Besatzungsmächte ausgesprochen dürftig: Die
Erziehungsabteilungen hatten sowohl während des Krieges im SHAEF, als
auch zu Beginn der Besatzungszeit im Organisationsgefüge der zonalen
Militärregierungen eine untergeordnete Stellung, die Personalsituation war unzureichend in Umfang und Ausbildung. Immerhin waren bei
SHAEF bereits wichtige Vorarbeiten für die Schulbuchrevision geleistet worden. Auch das Potsdamer Abkommen hatte wenig über Entnazifizierung und Demokratisierung des deutschen Schulwesens ausgesagt.
Dagegen waren in der Exil-KPD unter Walter Ulbricht schon detaillierte Vorschläge zur Kontrolle und Umwandlung gemacht sowie Exilkommunisten ausgebildet worden, die von der Militärregierung sofort in die
wichtigsten Ämter im Erziehungswesen eingesetzt wurden (vgl. Kap.
4.2.4).

Die Franzosen hatten während des Krieges zwar nur in äußerst beschränktem Umfang Vorarbeiten leisten können, so etwa 1943 in Algier; durch die dezidierte Absicht, ihr eigenes Schulwesen ohne Abstriche in ihrer Zone zu implementieren, konnten sie jedoch zielbewußt zu Werke gehen. Die Lehrpläne sollten, ebenso wie weitere strukturelle Reformen, in enger Abstimmung mit politisch zuverlässigen Deutschen erarbeitet werden: Schon im Juni/Juli 1945 wurde eine deutsche Kulturverwaltung unter der Leitung von Carlo Schmid geschaffen (vgl. Winkeler, in Heinemann (Hg.), 1981, S. 211 ff).

3.6.4 Chancen für das gemeinsame Vorgehen der Alliierten vor dem Hintergrund der Gemeinsamkeiten und Unvereinbarkeiten der Re-education-Planungen für die Anfangszeit der Besatzung

Zwar hatten sich die Siegermächte im Potsdamer Abkommen zur gemeinsamen Verantwortung für Nachkriegsdeutschland bekannt und mit dem Kontrollrat ein zentrales Gremium geschaffen. Doch war dieses Bekenntnis nur wenig tragfähig: Stalin hatte erst im Februar 1945 der Errichtung einer französischen Zone zugestimmt und Frankreich wurde an den Potsdamer Verhandlungen nicht beteiligt, so daß das Abkommen von vornherein nur unverbindlich orientierenden Charakters war und die Franzosen bis 1947/48 eine weitgehend eigenständige Besatzungspolitik betrieben (vgl. Kap. 6/Ruge-Schatz, 1977, S. 31 ff).

Ein gemeinsames Vorgehen auf kulturellem Gebiet mußte vor dem Hintergrund der weltanschaulichen Differenzen, die sich hier natürlich besonders stark auswirkten und bestenfalls eine Einigung auf allgemeine Leitziele mit breitem Interpretationsspielraum zuließen, als äußerst fragwürdig erscheinen. Wie auch schon während des Krieges ließen sich die Gemeinsamkeiten der Anti-Hitler-Koalition lediglich an Aussagen gegen den Nationalsozialismus, nicht aber für einen meinsamen Bekenntnis zur Notwendigkeit der Entnazifizierung und Entmilitarisierung. Die im Potsdamer Abkommen als langfristiges Ziel der Besatzung genannte "Demokratisierung" Deutschlands, über deren konkrete Ausgestaltung sich die Sieger auf ihrem letzten Gipfel nicht hatten einigen können, mußte schon sehr bald am immanenten Ost-West-Gegensatz in allen gemeinsamen Gremien scheitern. Eine Symbose zwischen kapitalistischer und sowjetkommunistischer Neuordnung war auch in Ansätzen nicht möglich, zumal die konkreten politischen Interessengegensätze sich gleich nach dem Sieg repide zu verschärfen begannen. Schon bald sollte sich dieser Zielkonflikt lähmend auf die - zur einstimmigen Beschlußfassung verpflichteten - Verhandlungen im Kontrollrat legen, seine Leistungsfähigkeit als zentrales Organ minimalisieren und die ohnehin schon weitgehende Selbständigkeit der zonalen Militärregierungen faktisch ausweiten (vgl. Kap. 6.)

4. DIE KONKRETISIERUNG UND DURCHFÜHRUNG DER SCHULPOLITIK DER ALLIIERTEN IN DER ANFANGSZEIT DER BESATZUNG

4.1 Die allgemeine Lage im besetzten Deutschland

4.1.1 Die ideelle und materielle Notlage der deutschen Bevölkerung

"Durch den Nationalsozialismus und den Zusammenbruch des Reiches hatte das deutsche Volk die Bestimmung über sich selbst verloren. Er stand unter der Verfügungsgewalt und unter der Anklage seiner Gegner" (Erdmann, 2. Aufl., 1982, S. 122). Die Verluste an Menschenleben betrugen ca. 5,5 Mio. (Soldaten und Zivilisten). In den Besatzungszonen war rund ein Viertel des Bestandes an Wohnraum zerstört, die Menschen versuchten, sich in den verbliebenen Kellern und Ruinen einzurichten. Von den Zerstörungen waren die Städte besonders hart getroffen, am ärgsten Berlin, Hamburg und Köln. Schwerwiegender noch als die Wohnraumnot war die Lebensmittelknappheit, der Höhepunkt der Nahrungsmittelkrise lag in den Jahren 1947 bis Anfang 1948, verursacht die Dürre und Mangel an Saatgut, Düngemitteln und Arbeitskräften. Die tägliche Zuteilung für den "Normalverbraucher", die schließlich nur durch alliierte Hilfslieferungen notdürftig aufrecht erhalten werden konnte, lag in der amerikanischen und britischen Zone bei 1500 Kalorien, zeitweise bei 700 - 1200 Kalorien (bei einem eigentlich notwendigen Minimum von 2000 Kalorien) (vgl.: Erdmann, 2. Aufl., 1982, S. 127). Für die verbliebenen Wohnungen fehlte es an Gas, Strom und vor allem an Heizmaterial, was sich in dem harten Wintermonaten 1946/47 katastrophal bemerkbar machte und zu einem Grassieren von Krankheiten führte auch (bes. Tuberkulose). Die allgemeine materielle Notlage der deutschen Bevölkerung führte zu einem rapiden Anstieg der Kriminalität (vgl. a.a.O., S. 126 f).

Neben der materiellen befanden sich die Deutschen aber auch in einer ideellen Notlage. An welche Werte konnte, nachdem das Hitlerregime als unmenschlich und verbrecherisch entlarvt worden war, angeknüpft werden? War es möglich, eine Orientierung zu finden in einer völlig veränderten historischen Situation? Die Kirchen versuchten, durch Betonung ewiger christlicher, humaner und sozialer Werte Halt zu geben, verschiedene Historiker waren bemüht, "den historischen Trümmerschutt des Dritten Reiches beiseite zu räumen, um in der eigenen Tradition Fundamente freizulegen, auf denen ein Neubau errichtet werden konnte" (a.a.O., S. 130).

4.1.2 Das Flüchtlingsproblem

Der verlorene Krieg verursachte eine Wanderungsbewegung von auf deutschem Boden nie gekanntem Ausmaß. Durch die Furcht der Bevölkerung der deutschen Ostgebiete vor Vergeltungsmaßnahmen der sowjetischen Armee und durch die Verschiebung der Westgrenze Polens und die zwangsweise Umsiedlung der Deutschen aus Ostpreussen, Schlesien, Pommern und der Tschechoslowakei wurden insgesamt mehr als 12 Mio. Menschen aus ihrer Heimat vertrieben, wobei noch ca. 2 Mio. Menschen bei Flucht und Vertreibung getötet wurden (vgl.: a.a.O., S. 124). Diese Menschen strömten nun in die 4 Besatzungszonen, wobei die Belastung für die einzelnen Zonen unterschiedlich war. So wurden bis 1948 nur ca. 50.000 Flüchtlinge in die französische Zone aufgenommen, in der britischen Zone befanden sich Mitte 1947 ca. 2,9 Mio. Flüchtlinge, in der amerikanischen Zone ca. 3,2 und in der SBZ ca. 3,5 Mio. Flüchtlinge, von der aus in den folgenden Jahren wiederum eine starke Flüchtlingsbewegung in die Westzone einsetzte (vgl.: Klessmann, 1982, S. 4). Durch die Einwanderung kam es zu einer starken Erhöhung der Bevölkerungsdichte in den Zonen. Zudem zeigte die Bevölkerungszusammensetzung ein für Wiederaufbaumaßnahmen ungünstiges Bild. Neben einem starken Frauenüberhang gab es in der Altersstruktur eine große Lücke bei Männern in den Altersgruppen zwischen 25 und 40 Jahren, ihr Anteil sank etwa in der britischen und amerikanischen Zone von 27,3 % (1939) auf 17,6 % (1946) (vgl.: a.a.O., S. 42).
Ein besonderes Problem gleich nach Kriegsende waren für die Besatzungsmächte die sog. "Displaced Persons" (DP`s), Menschen, die zur Zwangsarbeit in das deutsche Reichsgebiet verschleppt worden waren.

Von ihnen befanden sich bei Kriegsende ca. 8 bis 10 Mio. in Deutschland, die bis zu ihrer Repatriierung von den Besatzungsmächten zusätzlich versorgt werden mußten (vgl.: Klessmann, 1982, S. 42 f).

4.2 Die Einbettung der Re-education-Behörden in die Organisationsstruktur der Militärregierungen

4.2.1 In der US-Zone

Am 05.06.45 wurde das Hauptquartier der amerikanischen Militärregierung, das "Office of Military Government U.S. (OMGUS)", in Höchst eingerichtet. Die verschiedenen Aufgabenbereiche von OMGUS wurden von "Divisions" (Abteilungen) wahrgenommen, die je nach Komplexität ihres Aufgabenbereiches noch über verschiedene Unterabteilungen und Sektionen, die "Branches" und "Sections", verfügten.

Die Re-education-Maßnahmen im Bereich des Schulwesens oblagen der "Education and Religious Affairs Section (E.R.A.S.)" in der "Public Health and Welfare Branch" der "Internal Affairs and Communications Division". Im Februar erfolgte die Aufwertung der E.R.A.S. zur Branch innerhalb der gleichen Division: Erst gegen Ende der unmittelbaren Besatzungszeit wurde die Erziehungsabteilung zur eigenständigen Division.

Die untergeordnete Stellung der E.R.A.S. in einer Abteilung, die mit der Versorgung der deutschen Bevölkerung mit den lebensnotwendigsten materiellen Gütern befaßt war, stand in einem krassen Mißverhältnis zur Wichtigkeit ihrer Aufgabe, die auch von der Besatzungsmacht immer wieder, jedoch zunächst nur verbal, betont wurde. Über die Zustände in der amerikanischen Besatzungszone schrieb H. Liddell in ihrer bereits erwähnten Studie: "(There) is in the American zone an impression that policy is made in Washington, or on occassion in Berlin, but seldom in the zone, and that the wheels in various parts of its organization do not always turn regulary, smoothy and in due relation

to one another." (International Affairs, Vol. XXIV, Januar 1948, Nr.
2, S. 44 f). All dies führte - neben einer ständigen Überforderung
der kleinen Section - zu einem verminderten Ansehen ihrer Mitglieder
und zu einem permanenten Personalmangel. Die geringe Attraktivität
der E.R.A.S. hatte aber auch ihre Vorteile: Nach der Demobilisierung
der Kampftruppen wurde sie nicht, wie andere, populärere Abteilungen
der Militärregierung, mit stellensuchenden Offizieren überschwemmt,
sondern konnte ihre vakanten Planstellen mit qualifizierten Erzie-
hungsfachleuten besetzen (vgl. Bungenstab, 1970, S. 60 ff/Tent, 1982,
S. 44 ff).

4.2.2 In der britischen Zone

Im September 1945 wurde der Oberbefehl über die britische Zone vom
Hauptquartier der 21st Army Group an die neu eingerichtete "Control
Commission for Germany, British Element (CCG(B.E.))" übergeben. Ähnlich wie in der US-Zone war die "Education and Religious Affairs
Branch (E.R.A.B)" eine Unterabteilung der "Internal Affairs and Communications Division", die ihrerseits der "Governmental Sub-Commis-
sion" unterstellt war (vgl. Pakschies, 1979, S. 134 f). Wie in der
US-Zone wurde die Arbeit der E.R.A.B. durch ihre untergeordnete
Stellung belastet, auch wenn sie durch die Armee einige Unterstützung
erhielt. So wurde es sowohl den Streitkräften als auch der Militärregierung untersagt, Schulgebäude für eigene Bedüftnisse zweckzuent-
fremden, eine bedeutsame Maßnahme in anbetracht der Kriegszerstörun-
gen und des daraus resultierenden Mangels an benutzbaren Schulgebäuden (vgl. Birley, in Hearnden (Hg.), 1978, S. 59).

Durch nach der E.R.A.B. zugeteilte Offizieren, die schon auf lokaler
Ebene mit schulischen Belangen befaßt gewesen waren, erhielt sie zwar
eine Anzahl bereits erfahrener Mitarbeiter, ohne daß jedoch die
Personalsituation hätte grundsätzlich entschärft werden können (vgl.
Murray, in Hearnden (Hg.), 1978, S. 74 ff). Das für die Anfangszeit
der Besetzung ausgesprochene Fraternisierungsverbot wirkte sich lähmend auf die, im Rahmen der Demokratisierung eigentlich gewünschte,

Zusammenarbeit mit deutschen Stellen aus (vgl. Koszyk, 1978, S. 9 f).
Grundsätzlich war der zentralistische, militärisch-hierarchisch
strukturierte Apparat der Militärregierung ein der gesellschaftspolitischen Aufgabenstellung der Demokratisierung eines besetzten Landes
nicht angemessenes Instrument: ein weiterer Aspekt jenes Dilemmas, in
dem sich die Besatzungs- und Re-education-Politik der Westmächte
befand (vgl. Halbritter, 1979, S. 22 f).

4.2.3 In der französischen Zone

Die Planung einer Verwaltung für die - zu diesem Zeitpunkt noch
hypothetische - französische Besatzungszone Deutschlands begann mit
einem Dekret der provisorischen Regierung vom 18. November 1944. In
diesem Dekret wurde die Aufstellung der "M.M.A.A." und der "A.M.F.A."
verfügt (vgl.: Kap. 3.3.3). Die M.M.A.A. sollte die Verhandlungen mit
den anderen Alliierten bezüglich Deutschland führen, die A.M.F.A.
hatte den Auftrag, den Aufbau einer späteren Zonenverwaltung vorzubereiten. In ihr wurden bis zum Juni 1945 zwischen 1200 und 1500 Personen für die spätere Militärregierung ausgebildet (vgl.: Ruge-Schatz,
1977, S. 34 f).

Am 15.07.1945 wurde General Koenig "Commandant en chef francais en
Allemagne" und damit ranghöchster Vorgesetzter für alle militärischen
und zivilen Stellen in der Besatzungszone. Die zivile Verwaltung der
Zone gliederte sich in 4 "Generaldirektionen" mit zusammen 22 Unterabteilungen ("Direktionen"). Die "Direction de l'Education Publique"
mit ihrem Chef Raymond Schmittlein gehörte als eine von 7 Unterabteilungen zur Generaldirektion für Verwaltungsangelegenheiten (vgl.:
Willis, 1962, S. 81).

Der Standort der Zentralbehörden war Baden-Baden. Die zivilen Unterabteilungen besaßen in der Durchführung ihrer Arbeit eine gewisse
Selbständigkeit. Dies resultierte daraus, daß es zwischen dem "Administrateur General" und dem "Commandant en chef" Kompetenzstreitigkeiten gab, die die Unterabteilungen für sich ausnutzen konnten. Daß

die Direction de l'Education Publique noch mehr Freiheiten besaß als
die anderen Unterabteilungen, lag auch daran, daß Schmittlein gute
persönliche Beziehungen sowohl zu General Koenig als auch zu de
Gaulle selbst hatte, die er für seine Abteilung auszunutzen wußte.
Hinzu kam, daß Schmittlein in vielen Fachfragen von Koenig unterstützt wurde, da Koenig und Schmittlein die gleichen (besatzungspolitischen) Ziele verfolgten (vgl.: a.a.O., S. 167 f/Ruge-Schatz, 1977,
S. 40 f). Trotz des persönlichen Einsatzes dieser Personen und der
anderen Mitarbeiter der Direction de l'Education Publique blieb ihre
Arbeit immer einem der französischen Besatzungsmacht wichtigeren Ziel
untergeordnet: der wirtschaftlichen Ausbeutung der Zone zum Wiederaufbau des Mutterlandes (vgl.: Cheval, in: Heinemann, Hrsg., 1981, S.
190).

4.2.4 In der sowjetischen Zone

Am 09.07.1945 wurde offiziell die Sowjetische Militäradministration
in Deutschland (SMA oder SMAD) gegründet. Sie war verantwortlich für
alle Zonenangelegenheiten. Die SMAD gliederte sich in einzelne Ressorts, eines davon war die Abteilung für Volksbildung mit ihrem Chef
Solutuchin (vgl.: Erdmann, 2. Aufl., 982, S. 180/Baske/Engelbert,
Hrsg., 1966, S. 4 f). Die Abteilung für Volksbildung der SMAD war
zuständig für alle schul- und bildungspolitischen Maßnahmen. Zu ihrer
Unterstützung wurden durch den Befehl Nr. 17 des Obersten Chefs der
sowjetischen Militärverwaltung vom 17. Juli 1945 den Länderverwaltungen übergeordnete deutsche Zentralverwaltungen gegründet, darunter
auch die Zentralverwaltung für Volksbildung. Insgesamt gab es 11
deutsche Zentralverwaltungen, die Zentralverwaltung für Volksbildung
hatte die Aufgabe der "Leitung der Schulen, der Kinderheime und
Kindergärten, der Lehranstalten sowie der anderen Bildungseinrichtungen" (a.a.O., S. 3).

Die deutschen Zentralverwaltungen, denen wiederum Länderzentralverwaltungen untergeordnet waren, dienten der sowjetischen Militäradministration als Hilfsorgan zur Unterstützung der von ihr angeordneten

Maßnahmen. Hierzu wurden als Leiter die aus der Emigration zurückgekehrten Exilkommunisten eingesetzt (vgl.: Erdmann, 2. Aufl., 1982, S. 180).

Leiter der deutschen Zentralverwaltung für Volksbildung, die am 27.07.45 gegründet worden wwar, wurde der Kommunist Paul Wandel, der ebenso wie die im Oktober 1946 von der SMAD ernannten Volksbildungsminister der 5 Länder der SBZ alle der SED angehörten (vgl.: Baske/Engelbert, Hrsg., 1966, S. XVII). Anordnungen der deutschen Zentralverwaltung für Volksbildung wurden nur zur Durchführung von Befehlen der SMAD erteilt, sie war kein eigenständiges Machtorgan, die oberste Regierungsgewalt lag bei der sowjetischen Volksbildungsabteilung als Teil der Militärverwaltung (vgl.: Mon. Paed., C II, S. 62 f).

4.3. Gemeinsame schulpolitische Schwerpunkte der Alliierten

4.3.1 Die Umerziehung der Lehrer

Die Westmächte sahen im NS-Erziehungswesen und der Indoktrination der Jugend die Hauptursache für den "Erfolg" der NS-Ideologie bei der Beeinflussung der deutschen Bevölkerung. Daher maßen sie einer Veränderung und Kontrolle des deutschen Erziehungswesens Bedeutung bei. Für die Sowjetunion dagegen trug die Beseitigung der ökonomischen Verhältnisse, die nach ihrer Ideologie den Nationalsozialismus hervorgerufen hatten, eher zu seiner Vernichtung bei. Durch eine Bodenreform und die Verstaatlichung der Schlüsselindustrien glaubten die Sowjets, den Nationalsozialismus an der Wurzel packen zu können (vgl.: Klessmann, in: Heinemann, Hrsg., 1981, S. 236).

Alle Alliierten stimmten aber überein in der Notwendigkeit einer umfassenden Entnazifizierung von Lehrern, Lehrplänen, und Lehrmitteln als erster Re-education-Maßnahme im Schulwesen (vgl.: Bungenstab, 1969, S. 70 f/JCS 1067, S. 26/ Pakschies, 1979, S. 348 ff). "...Unter den Beamten befanden sich Schulräte und Rektoren höherer Schulen, die ihre Berufungen ihrer Treue zur NSDAP verdankten: es mußten also personelle Konsequenzen und personelle Planungen in Angriff genommen werden..." (Schmid, 1979, S. 231). Allerdings bestanden bei den Besatzungsmächten Differenzen in der Bewertung der Entnazifizierungsmaßnahmen. "...Im Gegensatz zu den Amerikanern haben die Franzosen der politischen Säuberung keine übergroße Bedeutung beigemessen..." (Fürstenau, 1969, S. 134), was sie trotzdem nicht daran hindern sollte, wie die anderen alliierten Mächte auch, die Entnazifizierung kompromißlos zu propagieren. Dies und die Umerziehung der Lehrerschaft stellte die Besatzungsmächte vor eine Vielzahl von Problemen. "...Das bedrängendste Problem zur Unterrichtsverwaltung in den ersten Nachkriegsjahren war das der Lehrerversorgung..." (Sauer, 1978, S. 248). Dies betraf im Prinzip alle Schulen, besonders hart aber Volks- und Höhere Schulen. Die Übernahme von schon pensionierten, politisch unbelasteten Lehrern in den Schuldienst führte zu einer Überalterung der Lehrerschaft, so daß z. B. im Dezember 1945 in der französischen Zone das Durchschnittsalter bei Lehrern in großen Städten zwischen 56 und 60 Jahren lag (vgl.: Willis, 1962, S. 168).

Ebenso fehlte es an geeigneten Lehr- und Lernmitteln, da alle Lehrbücher, die nach 1933 gedruckt waren, nicht wiederverwendet werden sollten (vgl.: Sauer, 1978, S. 428). All diese Probleme wurden durch das Bemühen, die Schulen zum frühestmöglichen Zeitpunkt wiederzueröffnen, noch verschärft (vgl.: JCS 1967, S. 26/Winkeler, in: Heinemann, Hrsg., 1981, S. 213 f/Mon. Paed., C II, S. 69 f). Hinzu kam das z. T. dramatische Anwachsen der Schülerzahlen durch einen ständigen Zustrom von Flüchtlingen aus den deutschen Ostgebieten (vgl.: Erdmann, 2. Aufl., 1982, S. 237).

Es ist festzustellen, daß vom Mangel an geeigneten Fachkräften nicht alle Schultypen im gleichen Maße getroffen waren. "...Besonders schwer traf der Lehrermangel die höheren Schulen mit ihrem Fachlehrersystem: sie vermochten die durch die Entlassung von Lehrkräften entstandenen Lücken nicht zu schließen..." (Sauer, 1978, S. 429). Um den Lehrermangel zu beheben, wurden neben den wiedereingestellten

Lehrern aus der Weimarer Zeit auch in kurzen Lehrgängen ausgebildete
"Schulhelfer" zur Durchführung des Unterrichts herangezogen. "...Die
Einstellung von Ersatzkräften schuf viele Probleme. In Schnellkursen
mußten sie wenigstens mit dem nötigsten Rüstzeug versehen werden..."
(Sauer, a.a.O., S. 428). Dies führte neben der Überalterung (s. o.)
auch zu einer mangelden Qualifikation vieler Lehrkräfte in der Anfangszeit der Besatzung (vgl.: Bungenstab, 1969, S. 75 ff/Murray, in:
Hearnden, Hrsg., 1978, S. 136 ff f.d. brit. u. am. Zone/Ruge-Schatz,
1977, S. 70 ff f.d. franz. Zone/Mon. Paed., C II, S. 114 ff f.d.
SBZ).

Als weitere Umerziehungsmaßnahmen wurden in den Westzonen kurze
Schulungskurse durchgeführt, die den Lehrkräften die Werte und Anschauungen von Demokratie und Kultur westlicher Prägung, jeweils
bezogen auf das Demokratieverständnis der jeweiligen Besatzungsmacht,
nahebringen sollten. So gab es z. B. in der britischen Zone sog.
"Entbräunungskurse" für Lehrer der grauen Kategorie mit dem Hauptthema: Demokratische Einrichtungen in Großbritannien (Parlament, Justiz,
Schulwesen etc.) (vgl.: Davies, in: Heinemann, Hrsg., 1981, S. 144
f), in der französischen Zone wurden unter Aufsicht der Militärregierung von den Schulabteilungen der Oberregierungspräsidien mehrtägige Kurse veranstaltet, bei denen als Pflichtübung die Hervorhebung
der französischen kulturellen Tradition in Deutschland und die Wichtigkeit der Völkerverständigung gefordert wurde (vgl.: Ruge-Schatz,
1977, S. 74 ff). "...Seit 1947 konnte nach und nach ein Teil der
entnazifizierten Lehrer wieder eingestellt werden. Ebenso standen
jetzt in beschränkter Zahl neuausgebildete und aus der Kriegsgefangenschaft zurückgekehrte Lehrer zur Verfügung..." (Sauer, 1978, S.
429 f). Zusätzlich führten die Westmächte Austauschkurse für deutsche
Junglehrer miit Lehrern der jeweiligen Besatzungsmacht durch (vgl.:
Pakschies, 1979, S. 125 ff/Bungenstab, 1969, S. 83 f/Ruge-Schatz,
1977, S. 75 f).

In der SBZ begann ab 1945 die umfassende politische Schulung der
Lehrer. Die "Erneuerung" der Lehrerschaft wurde als Voraussetzung für

eine "antifaschistisch-demokratische" Erziehung angesehen (vgl.: Günther/Uhlig, 1974, S. 37). "...Wiederaufnahme des Unterrichts bedeutete zugleich einen Neubeginn. Der Bruch mit der imperialistischen Vergangenheit hing in allererster Linie von der Haltung der Lehrer ab, von ihrer Bereitschaft und Fähigkeit, die Jugend in antifaschistisch-demokratischem Geist zu erziehen. Deshalb wurde die Lehrerschaft völlig erneuert, um damit einen neuen Klasseninhalt der Erziehung und die weitere Umgestaltung des Schulwesens zu garantieren..." (a.a.O., S. 41). Die "Neulehrer"-Ausbildung wurde gemäß dem Befehl Nr. 162 der SMAD in 2-, 4- und 8-monatigen Kursen durchgeführt (vgl.: Mon. Paed., C II, S. 131).

"...An allen Universitäten wurden zwar 1946 pädagogische Fakultäten errichtet, die die Ausbildung von Lehrern für allgemein- und berufsbildende Schulen übernehmen sollten, aber die Hauptmasse der neuen Lehrer ist seit 1945 in Kursen von höchstens einjähriger Dauer, die zunächst als Notmaßnahme gedacht waren, ausgebildet worden. Bevorzugt sollten Bewerber aus "Arbeiterkreisen" werden, die vielfach nur Volksschulbildung hatten. Tatsächlich aufgenommen wurden aber auch viele Abiturienten - zum Teil deswegen, weil der erwartende Zustrom von Arbeitern ausgeblieben war..." (Lange, 1954, S. 130).
Die intensive Suche und die kurze Ausbildungszeit brachten es mit sich, daß nach kurzer Zeit wieder eine Anzahl von Lehrkräften zur Verfügung stand - im Schuljahr 1945/46 15.000, 25.000 "Neulehrer" im Schuljahr 1946/47 (vgl.: Günther/Uhlig, 1974, S. 37).

4.3.2 Die Schulbuchrevision

Bei den angelsächsischen Besatzungsmächten begannen die Vorbereitungen zur Schulbuchrevision ab 1944 bei SHAEF. Als geeignete Unterrichtswerke sollten Bücher aus der Weimarer Republik nachgedruckt werden, unbedenkliche Bücher aus der NS-Zeit konnten als Notbehelf für eine Übergangszeit herangezogen werden. Das Verfassen neuer Schulbücher litt am Mangel geeigneter Autoren, an fehlenden Arbeitsgrundlagen und an mangelnden Papierkontingenten. Zur Erleichterung dieser Arbeit wurden ab dem Frühjahr 1947 in der US-Zone "Curriculum and Textbook Writing Centers" eingerichtet, in denen deutschen Autoren notwendige Hilfsmittel zur Erstellung von Schulbüchern zur Verfügung gestellt wurden (päd. Artikel, ausländische pädagogische Standardwerke, Zeitschriften - insbesondere aus den USA - und Arbeitshilfen wie Schreibmaschinen etc.) (vgl.: Bungenstab, 1969, S. 108 ff). Besondere Probleme machten die Lehrbücher für die sog. "Gesinnungsfächer" Deutsch und Geschichte, die besonders mit nationalsozialistischem Gedankengut durchsetzt waren (vgl.: Davis, in: Hearnden, Hrsg., 1978, S. 122), zumal im "falschen Geschichtsbewußtsein" der Deutschen Ursachen für den Nationalsozialismus gesehen wurden (vgl.: Bungenstab, 1969, S. 112/Halbritter, 1979, S. 166 ff).

Während die USA sich erst ab 1948/49 um eine inhaltliche Modernisierung der Schulbüchher bemühten, versuchten die Briten schon frühzeitig in ihrer Schulbuchrevision, besonders in den "Gesinnungsfächern", einen Beitrag zur Demokratisierung des deutschen Schulwesens "von innen heraus" zu leisten (vgl.: Davis, in: Heinemann, Hrsg., 1981, S. 164/Halbritter, 1979, S. 15 ff). Das von der Not diktierte Zurückgreifen auf Schulbücher aus der Weimarer Zeit stellte demgegenüber ein Hindernis auf dem Weg zur Reform der Inhalte dar, weil die Texte, sowohl von der pädagogischen Aufbereitung als auch vom Inhalt zur Verbreitung demokratischen und liberalen Gedankengutes wenig geeignet waren (vgl.: Bungenstab, 1969, S. 101 f/Halbritter, 1979, S. 17).

In der französischen Zone glich die Situation bei der Wiedereröffnung der Schulen der der anderen Besatzungsmächte: "...Allenthalben herrschte großer Mangel an Lehrmitteln..." (Sauer, 1978, S. 428). Natürlich wurde auch hier die Benutzung aller Textbücher, die nach 1933 gedruckt waren, verboten, als Übergangslösung wurden aus der Schweiz, Luxemburg und Frankreich Bücher herangeschafft (Übersetzungen), neue Bücher wurden schnell in Auftrag gegeben. Bis 1947 hatten die Franzosen für die 900.000 Schüler ihrer Zone ca. 6,3 Mio. Schulbücher bereitstellen können (vgl.: Willis, 1968, S. 44 f). Neue Texte, besonders für das Fach Geschichte, versuchten, lokale Charakteristiken der französischen Zone zu betonen und die Verbindung zwischen Frankreich und den Gebieten der Zone herauszustellen (vgl.: Willis, 1962, S. 168).

In der SBZ sollten neben den NS-Schulbüchern auch keine Texte aus der Weimarer Zeit genommen werden, da die Schule der Weimarer Republik als "eine Form der imperialistischen Schule" angesehen wurde, in der "die Jugend im chauvinistischen und militaristischen Sinne beeinflußt" werden sollte (Mon. Paed., C II, S. 34). Solange keine neuen Schulbücher gedruckt waren, durften neben Klassikern nur die neuerschienenen Zeitungen benutzt werden (vgl.: Mon. Paed., C II, S. 34). Gemäß dem Befehl Nr. 40 der SMAD vom 25.08.1945 über die Vorbereitung der Schulen zum Schulbetrieb sollten Lehrbücher aus der Weimarer Zeit zur Erstellung neuer Schulbücher ausgenutzt werden. Hier ist allerdings auch noch von Empfehlungslisten von vor 1933 erschienenen Büchern die Rede (vgl.: Baske/Engelbert, Hrsg., 1966, Dok. 4). Schon im Juni 1945 wurde von deutschen Pädagogen und Verlagsmitarbeitern des späteren "Volk und Wissen-Verlages" unter der Aufsicht der SMAD die Herausgabe von neuen Schulbüchern vorbereitet (vgl.: Mon. Paed., C II, S 66). Bis Ende 1945 gelang es der sowjetischen Besatzungsmacht, 3,4 Mio. Schulbücher für die Schulen ihrer Zone drucken zu lassen (vgl.: Mon. Paed., C II, S. 74).

4.3.3 Die Revision der Lehrpläne

Zur Lehrplanrevision der angelsächsischen Besatzungsmächte liegen nur wenige Informationen vor. In verschiedenen Dienstanweisungen an die Re-education-Abteilungen wurde die Notwendigkeit betont, die Deutschen eigene und von der Besatzungsmacht nur noch zu kontrollierende Vorschläge zu einer Reform des Schulwesens erarbeiten zu lassen. Daraus herrührend wird nur aufgeführt, was die Lehrpläne nicht enthalten dürfte, namentlich mit nationalsozialistischer Ideologie oder Militarismus durchsetzte Inhalte. Dies während sich die Re-education-Abteilungen der Oktroyierung grundsätzlich neu zu konzipierender Lehrpläne zu enthalten hatten, wozu sie allerdings auch - mangels

klarer Zielvorgaben - kaum in der Lage gewesen sein dürften (vgl.:
Bungenstab, 1969, S. 85 ff, S. 124 f/Pakschies, 1979, S. 169 ff).

In der französischen Zone wurden die Lehrpläne durch eine Verordnung
vom 11. September 1945 außer Kraft gesetzt. Die französische Militärregierung führte stattdessen eigene, französische Lehrpläne als Ersatz ein. Vorübergehend untersagt wurde der Geschichts-, Biologie-,
Erdkunde- und Rassenkundeunterricht. Das Fach Leibesübungen wurde
gekürzt, alles, was an nationalsozialistische oder militaristische
Bräuche erinnerte, wurde verboten. Die Durchführung des Deutschunterrichtes sollte im Sinne der Völkerverständigung geschehen. Für den
Religionsunterricht sollte die Kirche nun alleine verantwortlich sein
und für die Schüler, die nicht am Religionsunterricht teilnahmen,
wurde ersatzweise ethischer Unterricht angeboten. Bis Ende 1946 war
die Erörterung von Lehrplanfragen durch die Militärregierung in Verbindung mit deutschen Stellen vorgesehen. Ziel der Militärregierung
war die Vereinheitlichung der Lehrpläne für alle Länder der Zone.
Dennoch kam die Lehrplandiskussion kaum voran. Die verantwortlichen
Stellen auf deutscher Seite bemühten sich lediglich, die gröbsten
nationalsozialistischen Tendenzen aus den alten Lehrplänen zu entfernen (vgl.: Ruge-Schatz, 1977, S. 74 ff/Winkeler, 1971, S. 24 ff).

In der SBZ hatten die für Volksbildung zuständigen deutschen Verwaltungen gemäß dem Befehl Nr. 40 der SMAD (s. o.) bis zum 15. September
1945 Lehrpläne auszuarbeiten und zur Kontrolle beim Chef der Volksbildungsabteilung der sowjetischen Militärverwaltung vorzulegen
(vgl.: Baske/Engelbert, Hrsg., 1966, Dok. 4). Von der sowjetischen
Besatzungsmacht wurde es als notwendig angesehen, völlig neue Richtlinien für die Gestaltung des Unterrichts erarbeiten zu lassen, daher
sollten in den ersten sechs Monaten provisorische Lehrpläne herangezogen werden, örtliche Schulkommissionen, bestehend aus Vertretern
der örtlichen Verwaltung und politisch linientreuen Lehrern - deren
ideologisch einwandfreie Gesinnung in der Anfangszeit oftmals als
wichtiger angesehen wurde als ihre fachliche Kompetenz - sollten die
entsprechenden Vorarbeiten leisten (vgl.: Mon. Paed., C II, S. 34).

Die Trennung von Schule und Kirche wurde dadurch vorbereitet, daß den
Eltern die Teilnahme ihrer Kinder am Religionsunterricht freigestellt
wurde (vgl.: Mon. Paed., C II, S. 56). Ihren vorläufigen Abschluß
fand die Lehrplanrevision in der SBZ durch die "Ausführungsbestimmungen zum Befehl des Obersten Chefs der sowjetischen Militärverwaltung
über die Wiedereröffnung der Schulen" vom 25. August 1945 (Befehl Nr.
40), die als Anlage "Richtlinien zur Aufstellung von vorläufigen
Lehrplänen" enthielten. Zusätzlich wurden an die Schulabteilungen der
Länder und Provinzen neue Stundentafeln für die Volksschulen und
verschiedene Typen der höheren Schulen verteilt (vgl.: Mon. Paed., C
II, S. 63 f). Diese "...Lehrpläne sind kein Rahmenprogramm, dessen
Erfüllen in das Belieben des einzelnen Lehrers gestellt würde und nur
durch das Prüfergebnis verifizierbar wäre. Sie sind die als Soll
vorgeschriebene Norm, deren Realisierung Tag für Tag angemahnt und
Schritt für Schritt überwacht wird. Von höchster Bildungsinstanz
verfügt, können sie von den nachfolgenden nicht als Kann-, sondern
nur als Muß-Bestimmung aufgenommen werden..." (Froese, 1962, S. 41).

4.3.4 Die Wiedereröffnung der Schulen

Nicht zuletzt aus ordnungspolitischen Gründen - in allen Zonen wurde
eine zunehmende Verwahrlosung der Jugend bei längerem Unterrichtsausfall befürchtet - sollten die Schulen zu einem möglichst frühen
Zeitpunkt wiedereröffnet werden (vgl.: JCS 1067, S. 26/Schlander,
1975, S. 104). Die Militärregierung der SBZ wollte gemäß dem Befehl
Nr. 40 der SMAD die Schulen ihrer Zone zum 1. Oktober 1945 wiedereröffnen lassen (vgl.: Baske/Engelbert, Hrsg., 1966, Dok. 4).
"...Sowjetische Kontrolloffiziere wirkten teilweise wie ihre Kollegen
im Westen unparteiisch mit, um das darniederliegende Schulwesen in
Gang zu bringen... ...Bewährten Lehrkräften wurde die Schulleitung
und -inspektion übertragen..." (Froese, 1962, S. 7).

Durch die Wiedereröffnungspläne zu diesem frühen Zeitpunkt sahen
siich die Westmächte unter Zeitdruck gesetzt (vgl.: Zink, 1957, S.
199), so daß für die Erarbeitung von konstruktiven, dem Leitziel der

Demokratisierung der Jugend Rechnung tragenden Reformkonzeptionen keine Zeit blieb und die Erziehungsabteilungen der Westmächte sich mit einer - wenn auch nur vorläufig gedachten - Rekonstituierung der Weimarer Schultradition behelfen mußten. So kam es in den Westzonen zur Wiederaufnahme des Unterrichts im dreigliedrigen Schulsystem mit Volksschule, Mittelschule und Gymnasium (vgl.: Schlander, 1975, S. 101 ff/Bungenstab, 1969, S. 86 f/ Pakschies, 1979, S. 159 ff/Mon. Paed., C II, S. 70 ff/Ruge-Schatz, 1977, S. 69 f/Winkeler, 1971, S. 16 f).

Mit der Wiedereröffnung der Schulen begann auch der Streit um die Wiedereinführung von konfessionellen und anderen Privatschulen, der, besonders von den Kirchen, sehr erbittert geführt wurde. Die Auseinandersetzungen beschränkten sich im wesentlichen auf die Westzonen, denn im Befehl Nr. 40 der SMAD wurde für die SBZ verfügt, daß alle Privatschulen in kommunale Schulen umzuwandeln und der Zuständigkeit der territorialen und lokalen Behörden zu übergeben seien. Weiterhin wurde die Eröffnung jeglicher allgemeinbildender oder fachlicher Privatschulen verboten (vgl.: Baske/Engelbert, Hrsg., 1966, Dok. 4).

4.4 Voraussetzungen für die Durchführbarkeit der Re-education-Vorhaben

Zusammenfassend kann zur Beurteilung der Voraussetzungen für die Durchführbarkeit der alliierten Re-education-Vorhaben festgehalten werden: Ein wesentlicher Teil der Arbeitskraft der Besatzungsbehörden wurde von der Aufgabe, die materielle Versorgung der deutschen Bevölkerung zur Linderung ihrer Notlage sicherzustellen, absorbiert. Bei den Westalliierten bestand zum Anfang der Besatzungszeit ein Mangel an konkreten Zielvorgaben. Die Auslastung des knappen Personals der westalliierten Erziehungsabteilungen mit der Entnazifizierung der Lehrerschaft, der Schulbuch- und Lehrplanreform und der sich im Laufe der Besatzungszeit bei den Westalliierten herausbildende Grundsatz, Schulreformvorschläge von den Deutschen selbst entwickeln zu lassen, führte zu einer Re-Etablierung der Weimarer Schultradition im Schulwesen der Westzonen, bezogen auf den organisatorischen Aufbau wie auch auf das Personal (Wiedereinstellung von Lehrern aus der Weimarer Zeit).

In der SBZ kam es, begründet in einer konkreten Zielplanung der sozialistischen Umgestaltung der Zone in allen Lebensbereichen durch die sowjetische Besatzungsmacht und in der Unterstützung dieser Ziel-Zielplanung durch die mit Hilfe der Sowjetmacht rasch zur staatsführenden Partei etablierten SED, nicht zu einer Wiedereinführung des Weimarer Schulsystems. Ebenso wußte die Sowjetunion die freiwillige Mithilfe deutscher Emigranten und Kriegsgefangener für ihre Ziele auszunutzen, so zur Erstellung von z. T. detaillierten Plänen zur Umgestaltung des Schulwesens nach dem Kriege, um auf dieser Grundlage eine schnelle und gründliche Umwandlung nicht nur des Schulwesens, sondern des gesamten gesellschaftlichen Systems zu erreichen.

5. DIE FORMIERUNG GESELLSCHAFTLICH RELEVANTER GRUPPEN UND IHRE BILDUNGSPOLITISCHEN VORSTELLUNGEN

Zur Durchführung ihrer umfangreichen Aufgaben waren die Alliierten von Anfang an auf qualifiziertes, "über Ortskenntnisse und Fachkompetenz" verfügendes deutsches Verwaltungspersonal angewiesen, zumal es wegen des Dissens zwischen den Alliierten nicht zum Aufbau zonenübergreifender, zentraler Verwaltungseinrichtungen kam. In den Westzonen wurden dezentralisierte "Auftragsverwaltungen", gleichsam als "verlängerter Arm" der Besatzungsmacht, eingerichtet und auf Länderebene unter die Leitung von direkt durch die Militärregierungen ernannten Regierungschefs gestellt. Ende 1945 wurden die ersten gesamtzonalen Verwaltungseinrichtungen bzw. Koordinationsgremien geschaffen, so in der britischen Zone die "Zentralämter" für verschiedene Ressorts entsprechend denen der Militärregierung, in der amerikanischen Zonen der "Länderrat" als Koordinationsgremium der Länderregierungschefs. Die "institutionelle Zusammenarbeit" der Länder der französischen Zone wurde erst 1948 ermöglicht.

Durch Wahlen zunächst auf kommunaler Ebene im Laufe des Jahres 1946 erhielten die deutschen Einrichtungen eine demokratische Legitimation, gleichzeitig gewannen die gemäß dem Potsdamer Abkommen zugelassenen neugegründeten Parteien und die ihnen nahestehenden Interessenverbände und Weltanschauungsgemeinschaften verstärkt Einfluß auf die Besatzungspolitik, zumal die Kompetenzen der deutschen Verwaltungen, insbesondere durch die angelsächsischen Besatzungsmächte, allmählich erweitert wurden.

In den zunächst ebenfalls dezentralen Verwaltungen in der SBZ wurden Schlüsselpositionen, wie Personal, Polizei und Kultur, mit KPD-Mitgliedern besetzt. Sie waren in den bereits 1945 errichteten "Deutschen Zentralverwaltungen" mehrheitlich vertreten und konnten so frühzeitig den Grundstein zur Schaffung einer sozialistischen Zentralgewalt legen (vgl.: Klessmann, 1982, S. 71 ff).

In der bildungspolitischen Diskussion knüpften die neugegründeten
Parteien an Weimarer Traditionen, insbesondere an die Reichsschulkonferenz von 1920, an. Die Situation war vergleichbar: Nach einem
verlorenen Krieg, mit den einschneidenden politischen, wirtschaftlichen und sozialen Folgen der Niederlage, ging es um den staatlichen
und gesellschaftlichen Neuaufbau in einer veränderten Staatsform. Auf
der Reichsschulkonferenz von 1920 kreiste die Auseinandersetzung um
das von Vertretern der Reformpädagogik und der Sozialdemokratie
(MSPD/USPD) favorisierte Einheitsschulkonzept, verbunden mit der
Forderung nach Ausschaltung der traditionellen, außerhalb von "Begabung" und "Einigung" liegenden Selektionskriterien innerhalb der
Schullaufbahn, insbesondere dem sozialen Status der Eltern, und der
nach einer klaren Trennung von Staat und Kirchen im Erziehungswesen.
Gegen diese Forderungen bezogen die, gerade im Volksschulwesen bildungspolitisch stark engagierte, katholische Kirche und das ihr nahestehende Zentrum Front zugunsten der Bewahrung des Bestehenden. Das
Reichsschulgesetz von 1920 stellte einen Kompromiß dar: Einerseits
blieb der kirchliche Einfluß, u. a. durch das bereits in der Weimarer
Reichsverfassung von 1919 (Art. 146/147, vgl. Hildebrandt (Hg.),
1979, S. 104 f) garantierte Recht zur Errichtung von Bekenntnisvolksschulen in privater Trägerschaft gewahrt, andererseits kam das
Gesetz mit der Einführung der vierjährigen allgemeinen Grundschule
den Forderungen der Reformer entgegen (vgl.: Erdmann: Weimar, 3.
Aufl., 1982, S. 262 ff).

Nach dem Zweiten Weltkrieg wurden diese z. T. in Widerstand und Exil
konservierten und fortgeschriebenen bildungspolitischen Konzeptionen
in der innerdeutschen Diskussion wieder virulent; Im Westen hatte die
SPD, die ihre namhaftesten Kulturpolitiker der Nachkriegszeit dem
"Bund der entschiedenen Schulreformer" verdankte, mit ihrem Konzept
der sechsjährigen Einheitsgrundschule die reformzugewandte, die
neugegründete CDU und die ihr nahestehenden Kirchen die traditionelle
bildungspolitische Position, namentlich eine Restaurierung des Weimarer Schulwesens, inne.

5.1 In den Westzonen

5.1.1 CDU/CSU

Die Christdemokraten waren eine Neuerscheinung in der deutschen Parteienlandschaft. Kurz nach Kriegsende waren lokale, voneinander unabhängige Gruppierungen entstanden, mit dem gemeinsamen Ziel, die noch im Parteiensystem Weimars sich manifestierende politische Spaltung der beiden christlichen Konfessionen zu überwinden (vgl.: Konrad-Adenauer-Stiftung (Hg.), 1975, S. 18 ff) und eine Volkspartei neuen Typs, als "konfessionell und sozial weit gespannte `Sammlungsbewegung` unter christlichem Vorzeichen" (Erdmann, 2. Aufl., 1982, S. 147) zu gründen. Unter den ersten Mitgliedern waren ehemalige Angehörige des Zentrums und der christlichen Gewerkschaften (vgl. Klessmann, 1982, S. 144), aber auch der christlichen Widerstandsgruppen, sowie Konservative und Kleriker. Die Namensgebung erfolgte durch den Berliner Gründungskreis, der am 26.6.45 einen "Aufruf der Christlich-Demokratischen Union an das deutsche Volk" veröffentlichte. Durch die im Westen zunächst nur in der britischen Zone gewährte Erlaubnis zum länderübergreifenden, gesamtzonalen Parteienzusammenschluß wurde die Rheinische CDU zur Keimzelle für die 1950 gegründete Bundespartei (vgl.: Erdmann, 2. Aufl., 1982, S. 148 ff/ Konrad-Adenauer-Stiftung (Hg.), 1975, S. 87 ff).

Schon frühzeitig entwickelten die Christdemokraten bildungspolitische Vorstellungen: Anknüpfend an bereits in verschiedenen Kreisen des christlichen Widerstandes formulierte Ansätze (vgl.: Schlander, 1975, S. 145 ff), sollte die NS-Ideologie durch eine Rückbesinnung auf die christlich-humanistischen Traditionen der abendländischen Kultur überwunden werden (vgl.: Erdmann, 2. Aufl., S. 147 f). Der Abschnitt "Kulturpolitik" des Aufrufs vom 26.06.45 forderte die Erziehung der "Jugend in Ehrfurcht vor Gott, vor Alter und Erfahrung" und, über den verbindlichen Religionsunterricht, kirchliche Mitgestaltungsrechte im Schulwesen. Dem totalen Zugriff des NS-Staates auf die Erziehung wurde die Betonung des Rechts "der Eltern auf die Erziehung der

Kinder" entgegengesetzt. Auf der Grundlage der "Erkenntnis wahrer sittlicher Werte" und den "Lehren echter Humanität" sollte der "sittlich(e) Wiederaufbau unseres Volkes" geleistet werden (vgl.: Scharfenberg (Hg.), 1976, Bd. 2, S. 1).

Das Neheim-Hüstener Programm der CDU in der britischen Zone vom 1.3.46 zeigte "Würde und (unveräußerliche) Recht(e) der Person" als Grenzen der Staatsmacht auf und forderte die "Rückkehr zu den Grundlagen christlich-abendländischer Kultur, deren Kern die hohe Auffassung von der Würde der Person und dem Werte jedes einzelnen Menschen ist." (a.a.O., S. 2). Neben dem Recht der Eltern auf "weltanschauliche Gestaltung des Schulwesens", Begabtenförderung und dem "Zusammenwirken von Staat und Kirchen" im Erziehungswesen (vgl.: a.a.O., S. 2), wurde dessen "Neubau (...) im Geiste der christlich-abendländischen Kultur" gefordert. Dieser Neubau wurde auf der Tagung des Zonenausschusses der CDU für die britische Zone im Juni 1946 näher beschrieben: Vorgesehen war die Restauration des dreigliedrigen Sekundarschulwesens aus fünfjähriger Volksschuloberstufe, achtjähriger, zur Höheren Fachschulreife führender Oberschule und dem humanistischer Tradition (Latein als erste Fremdsprache) verpflichteten Gymnasium, das auf der traditionellen vierjährigen Grundschule aufbauen sollte. Aus "sozialen und pädagogischen Gründen" sollte für "hinreichende Übergangsmöglichkeiten" gesorgt werden. Entsprechender Elternwunsch und Wahrnehmung einer "wertvolle(n) pädagogische(n) Aufgabe" vorausgesetzt, sollten auch private Schulen zugelassen werden können, um freien Trägern, insbesondere den Kirchen, Gelegenheit zu geben, sich im Erziehungswesen neben dem Staat zu etablieren (vgl.: Konrad-Adenauer-Stiftung (Hg.), 1975, S. 153).

Die "Grundsätze" des Frankfurter Kreises der CDU vom Frühjahr 1946 forderten hingegen eine verschärfte Selektion: "Der Zugang zur höheren Schule soll erschwert werden, da es im Interesse des Volkes liegt, in den kommenden Jahrzehnten der Armut und harten Arbeit die Schicht der führenden Berufe qualitativ zu fördern und quantitativ zu beschränken." (Scharfenberg (Hg.), 1976, Bd. 2, S. 7). Im Grundsatz-

programm der CSU vom Dezember 1946 wurde das "Recht der Kirchen auf
einen angemessenen Einfluß in der Erziehung der Jugend" besonders
deutlich formuliert und ein Bekenntnis zur Konfessionsschule abgelegt. Die Jugend sollte zur "Ehrfurcht vor Gott und seiner Schöpfung,
zu Charakterstärke und sozialer Gesinnung, zu selbständigem Denken
und zu körperlicher Leistungsfähigkeit" erzogen werden (vgl.:
Scharfenberg (Hg.), 1976, Bd. 2, S. 8 f).

5.1.2 SPD

Der Wiederaufbau der SPD nach dem Zweiten Weltkrieg ging von drei
Kristallisationspunkten aus: In Berlin existierte der "Zentralaus-
schuß" um Otto Grotewohl, der 1933 von der Parteiführung mit der
Koordination der Untergrund-SPD beauftragt worden war, und nun die
Partei in der SBZ aufbaute. In London hatte sich eine Exilgruppe um
Erich Ollenhauer versammelt. Da dieser aber erst im Februar 1946 die
Einreisegenehmigung durch die britischen Behörden erhielt, war der
Hannoveraner Kreis um Kurt Schumacher von zentraler Bedeutung für den
Wiederaufbau der SPD im Westen. Im Gegensatz zur ostzonalen SPD
widerstanden die Hannoveraner dem taktisch motivierten Vereinigungs-
werben der KPD und konnten - dank der Parteiengesetzgebung der Briten
- frühzeitig eine überregionale Organisationsstruktur errichten
(vgl.: Erdmann, 2. Aufl., 1982, S. 135 ff/Klessmann, 1982, S. 135
ff). Als maßgebliche Kulturpolitiker der Sozialdemokraten wirkten die
aus der Tradition der Weimarer "Entschiedenen Schulreformer" stammen-
den Adolf Grimme (Niedersachsen) und Heinrich Landahl (Hamburg), die
die Schulreformkonzeptionen ihrer Partei in der Nachkriegszeit präg-
ten (vgl.: Schlander, 1975, S. 188 ff/Halbritter, 1979, S. 85 ff).

Bereits das "Prager Manifest" der Exil-SPD von 1934 hatte die Forderungen nach Abschaffung des "Bildungsprivilegs" sowie nach Unter-
richts- und Lehrmittelfreiheit enthalten. In einer - in diesem Programm jedoch noch beziehungslos neben der traditionellen Struktur des

sozialistisches Gemeinwesen herangebildet werden" (Schlander, 1975, S. 163).

Die "Politischen Leitsätze" der West-SPD vom 11.05.46 (Hannoveraner Kreis) betonten - in Ablehnung von Schulen in freier, besonders kirchlicher Trägerschaft - den öffentlichen Charakter des allgemeinen Schulwesens. Die Schulen sollten "im Geist der Humanität, der Demokratie, der sozialen Verantwortung und der Völkerverständigung" erziehen. Als einziges Selektionskriterium erschien die "Befähigung" des Schülers (vgl.: Scharfenberg (Hg.), 1976, Bd. 1, S. 1).

In ihren kulturpolitischen Forderungen des Parteitages von 1947 in Nürnberg stellte die SPD ihre Reformkonzeption für das Nachkriegsschulwesen vor: Im "Interesse einer zukünftigen klassenlosen Gesellschaft" sollte eine, ab dem siebten Schuljahr nach "Begabung und Eignung" differenzierte, Einheitsschule eingerichtet werden. Weitere Forderungen waren die nach der Einführung der Schulgeld- und Lehrmittelfreiheit, einer "Erziehungsbeihilfe für bedürftige Kinder" sowie einer einheitlichen Lehrerausbildung (vgl.: a.a.O., S. 1 ff). Damit wies die sozialdemokratische Reformkonzeption deutliche Parallelen zu derjenigen der Alliierten auf, wie sie im gleichen Jahr mit der Kontrollratsdirektive Nr. 54 als "Basic principles for democratization of education in Germany" lanciert worden war (vgl. Kap. 7.4).

5.1.3 Gewerkschaften und Lehrerverbände

Im Potsdamer Abkommen hatten die Alliierten die Bildung demokratischer Arbeitnehmerzusammenschlüsse zugestanden. Im Gegensatz zur SBZ wurden die westlichen Gewerkschaftsorganisationen zunächst nur auf lokaler Ebene aufgebaut. Erst im April 1947 erlaubte die britische Militärregierung den gesamtzonalen Zusammenschluß, so daß auch bei den Gewerkschaften die Grundlagen für die späteren westdeutschen Organisationen in der britischen Zone gelegt wurden.

In der unmittelbaren Nachkriegszeit waren die westlichen Gewerkschaften schwerpunktmäßig mit der Konkretisierung ihrer Vorstellungen über eine im Nachkriegsdeutschland zu schaffende Wirtschaftsdemokratie befaßt. Diskutiert wurde die Ausweitung der betrieblichen Mitbestimmungsrechte für die Arbeitnehmer und die Schaffung einer Einheitsgewerkschaft, um die noch in Weimar virulente Aufsplittung in Richtungsgewerkschaften mit jeweils unterschiedlichen Parteienpräferenzen zu überwinden. Letzterem wurde mit der Gründung des Deutschen Gewerkschaftsbundes (DGB), wenn auch unter Auslassung der Angestellten- (DAG, gegründet 1946) und Beamtenorganisationen (Deutscher Beamtenbund, gegründet 1951), 1949 entsprochen (vgl.: Erdmann, 2. Aufl., 1982, S. 170 ff/Klessmann, 1982, S. 126 ff).

Das frühzeitige Bestreben der amerikanischen Besatzungsmacht, den auf grundlegende gesellschaftliche Reformen dringenden sozialistischen Einfluß in den Gewerkschaften zu eliminieren und diese auf die vergleichsweise unpolitische Rolle der Interessenvertretung der Arbeitnehmer in tariflichen und Arbeitsplatzbelangen zu reduzieren (siehe Darstellung von Fichte, 1982), führte mit dem Ringen der Gewerkschaften um die Einheit der Arbeiterbewegung und erweiterte Mitbestimmung dazu, daß die Ausarbeitung konkreter kultur- und schulpolitischer Vorstellungen den den Gewerkschaften nahestehenden Parteien, insbesondere der SPD, überlassen wurden. So waren dann auch gewerkschaftliche Stellungnahmen zum Bildungswesen beschränkt auf die Forderung, "den nazistischen Un- oder Irrsinn auszurotten, wenigstens bei (dem arbeitenden) Teil der Bevölkerung" (Helling/Kluthe (Hg.), o. J., S. 32). Auf einer Delegiertenversammlung des "Gewerkschaftsbundes Südwürttemberg und Hohenzollern" im Juni 1948 wurde die Bereitschaft erklärt, "an der Herstellung eines geeinten Deutschland durch den Wiederaufbau der Wirtschaft, der Sozialgesetzgebung und eines neuen kulturellen Lebens mitzuwirken." (a.a.O.).

Mit der Konkretisierung der Vorstellungen insbesondere der amerikanischen Besatzungsmacht über eine strukturelle Schulreform um 1946/47 wurde diese Problematik auch zum Gegenstand der Auseinandersetzung in den verschiedenen, mit Ausnahme der britischen Zone uneinheitlich organisierten Lehrerverbänden (vgl.: Erdmann, 2. Aufl., 1982, S. 242). Insbesondere die Volksschullehrer zeigten sich Reformen gegenüber aufgeschlossen und befürworteten, neben einer einheitlichen Lehrerausbildung, die Einführung der sechsjährigen Grundschule. Auf einer Vertreterversammlung des "Allgemeinen Deutschen Lehrer- und Lehrerinnenverbandes (ADLLV)", einer Vorläuferorganisation der "Gewerkschaft Erziehung und Wissenschaft (GEW)", im Oktober 1947 in Hamburg sprachen sich die Delegierten gegen eine Einführung der Konfessionsschulen aus. Stattdessen forderten sie auf einer Versammlung im Mai 1948 in Dortmund einen "Schulneubau", für dessen "Mittelbau" sowohl ein für alle Schüler gemeinsamer breiter Fächerkanon als auch ein den "verschiedenen Begabungsrichtungen" Rechnung tragender Grad an Differenzierung vorgesehen war (vgl.: Helling/Kluthe (Hg.), o. J., S. 33 f).

Ihnen gegenüber standen die Lehrer der höheren Schulen, die sich - als Reaktion auf die projektierte Einführung der sechsjährigen Grundschule in Schleswig-Holstein - im September 1947 im "Deutschen Philogenverband" zusammengeschlossen hatten. Sie lehnten die Reformvorstellungen der Besatzungsmächte ab als einen Versuch, ein kulturfremdes Erziehungswesen zu oktroyieren, das noch dazu die notwendige Selektionsfunktion des Schulwesens in Frage stelle (vgl.: Erdmann, 2. Aufl., 1982, S. 242 ff).

5.1.4 Kirchen

Die beiden Kirchen hatten sich, trotz etlicher Verstrickungen mit dem Nationalsozialismus "als die einzige institutionalisierte und nicht gleichgeschaltete geistige Gegenmacht behaupten" können und leiteten daraus ihren Anspruch auf Mitwirkung am Wiederaufbau ab, der sich u. a. auch in der Unterstützung für die Unionsparteien manifestierte (vgl.: a.a.O., S. 227). Im überschaubaren Rahmen der Kirchengemeinde konnte sie der "Zusammenbruchgesellschaft" Orientierung und Rückhalt in christlichen Werten und Lehren geben, darüber hinaus leisteten sie mit ihren verschiedenen Fürsorgeinstitutionen einen Beitrag zur Be-

wältigung der materiellen Not. Ihre frühen Verlautbahrungen, so der
Hirtenbrief der katholischen Bischofskonferenz in Fulda am 23.9.45
und die "Stuttgarter Erklärung" des Rates der Evangelischen Kirche
vom 19.10.45, legten nicht nur ein Bekenntnis der Mitverantwortung
für die Nazi-Verbrechen, wegen Mangels an entschlossenem Widerstand,
ab, sondern entwickelten auch ihre Vorstellungen über einen Neubau
Nachkriegsdeutschland (vgl.: Klessmann, 1982, S. 62 ff).

Die traditionell im Erziehungswesen engagierte katholische Kirche
forderte im Fuldaer Hirtenbrief das Recht, als freier Träger Volks-
und höhere Schulen einrichten zu dürfen, um durch die Verwurzelung
der "Gedanken von Gottesrecht und Menschenrecht, von menschlicher
Würde und Gewissensfreiheit" in der jungen Generation, der "Wieder-
kehr (des Nationalsozialismus) und eines neuen Krieges" vorzubeugen
(a.a.O., S. 377). Auf der Fuldaer Bischofskonferenz von 1946 nahm sie
Stellung zu der die bildungspolitische Diskussion der Besatzungszeit
beherrschenden Einheitsschulfrage. Nach ihrer Meinung war die Einheitlichkeit des Schulwesens gerade am Schulaufbau festzumachen:
"(Die katholische Bekenntnisschule) ist die wahre Einheitsschule, in
der Kinder, Eltern und Lehrer in ihrer Glaubensüberzeugung überein-
stimmen und der gesamte Unterricht sowie die gesamte Erziehung auf
einer einheitlichen Grundlage ruhe: dem katholischen Glauben."
(Hohlfeld (Hg.), 1952, S. 257)
In den katholisch geprägten Gebieten Deutschlands führte das auf die
Bewahrung kirchlicher Rechte zielende bildungspolitische Engagement
der katholischen Kirche z. T. zu heftigen Kontroversen mit der jeweiligen Besatzungsmacht, so im Rheinland, wo sie sich für die Beibehaltung der Gymnasien humanistischer Prägung und für die Ablehnung der
Koedukation starkt machte (vgl.: Hearnden (Hg.), 1978, S. 16 ff), in
der französischen Zone (vgl.: Winkeler, in Heinemann (Hg.), 1981, S.
215 ff) und in Bayern. Dort gelang es ihr, mit Hilfe der politischen
Unterstützung der CSU, die bayrische Tradition des katholischen Pri-
vatschulwesens fortzusetzen und im gemeinsamen Bemühen mit der evangelischen Landeskirche Bayerns die Konfessionsgrundschule als Regelschule im Artikel 135 der Verfassung des Freistaates Bayern vom

02.12.46 zu verankern (vgl.: Huelsz, 1970, S. 76/Kanz (Hg.), 1975, Bd. 1, S. 44).

5.1.5 Zusammenfassung: Bildungspolitische Schwerpunkte gesellschaftlich relevanter Gruppen im Westen

In der westdeutschen Diskussion über eine auf "Demokratisierung" zielende Schulreform in der unmittelbaren Nachkriegszeit hatten sich die Beteiligten frühzeitig in zwei Lager gespalten. Die Ausweitung der Grundschule auf sechs Jahre und die Vereinheitlichung des Sekundarbereichs, wie sie ab 1946/48 insbesondere auch der amerikanischen Besatzungsmacht vorschwebte, fand ihre Befürworter in der SPD und den Volksschullehrerverbänden. Von der Reform erhoffte man sich zunächst verbesserte Zugangsmöglichkeiten zu höheren Abschlüssen: Durch flankierende Maßnahmen wie Schulgeld- und Lehrmittelfreiheit sowie Bedürftigenförderung sollten zudem materielle Bedingungen als Selektionskriterien für die Schullaufbahn ausgeschaltet werden. Darüberhinaus sollte ein solchermaßen reformiertes Schulwesen aber auch einen Beitrag leisten zur Errichtung einer sozialistischen, klassenlosen Gesellschaft, zur Überwindung der traditionellen ökonomischsozio-kulturellen Rahmenbedingungen.

Aus einer Fehleinschätzung der durch scheinbare totale Auflösung gekennzeichneten Nachkriegssituation heraus hofften die Reformer, über einen am Erziehungswesen angesetzten Hebel jene wirtschaftlichen und gesellschaftlichen Ordnungsprinzipien zu stürzen, die sich in den vergangenen zwölf Jahren der NS-Herrschaft in ihren Augen als morsch und nicht mehr zukunftsfähig erwiesen hatten: Die kapitalistische Wirtschafts- und Gesellschaftsreform sollte durch eine "Revolution" im Erziehungswesen von einer sozialistischen Demokratie abgelöst werden.

Tatsächlich waren die ökonomisch-sozio-kulturellen Rahmenbedingungen durch den Krieg zwar erschüttert, aber nicht ins Mark getroffen worden. Die rigorose Sozialisierungspolitik der Sowjetunion sollte ihnen in der SBZ den Todesstoß versetzen. Im Westen dagegen konnten sich diejenigen formieren, die sich lediglich eine Korrektur der historisch gewachsenen Verhältnisse vorgenommen hatten, mit dem Ziel, ihre krankhaften Züge, die zur Entstehung des Nationalsozialismus beigetragen hatten, auszumerzen, insbesondere durch Rückbesinnung auf jene christlich-humanistischen Wertvorstellungen der abendländischen Kultur, die in der jüngsten Vergangenheit so arg verletzt worden waren. Dies galt für die Kirchen und die Unionsparteien, für die Lehrerschaft der höheren Schulen und - letztendlich ausschlaggebend - auch für die westlichen Besatzungsmächte.

5.2 In der SBZ

5.2.1 Gründung und Vereinigung von KPD und SPD und ihre schulpolitischen Vorstellungen

In der SBZ erging am 10. Juni 1945 ein Befehl Marschall Schukows, durch den die Tätigkeit aller antifaschistischen Parteien erlaubt wurde, dies geschah hier früher als in den Westzonen (vgl.: Kap. 5.1). Allerdings konnten die wieder- und neugegründeten Parteien nicht frei arbeiten, ihre Tätigkeit wurde von Anfang an von der sowjetischen Militärverwaltung streng kontrolliert, die Parteiprogramme mußten von der SMAD genehmigt werden (vgl.: Gradl, 1981, S. 17 f). Schon einen Tag nach dem Befehl von Marschall Schukow, am 11. Juni 1945, erging der Gründungsaufruf der KPD, die darauf mit Unterstützung der sowjetischen Stellen gut vorbereitet war. Wilhelm Pieck sprach sich in diesem Gründungsaufruf dafür aus, Deutschland nicht das Sowjetsystem aufzuzwingen, da es den deutschen Verhältnissen zur Zeit nicht gerecht würde. Kommunistisch-ideologische Töne wurden zu diesem Zeitpunkt bewußt vermieden. Die KPD forderte eine parlamentarisch-demokratische Republik mit einem antifaschistisch-demokratischen Regime (vgl.: Erdmann, 2. Aufl., 1982, S. 134).

Der Gründungsaufruf der SPD in der SBZ erging am 15. Juni 1945. In
ihm wurde programmatisch die Einheit der Arbeiterklasse gefordert.
Weite Kreise der SPD befürworteten eine Zusammenarbeit mit der KPD,
da bei beiden Parteien in vielen Punkten eine Interessengleichheit
bestand, so auch in der Frage der Reform des Schulwesens. Eine Vereinigung mit der KPD wurde aber von den meisten SPD-Mitgliedern abgelehnt. Hieran war wiederum der KPD gelegen, ganz besonders nach der
katastrophalen Wahlniederlage der österreichischen KP, die bei den
Wahlen zum österreichischen Nationalrat am 25. November 1945 nur 4
Sitze errungen hatte, gegenüber 76 Sitzen für die christlich-soziale
Partei. Die KPD hoffte nun, durch den Zusammenschluß mit der SPD die
nötige Massenbasis zur Bestätigung ihrer Politik auch in weiten
Teilen der Bevölkerung erlangen zu können, so wie sie darauf rechnen
konnte, durch ihren Rückhalt bei der sowjetischen Besatzungsmacht die
führende Rolle im Staatsapparat zu erhalten. Nach einer großen Anzahl
von Propagandaveranstaltungen und unter dem Druck der sowjetischen
Militärregierung fanden am 19. und 20. April 1946 getrennte Parteitage statt, am 21. und 22. April dann der Vereinigungsparteitag. Hier
wurden Otto Grotewohl (vorm. SPD) und Wilhelm Pieck (vorm. KPD) zu
gleichberechtigten Vorsitzenden der neuen Sozialistischen Einheitspartei Deutschlands gewählt (vgl.: Erdmann, 2. aufl., 1982, S. 137
f/Weber, 1966, S. 16 f).

In der Schulpolitik hatten KPD und SPD schon vor ihrer Verschmelzung
identische Ziele, deutlich gemacht durch den gemeinsamen "Aufruf des
Zentralkomitees der KPD und des Zentralausschusses der SPD zur demokratischen Schulreform" vom 18. Oktober 1945. Gefordert wurde hier
die Einheitsschule, wenn diese auch im Aufruf vom 18.10. noch ganz
unverbindlich als "einheitliches Schulsystem" angesprochen wurde
(vgl.: Mon. Paed., C VI, Dok. 26). Ein wesentlicher Punkt war hierbei, daß die bisher benachteiligten Arbeiter- und Bauernkinder durch
eine kompensatorische Erziehung und Bildung an weiterführende Bildungsgänge herangeführt werden sollten. Im Zentralkomitee setzte sich
schließlich der Gedanke durch, als Grundschule eine Vollzeitschulpflicht von achtjähriger Dauer einzuführen, worauf sich dann entweder

eine dreijährige Berufsschulausbildung mit praktischen und theoretischen Inhalten anschließen sollte oder eine 4-jährige weiterführende Oberschule, die zur Hochschulreife führte. Schule und Kirche sollten grundsätzlich getrennt sein. Religionsunterricht sollte nicht mehr in die Stundenpläne aufgenommen werden und von den Kindern nur noch auf freiwilliger Basis auf Wunsch der Eltern besucht werden. Diese und andere Pläne, die auch in den Zentralverwaltungen der Länder und Provinzen diskutiert wurden, mündeten schließlich in das "Gesetz zur Demokratisierung der deutschen Schule" (vgl.: Mon. Paed., C II, S. 177 ff/Mon. Paed., C VI, Dok. 35), das im Mai und Juni 1946 von allen Länder- und Provinzialregierungen der SBZ verabschiedet wurde.

5.2.2 Die bürgerlichen Parteien

Die Gründung der beiden großen bürgerlichen Parteiorganisationen der SBZ, CDU und LDPD, erfolgten später als die von KPD und SPD, da sie diese wie z. B. die KPD nicht schon hatten vorbereiten können. Der Gründungsaufruf der CDU erfolgte am 26. Juni 1945, die LDPD konstituierte sich am 5. Juli 1945 (vgl.: Gradl, 1981, S. 9). Die Gründung der CDU erfolgte unter anderen Vorzeichen als die der anderen Parteien, da es im Gegensatz zu den anderen Parteien für die CDU keine Anknüpfungspunkte an die Zeit der Weimarer Republik gab. Die CDU entstand als Zusammenschluß vieler spontan gebildeter Gruppen und Initiativen als sozial geprägte, konfessionell unabhängige Sammelpartei unter christlichem Vorzeichen. Sie wollte eine antikommunistische und antitotalitäre Partei sein, die sich auf ganz Deutschland ausrichten sollte, um so die Wiedervereinigung der Zonen nicht zu behindern (vgl.: a.a.O., S. 19).

Wie die CDU verwarf auch die LDPD die kommunistische Idee des Klassenkampfes, sie sprach sich sogar offen gegen jede Art von Sozialismus aus (vgl.: Erdmann, 2. Aufl., 1982, S. 186). Demgegenüber proklamierte sie die freie Wirtschaft und trat für die Erhaltung des Privateigentums und des unabhängigen Berufsbeamten- und Richtertums ein (vgl.: Weber, 1966, S. 20). LDPD und CDU bildeten von Anfang an einen Gegenblock gegen die Kommunisten, später gegen die SED. Dementsprechend wurden sie durch Maßnahmen der sowjetischen Militärregierung behindert - z. B. in der Verbreitung ihrer Ziele durch Zeitungen, die genehmigungspflichtig waren - da sie nicht, wie die SED, die Ziele der Besatzungsmacht vertraten (vgl.: Gradl, 1981, S. 26).

Am 14. Juli 1945 schlossen Vertreter der bis dahin zugelassenen Parteien KPD, SPD, CDU und LDPD eine "Einheitsfront der antifaschistisch-demokratischen Parteien", den "Antifaschistischen Block". Ihm gehörten je 5 Mitglieder jeder Partei an, die eine gemeinsame Politik abstimmen sollten. Dies wurde von Seiten der CDU, auch der LDPD, als Zugeständnis an die KPD angesehen: Angesichts der bestehenden Notlage in allen Bereichen des täglichen Lebens wollten und konnten sich CDU und LDPD einer Zusammenarbeit mit der KPD zur Linderung der größten Not in der Bevölkerung nicht verschließen (vgl.: Gradl, 1981, S. 24).

Auch in der Frage der Schulreform ergaben sich Differenzen zwischen KPD/SPD und CDU/LDPD. Zwar stimmten CDU und LDPD einer Umwandlung des Schulsystems und einer Demokratisierung des Schulwesens zu. Die CDU meldete aber auch Bedenken an. So wurde auf dem 1. Parteitag der der CDU in der SBZ am 16. und 17. Juni 1946 auch über die Schulpolitik diskutiert. Hierbei wurde zum Ausdruck gebracht, daß das soziale Anliegen der Schulreform zwar anerkannt werde, das staatliche Schulmonopol wurde aber als Überspannung der staatlichen Kulturhoheit bezeichnet. Im besonderen erklärte sich die CDU nicht damit einverstanden, daß die höhere Schule von 9 auf 4 Jahre verkürzt und Privatschulen ganz verboten werden sollten. Ein weiteres Anliegen war der CDU, die sich ja wesentlich auf christliche Grundlagen der Politik berief, daß der Religionsunterrichts nur noch auf freiwilliger Basis und nur noch von Kirchenmitarbeitern durchgeführt werden sollte. Sie verlangte dagegen, daß er weiterhin im regulären Stundenplan verbleiben müsse und daß die Kirchen die Schülerlisten einsehen dürfen (vgl.: Gradl, 1981, S. 70). Die bürgerlichen Parteien konnten sich mit ihren Forderungen nicht gegen die SED durchsetzen, da diese die

volle Unterstützung seitens der Militärregierung hatte. Nachdem durch
das Gesetz zur Demokratisierung der deutschen Schule vom Juni 1946
der Weg zur Einheitsschule geebnet war, begann auch im übrigen politischen Bereich die Gleichschaltung von CDU und LDPD mit den politischen Zielen der immer übermächtiger werdenden SED (vgl.: Erdmann, 2.
Aufl., 1982, S. 155 f).

5.2.3 Die Pädagogischen Kongresse

In der SBZ wurden bis zur Gründung der DDR im Oktober 1949 insgesamt
4 Pädagogische Kongresse durchgeführt. "...Einen ersten Abschluß der
organisatorischen Schulreform bildet der I. Pädagogische Kongreß, der
vom 15. bis 17. August in Berlin stattfand und zu einer Publizierung
der tragenden Ideen und der Ergebnisse der Schulreform diente..."
(Langewellpott, 1973, S. 27). Er fand auf Empfehlung der SMAD statt.
Die Abgeordneten, die zum Kongreß entsandt werden sollten, wurden von
den Länder- und Provinzenregierungen ausgewählt, insgesamt 800. Hinzu
kamen 175 Gastdelegierte aus den Westzonen. Der I. Pädagogische
Kongreß sollte einen Abschluß der ersten Phase der Umbildung des
Schulwesens zur "antifaschistisch-demokratischen Schule" darstellen.
Hier wurde eine Bilanz gezogen über das bisher Erreichte, und es
wurden Probleme aufgezeigt, die in der Folgezeit gelöst werden sollten. Eine weitere Absicht des Kongresses war die Orientierung der
Lehrer in der SBZ, in welche Richtung das Schulwesen politisch und
pädagogisch entwickelt werden sollte. "...Indem er den Lehrern Ziel,
Sinn und Inhalt der Schulreform erläuterte, gab er den Auftakt zur
Verwirklichung des demokratischen Schulgesetzes..." (Günther/Uhlig,
1974, S. 57).

Es wurde auch die Feststellung getroffen, daß das Schulwesen in der
SBZ einen Vorsprung vor der Entwicklung des Schulwesens in den
Westzonen habe (vgl.: Mon. Paed., C II, S. 250 f). Auf dem Kongreß
wurde noch einmal zum Gesetz zur Demokratisierung der deutschen
Schule Stellung bezogen, Begriffe wie "demokratische Erziehung der
Jugend" wurden im "Aufruf" des Kongresses vom 17. August 1946 aus-

führlich erläutert (vgl.: Mon. Paed., C VI, Dok. I, 43 u. I, 44). Die
Ausführungen vieler Redner auf dem I. Pädagogischen Kongreß waren
stark vom reformpädagogischen Denken der Weimarer Zeit beeinflußt,
reformpädagogische Ansätze hatten zu dieser Zeit in der SBZ einen
hohen Stellenwert. Dies wird auch deutlich in den "Grundsätzen für
die Erziehung in der deutschen demokratischen Schule", die auf dem
II. Pädagogischen Kongreß am 10. September 1947 angenommen wurden und
auch noch ganz von der Reformpädagogik bestimmt waren (vgl.: Erdmann,
2. Aufl., 1982, S. 253).

Als Erziehungsziele der neuen Schule wurden definiert: Entwicklung
der manuellen Fähigkeiten (u. a.) und eine Erziehung im Sinne
Pestalozzis zu Denk- und Urteilsfähigkeit, zu Entschlußkraft und
Verantwortungsbewußtsein. Die Eltern, so wurde weiterhin auf dem
Kongreß ausgesagt, sollten an der Erziehung ihrer Kinder auch in der
Schule teilhaben (vgl.: Mon. Paed., C VI, Dok. I, 54).

Der III. Pädagogische Kongreß im Juli 1948 dagegen war von einem ganz
anderen Geist bestimmt, der sich durch die Veränderungen der politischen Gegebenheiten auch auf die Gestaltung des Schulwesens auswirkte. Durch die zunehmende Stalinisierung der SED (vgl.: Kap. 6.5) und
ihren Alleinvertretungsanspruch in allen Bereichen des Lebens wurde
auch die Pädagogik den politischen Zielen der Partei untergeordnet.
Gefordert wurde jetzt: die weitere Festigung der Einheitsschule,
damit sie in der Lage sei, "ihrer Aufgabe im gesellschaftlichen
Gesamtprozeß voll gerecht zu werden" (Mon. Paed., C III, S. 138), und
die ideologische Ausrichtung der Lehrer auf den Marxismus-Leninismus
(vgl.: Mon. Paed., C III, S. 182 f/Mon. Paed., C VI, Dok. I, 66).

Der IV. Pädagogische Kongreß im August 1949 brachte diese Entwicklung
zu einem vorläufigen Abschluß. Nun hieß es, die reformpädagogischen
Theorien unterschätzten die leitende Rolle des Lehrers in Erziehung
und Unterricht, sie ließen es an Folgerichtigkeit und Systematik der
Wissensvermittlung fehlen (wie z. B. in der Arbeitsschule), die
propagierte "freie Erziehung" führte zu einer anarchistischen Auffas-

sung vom Wesen des Unterrichts (vgl.: Mon. Paed., C VI, Dok. I, 84).
"Diese Theorien verschleiern das reaktionäre Erziehungsziel im Interesse der Imperialisten" (Mon. Paed., C VI, Dok. I, 84). Die Aussagen der Reformpädagogik waren jetzt nur noch "pseudo-demokratische Phrasen". Wie für die Doktrin und Organisation der SED (s. o.) wurde auch für die Pädagogik und Schule die Sowjetunion zum Vorbild erhoben. Die Schule wurde zur ideologisch geschlossenen Leistungsschule (vgl.: Erdmann, 2. Aufl., 1982, S. 253).

5.2.4 Kirchen

Die beiden Kirchen, die evangelische wie die katholische, waren nach dem 2. Weltkrieg die einzigen Institutionen, die als im Dritten Reich nicht gleichgeschaltete Körperschaften angesehen werden können. In der Besatzungszeit arbeiteten die katholische und die verschiedenen evangelischen Kirchen noch über alle 4 Zonen hinweg zusammen, die Reaktion der Besatzungsmächte auf die Arbeit der Kirchen war aber nicht überall gleich. Nach dem Krieg hatten die beiden Kirchen, besonders augenscheinlich aber die evangelische, Schulbekenntnisse abgelegt, in denen sie sich von einer gewissen Mitschuld am Geschehen im Dritten Reich nicht freisprechen mochten. Dies sicherte den Kirchen in der SBZ (Westzonen vgl.: Kap. 5.1.4) zunächst das Wohlwollen der SMAD, so daß die Kirchen anfänglich von Enteignungsmaßnahmen und der Bodenreform nicht betroffen waren. Zudem übernahmen die Kirchen im sozialen Bereich wichtige, quasistaatliche Funktionen und halfen so in wesentlichem Maße, zur Linderung der Not der Bevölkerung und zur Entlastung der staatlichen Stellen beizutragen (vgl.: Klessmann, 1982, S. 61).

Politisch unterstützten beide Kirchen die Unionsparteien, die katholische Kirche offener und mehr als die evangelische. Sie verstand sich aber nicht als an die Union politisch gebunden, obwohl diese die Interessen der katholischen Kirche im politischen Bereich vertrat, zum Beispiel in der Frage der Schulreform (vgl.: Kap. 5.2.2). Hier nämlich, in der von SPD und KPD initiierten "antifaschistisch-demo-

kratischen" Schulreform, die als eine wesentliche Forderung auch die strikte Trennung von Staat und Kirche beinhaltete, ergaben sich erste Ansätze zu Konflikten zwischen den Kirchen, den staatstragenden Parteien und der Besatzungsmacht (vgl.: Klessmann, 1982, S. 61 f).
Begründet wurde die Forderung der Trennung von Staat und Kirche mit der Furcht vor einer Gefährdung der gemeinsamen Kampffront der antifaschistischen Parteien und der demokratischen Nation durch eine Aufspaltung der Schule nach konfessionellen und weltanschaulichen Gruppen (vgl.: Mon. Paed., C II, S. 99). Hiergegen wehrte sich besonders die katholische Kirche, die versuchte, mit Hirtenbriefen und Erklärungen der Fuldaer Bischofskonferenz der Entwicklung entgegenzutreten. Sie forderte mehrfach, in der SBZ (wie auch in den anderen Zonen) Bekenntnisschulen einzurichten, die in Aufbau, Unterricht, Lehrerschaft usw. auf christlichen Grundsätzen aufbauten. Desweiteren sollte, wo die Errichtung von (kath.) Bekenntnisschulen nicht sofort möglich sei, der Religionsunterricht als ordentliches Unterrichtsfach in der Schulzeit, in Räumen der Schulen und von Beauftragten der Kirchen durchgeführt werden können. Die Forderungen wurden u. a. damit begründet, daß die Kirche die ersten Schulen gegründet und große Teile des Volksbildungswesens bis zum 20. Jahrhundert kontrolliert haben.
Auch die CDU unterstützte die kirchlichen Forderungen nach einer Zurücknahme der Trennung von Kirche und Schule (vgl.: Mon. Paed., C II, S. 102 f).
Die Kirchen konnten sich damit bei der Militärregierung jedoch nicht durchsetzen. Es blieb bei der durchgeführten Trennung.
Mit Beginn des "Kalten Krieges" und der zunehmenden Stalinisierung der SED 1947/48 begannen die Partei und die SMAD, einen härteren Ton gegenüber den Kirchen anzuschlagen. Die SED versuchte, auf die Kirchen Druck auszuüben und sie zu wohlwollenden und positiven Stellungnahmen zugunsten des Systems zu zwingen, was diese aber ablehnten. Daraufhin setzte ein Prozeß ein, in dessen Verlauf die Kirchen immer mehr aus dem öffentlichen Leben verdrängt werden sollten (vgl.: Erdmann, 2. Aufl., 1982, S. 234).

6. DIE ENTWICKLUNG DES VERHÄLTNISSES DER BESATZUNGSMÄCHTE UNTEREINANDER ALS RAHMENBEDINGUNGEN IHRER ZUSAMMENARBEIT IM BESETZTEN DEUTSCHLAND

6.1 Die Nachkriegs-Außenministerkonferenzen der Siegermächte

Nachdem mit der Kapitulation Deutschlands und Japans die gemeinsamen Gegner niedergerungen waren, versuchten sich die vier Siegermächte des Zweiten Weltkrieges auf einer Reihe von Konferenzen ihrer Außenminister über die nun zu errichtende Nachkriegsweltordnung zu verständigen. Die erste dieser Konferenzen, die vom 11.09. - 02.10.45 in London stattfand, war von dem Bemühen gekennzeichnet, die neue Lage, die in Fernost durch die Niederlage Japans, die Kriegseroberungen der Sowjetunion in der Mandschurei und dem wachsenden Einfluß der Maoisten im China Tschiangkaischeks entstanden war, zu bewältigen. Durch die verschleppte Räumung des von der Sowjetunion im Zweiten Weltkrieg besetzten Iran, der sowjetischen Unterstützung der Kommunisten im griechischen Bürgerkrieg und dem Versuch der östlichen Siegermacht, die von ihr "befreiten" Staaten Ost- und Mitteleuropas in ihren Machtbereich einzugliedern, verschärften sich auch die europäischen Interessengegensätze zwischen der Sowjetunion und den Westmächten. Auf der Friedeskonferenz in Paris (Juli - Oktober 1946) gewannen auch die Unvereinbarkeiten in den auf Deutschland bezogenen Zielvorstellungen der Alliierten an Kontur: Für die beabsichtigte Rekonstituierung eines gesamtdeutschen Staates schlug die Sowjetunion eine zentralistische Lösung vor, während insbesondere Frankreich eine föderalistische Struktur favorisierte und damit in der Tradition der unter den Westmächten während des Krieges virulenten Ansicht stand, daß nur ein nachhaltig zerstückeltes Deutschland am Entfesseln neuer Kriege gehindert werden könnte (vgl.: Becker, 1981, S. 23 ff). Weitere strittige Punkte waren die Fragen der von Deutschland zu leistenden Reparationen und die Vier-Mächte-Kontrolle des in der britischen Zone gelegenen Ruhrgebiets (vgl.: Erdmann, 2. Aufl., 1982, S. 80 ff/Latour/Vogelsang, 1973, S. 157 ff).

Unter dem Eindruck des beginnenden Ost-West-Konflikts wurde in den
USA ein Umdenkprozeß in der Deutschlandpolitik eingeleitet. Diese
geriet unter den zunehmenden Einfluß der "Westintegrationisten", eine
Entwicklung, die sich bereits nach Roosevelts Tod mit der Entlassung
Morgenthaus durch die neue Truman-Administration und den Protesten
der amerikanischen Militärregierung (OMGUS), insbesondere General
Clays, gegen die restriktiven wirtschaftlichen Auflagen der JCS 1067
angebahnt hatte (vgl.: Gimbel, 1971, S. 16 ff/Klessmann, 1982, S. 99
ff). Diese Wende fand ihren Niederschlag in der Rede des US-Außenministers Byrnes in Stuttgart am 6.9.46. Burnes legte ein Bekenntnis
der Bereitschaft der USA zu einem langfristigen Engagement in Europa
ab und erhob, im Verein mit Vorwürfen gegen die sowjetische Blockadepolitik im Kontrollrat, die Forderung nach Errichtung der bereits im
Potsdamer Abkommen vereinbarten Verwaltung Deutschlands als wirtschaftliche Einheit. Als Vorläufer sollten die amerikanische und
britische Zone zur Bizone zusammengelegt werden, mit der Möglichkeit
für die beiden anderen Mächte zum Beitritt. Einem solchermaßen konstituierten deutschen Bundesstaat stellte er weitgehende Souveränität
in Aussicht (vgl.: US-Government, 1950, S. 3 ff).

Nachdem die Pariser Friedenskonferenz sowie eine weitere in New York
im Dezember 1946 Friedensverträge mit den ehemaligen europäischen
Verbündeten Deutschlands erbracht hatten, war die vierte Außenministerkonferenz in Moskau (10.3. - 24.4.47) ausschließlich mit der
Deutschen Frage befaßt. Sie wurde zur "entscheidenden Konferenz" für
die Demonstration des Ost-West-Gegensatzes im beginnenden Kalten
Krieg (vgl.: Becker, 1981, S. 143 ff), nachdem der neue US-Außenminister, General Marshall den sowjetischen Ansprüchen in deutlicher
Härte die amerikanischen Positionen entgegengesetzt hatte (vgl.:
Erdmann, 2. Aufl., 1982, S. 91 ff). In ihrem Kielwasser folgten die
Entscheidungen für den wirtschaftlichen Wiederaufbau Europas im Rahmen des "European Recovery Program (ERP)", dem sog. "Marshall-Plan",
sowie für die politische und wirtschaftliche Westintegration der
westlichen Zonen einerseits und zur festen Einbindung der SBZ in den
sowjetischen Machtbereich andererseits, mit entsprechenden Konsequen-

zen für die Re-education-Politik der jeweiligen Besatzungsmächte.

Lediglich die gemeinsamen Gegner hatten die Kriegsalliierten geeint.
Bei dem Versuch, sich über das Aussehen eines gemeinsam zu konstituierenden Nachkriegsdeutschland und darüberhinaus einer Nachkriegsweltordnung zu verständigen, brachen die ideologischen Gegensätze
zwischen Ost und West auf, verschärften sich durch gegenseitiges
Mißtrauen und Mißverstehen in der "reaktiven Mechanik" des Kalten
Krieges und führten zur bipolaren Struktur der Weltordnung der ersten
Nachkriegsjahrzehnte, mit dem geteilten Deutschland als Krisenzentrum
(vgl.: Klessmann, 1982, S. 178). Am 11.7.47 wurde die amerikanische
Besatzungspolitik mit der JCS 1779 auf eine Grundlage gestellt, die
den veränderten globalen Rahmenbedingungen Rechnung tragen sollte.
Die neue Direktive (vgl.: US-Government, 1950, S. 34 ff) betonte zwar
weiterhin die Notwendigkeit, den Prozeß der Entnazifizierung und
Entmilitarisierung fortzusetzen, doch wurde die eher Vergeltung zulassende Tendenz der JCS 1067 abgelöst von der Bekundung des amerikanischen Vertrauens in die positive Entwicklung Deutschlands und seinen künftigen Beitrag für Frieden und Stabilität in Europa: "The
basic interest of the United States throughout the world is just and
lasting peace. Such a peace can be achieved only if conditions of
public order and prosperity are created in Europe as a whole. An
orderly and prosperous Europe requires the economic contributions of
a stable and productive Germany as well as the necessary restraints
to insure that Germany is not allowed to revive its destructive
militarism." (a.a.O., S. 34).

Neben der Ermutigung deutscher Beteiligung an der Demokratisierung
der deutschen Administrationen und politischen Parteien und dem Wiederaufbau der Rüstungsgüterproduktion (vgl.: a.a.O., S. 35 ff), sahen
die Ausführungen zum Erziehungswesen vor, "to encourage and assist in
the development of educational methods, institutions, programs and
materials designed to further the creation of democratic attitudes
and practices through education. You (die Militärregierung, d. Verf.)
will require the German Laender authorities to adapt and execute

educational programs designed to develop a healthy, democratic educational system which will offer equal opportunity to all according to their qualifications." (a.a.O., S. 40 f) Ähnlich der im Vormonat erlassenen Kontrollratsdirektive Nr. 54 (vgl.: Kap. 7.4) zeigte sich auch hier die Wende der amerikanischen Besatzungsmacht zu restaurativen Maßnahmen im wirtschafts-, gesellschafts- und schulpolitischen Bereich, vor dem Hintergrund des Wandels im amerikanisch-sowjetischen Verhältnis.

6.2 Die Truman-Doktrin

Harry S. Truman war als Nachfolger von F. D. Roosevelt von 1945 - 1953 Präsident der Vereinigten Staaten von Amerika. In seine Amtszeit fiel die Ablösung der Politik der Zusammenarbeit mit der Sowjetunion durch die Politik des "containment", ausgelöst durch den beginnenden Ost-West-Konflikt, der sich u. a. in der Behandlung der Berlin-Frage durch die Sowjetunion manifestierte.

Veranlaßt wurde die berühmte Rede Trumans, die später als "Truman-Doktrin" bekannt werden sollte, wahrscheinlich durch die sowjetische Unterstützung für kommunistische Partisanen in Griechenland und der Türkei, wodurch die USA nach dem Abzug britischer Truppen aus diesen Ländern ihre Interessen im Mittelmeerraum gefährdet sahen. Am 12. März 1947, zwei Tage nach der Eröffnung der Moskauer Außenministerkonferenz, die in zentralen Fragen aber keine Einigung brachte, hielt Präsident Truman eine Rede vor dem amerikanischen Kongreß. Diese Rede trug eindeutig antisowjetische Züge, obgleich die Sowjetunion darin nicht direkt erwähnt wurde. Truman sagte, die Politik der USA solle die Unterstützung freier Völker beinhalten, "die sich der Unterwerfung durch bewaffnete Minderheiten oder durch Druck von außen widersetzen" (Klessmann, 1982, S. 180). Wichtig in der Rede war die globale Form der Zielformulierung. Ihre Pflicht zielte auf die Bewilligung von Geldern für eine personelle und materielle Hilfe an diese Staaten durch den Kongreß. Der Appell war erfolgreich und erreichte

u. a. die Unterstützung Griechenlands und der Türkei, das ERP
(Marshall-Plan), die Luftbrücke nach Berlin usw.

6.3 Der Marshall-Plan und die Zusammenlegung der Westzonen

Der nach dem US-Außenminister George C. Marshall benannte Plan wurde
ebenfalls durch eine Rede eingeleitet. Marshall sagte im Juni 1947,
daß die US-Politik nicht gegen ein Land oder eine Doktrin gerichtet
sei, sondern gegen Hunger, Armut, Verzweiflung und Chaos. Daher
sollte von Amerika ein Hilfsprogramm eingeleitet werden. Die Amerikaner stellten Rohstoffe, Waren und Kapital zur Verfügung, teils als
Zuschüsse, teils als Kredite. Vorbedingung für die amerikanischen
Hilfslieferungen war, daß eine koordinierte Planung zur Verteilung
der amerikanischen Leistungen vorliegen sollte. Hierzu wurde eine
Konferenz gebildet, an der auch die Sowjetunion teilnahm, da sie
stark an amerikanischen Krediten interessiert war. Ihre Delegation
reiste aber wieder ab, als sie ihre Vorstellungen nicht durchsetzen
konnte, sicher nicht zu Unrecht vermutend, daß die USA durch das
Hilfsprogramm die europäischen Wirtschaften auf das System der freien
Marktwirtschaft hin orientieren wollten. Aus diesem Grund wurden auch
einige osteuropäische Staaten von der Sowjetunion gezwungen, ihre
Zusagen zum Marshall-Plan wieder zurückzunehmen, wodurch die Hilfe
auf die westeuropäischen Staaten beschränkt blieb. Ab April 1948
wurde der Marshall-Plan in "Eurpean Recovery Program" (ERP) umbenannt. In der Folge kam es zur Gründung des europäischen Wirtschaftsrates (OEEC) in Paris, 1948 zur Verteilung der ERP-Mittel und zur
"Gegengründung" des RGW (Rat für gegenseitige Wirtschaftshilfe) durch
die Sowjetunion im Januar 1949 (vgl.: Klessmann, 1982, S. 180 ff).

Das amerikanische Konzept für die Zonen-Wirtschaftspolitik lief auf
eine wirtschaftliche Einheit aller Zonen hinaus. Hierzu erließ der
Militärgouverneur der US-Zone, Clay, am 3.5.46 einen Demontagestop.
Dieser war eher eine antifranzösische als eine antisowjetische Maßnahme, da die Franzosen zu einer Zusammenlegung, zumindest der West-

zonen, gezwungen werden sollten. Als Konsequenz aus diesem Plan und aus der Rede von Byrnes in Stuttgart (vgl.: Kap. 6.1) wurde die Schaffung einer Bizone (US- + GB-Zone) vereinbart und im Herbst 1946 vertraglich abgesichert. Die Briten drängten noch stärker als die Amerikaner auf die Zusammenlegung der Zonen, um Besatzungskosten auf die USA abwälzen zu können, doch die Franzosen widersetzten sich. Politisch und ökonomisch wirkte sich allerdings bei den Franzosen, die eine den amerikanischen und britischen Interessen entgegengesetzte Besatzungspolitik verfolgten, seit 1947/48 die Abhängigkeit von der amerikanischen Hilfe voll aus. "...Im Herbst 1948 tritt ein grundlegender Wandel der französischen Besatzungspolitik ein, der im Zusammenhang mit der Änderung der alliierten Deutschlandpolitik zu sehen ist..." (Gönner/Haselier, 2. Aufl., 1980, S. 123). Durch die drastische Verschlechterung der Ernährungslage in der französischen Zone und eine allgemeine Verschlechterung der französischen Wirtschaftslage insgesamt blieb den Franzosen 1948 keine andere Wahl, als die ERP-Hilfe und damit auch die an sie geknüpften amerikanischen politischen Forderungen zu akzeptieren: integrierte westeuropäische Wiederaufbauplanung und Schaffung eines westdeutschen Staates (vgl.: Klessmann, 1982, S. 100 ff).

6.4 Die Entwicklung der USA zur führenden westlichen Macht und die deutsche Teilung

Die USA waren als wirtschaftlich und militärisch stärkste Macht auch in der europäischen Interessen-Sphäre aus dem Zweiten Weltkrieg hervorgegangen. Die Erkenntnis, daß für die wirtschaftliche Prosperität der USA ein wirtschaftlich stabiles Europa als Markt und Handelspartner unabdingbare Voraussetzung war, führte mit dem Wunsch, im beginnenden Systemkonflikt mit der Sowjetunion eine europäische Bastion zu errichten, dazu, daß die traditionell starken isolationistischen Kräfte innerhalb der USA überwunden und eine langfristige Verpflichtung in Europa eingegangen wurde. Die wirtschaftliche Leistungsfähigkeit ermöglichte mit dem "Marshall-Plan" den entscheidenden Beitrag zum Aufbau einer prosperierenden europäischen Nachkriegswirtschaft, gleichzeitig konnte auf diese Weise der Einfluß der Sowjetunion auf Osteuropa begrenzt werden (vgl.: Erdmann, 2. Aufl., 1982, S. 95 f/Klessmann, 1982, S. 182).

Am Ende des Zweiten Weltkrieges war Großbritannien "financially insolvent for the first time in its modern history" (Northedge, 1974, S. 38), somit sowohl wirtschaftlich als auch politisch in hohem Maße abhängig von dem US-amerikanischen Verbündeten. Vor diesem Hintergrund einigten sich die beiden angelsächsischen Alliierten im Dezember 1947 auf eine Umverteilung der bislang von beiden Mächten zu gleichen Teilen getragenen Kosten für die Bizone. Dem neuen Verhältnis von 3:1 entsprach auch ein ebenso gestiegener Einfluß der USA in der gemeinsamen Bizonenverwaltung, dem Bipartite Board (vgl.: Erdmann, 2. Aufl., 1982, S. 272 ff/Huster, 1972, S. 44).

Mit dem "Marshall-Plan" hatten die USA zudem das geeignete Instrument in der Hand, Frankreich zur Angleichung seiner auf Eigenständigkeit und spezifisch französische Sicherheits- und Wirtschaftsinteressen bedachten Besatzungspolitik zu bewegen (vgl.: Zink, 1957, S. 149). Auf der Londoner Sechs-Mächte-Konferenz der drei Westmächte und der Benelux-Staaten vom 23.2. - 6.3.48 stimmte Frankreich einer Vereinbarung über die Bildung einer Wirtschaftseinheit aus den drei Westzonen, der sog. "Trizone", zu.

Nachdem die Vertreter der Sowjetunion im Alliierten Kontrollrat über die Konferenzergebnisse von den Westmächten nicht informiert worden waren, stellten sie ihre Mitarbeit im Kontrollrat ein. Damit war die vom Potsdamer Abkommen vorgesehene gemeinsame Vier-Mächte-Verwaltung Deutschlands endgültig gescheitert, die Teilung besiegelt und die Weichenstellung für die Gründung zweier deutscher Teilstaaten erfolgt (vgl.: Erdmann, 2. Aufl., 1982, S. 275 f).

6.5 Die Gleichschaltung der Parteien und die Stalinisierung der SED in der SBZ

Auf den Außenministerkonferenzen der Großmächte in Moskau (März - April 1947), Paris (Juni - Juli 1947) und London (November - Dezember 1947) kamen die Großmächte nicht mehr über "Empfehlungen" an den Kontrollrat hinaus. Unüberbrückbare Gegensätze machten die Einigung in grundsätzlichen Fragen unmöglich, der Grundstein für die endgültige Teilung Deutschlands war gelegt.

Die Gründung des Zweizonen-Wirtschaftsrates in der amerikanischen und britischen Zone zog die "Deutsche Wirtschaftskommission" (DWK), gegründet am 14. Juni 1947 durch die SMAD, nach sich. Die konnte SED ihre Macht ausbauen und die Entwicklung der SBZ in besonders enger Anlehnung an die Sowjetunion und ihre politisch-ideologischen Prinzipien vorantreiben. Die DWK hatte die Aufgabe, die wirtschaftliche Entwicklung in der SBZ zu koordinieren, kann aber auch als Vorstufe einer geplanten eigenstaatlichen Regierung angesehen werden (vgl.: Weber, 1966, S. 36 f). Der Führungsanspruch der SED wurde mehr und mehr gefestigt, so z. B. durch den "Ersten Deutschen Volkskongreß" vom 6./7. Dezember 1947. Nachdem die Führer der CDU in der SBZ, Lemmer und Kaiser, die Beteiligung am "Volkskongreß" verweigerten, wurden sie am 20. Dezember 1947 von der SMAD abgesetzt, der es auch gelang, die Wahl von zwei mit ihren Zielen korrespondierenden Politikern an die Parteienspitze der CDU durchzusetzen. Schon nach kurzer Zeit beugten sich die neuen CDU-Führer dem Machtanspruch der SED (vgl.: a.a.O., S. 39).

Auch in der LDPD wurden die Kräfte, die sich für eine Unterordnung unter die Vormachtstellung der SED aussprachen, immer stärker. Nachdem der Vorsitzende der LDPD, Dr. Külz, 1948 gestorben war, gelang es der SMAD auch hier, ihr genehme Männer an die Spitze der Partei zu plazieren. In der Gleichschaltung der bürgerlichen Parteien unter die Linie der SED wurde auch die bürgerliche Presse mit einbezogen, es begann der umfassende Kampf gegen die "bürgerliche Ideologie" (vgl.: a.a.O., S. 41).

Das Auseinanderbrechen des Kontrollrates und die zuerst in den Westzonen und danach der SBZ durchgeführten Währungsreformen im Jahr 1948 waren weitere Schritte der auseinanderlaufenden Entwicklung. Ab Mitte 1948 setzte in der SED ein Prozeß der Stalinisierung der Partei ein, durch den die SED als Staatsführungspartei zu einer "Partei neuen Typus" werden sollte (vgl.: a.a.O., S. 49). Durch die Ausschaltung jeglicher Opposition, besonders auch innerhalb der SED selbst und die immer stärkere Anpassung an das große Vorbild KPdSU wurde die SED und damit die im Oktober 1949 gegründete Deutsche Demokratische Republik zum treuen, kritiklosen Bundesgenossen Stalins. Die führende Rolle der Sowjetunion und der KPdSU wurden anerkannt, und die Staatsführung erklärte es "... zur Pflicht jedes Werktätigen, die sozialistische Sowjetunion mit allen Kräften zu unterstützen "..." (zit. nach: a.a.O., S. 49).

7. DIE ENTWICKLUNG DES EINHEITSSCHULGEDANKENS ALS LEITZIEL DER SCHUL-REFORM IN DEN WESTZONEN

7.1 Britische Reformvorstellungen in Anlehnung an den Education Act von 1944

Die Re-education-Politik der britischen Besatzungsmacht war über weite Strecken eine "policy of non policy", eine wohlwollende, auf eigene Initiativen verzichtende Unterstützung der bildungspolitischen Vorstellungen und Reformkonzeptionen innerhalb der SPD in der britischen Zone (vgl.: Hearnden (Hg.), 1978, S. 15 f). Dies lag zum einen an dem erklärten Grundsatz britischer Besatzungspolitik, die Deutschen selbst Reformansätze für ihr Nachkriegsschulwesen erarbeiten zu lassen (vgl.: Pakschies, 1979, S. 147). Zum anderen war aber auch die Notlage der deutschen Bevölkerung, die es zunächst und vor allem zu bewältigen galt, und die eigene britische, durch den Krieg zerrüttete Wirtschaft dafür verantwortlich, daß die Besatzungspolitik jenseits der als vordringlich erkannten wirtschaftspolitischen und Entnazifizierungsmaßnahmen überaus verhalten gestaltet wurde (vgl.: a.a.O., S. 144 ff). Zudem erschwerte das aus pragmatischen Gründen zu Beginn der Besatzungszeit reetablierte traditionelle Schulwesen mit seinem institutionellen Beharrungsvermögen eine umfassende, strukturelle Reform (vgl.: Kap. 4.3).

Im Sommer 1946 konkretisierte die Erziehungsabteilung in der "Recommended Policy for Re-education in Germany" ihre Vorstellungen zu einer Schulreform, wobei der Einfluß, den die britische Schulreform während des Zweiten Weltkrieges, der Education Act von 1944, auf die Bildungspolitik der Besatzungsmacht hatte, überaus deutlich wurde: Um dem Grundsatz eines demokratischen, die Begabungspotentiale der breiten Bevölkerung einbeziehenden Schulwesens Rechnung zu tragen, sollten die Zugangsmöglichkeiten nicht abhängig sein vom sozio-ökonomischen Status der Eltern. Daher wurde "the realization of the widely accepted ideal of a free secondary education based on the aptitude of

the children and the wishes of the parents rather than the ability of
the latter to pay the fees" (zit. nach Halbritter, 1979, S. 27)
gefordert.

Aus dem Education Act war ein Schulwesen mit sechsjähriger, von allen
Schülern gemeinsam zu besuchender Primarstufe und anschließender,
entsprechend verschiedenen Begabungsausprägungen dreigliedrig angelegter Sekundarstufe hervorgegangen (vgl.: Kap. 3.2.3). Demgemäß
unterstützten die Briten diejenigen Reformansätze auf deutscher
Seite, die eine Verlängerung der Grundschule von vier auf sechs Jahre
vorsahen, ansonsten aber prinzipiell am dreigliedrigen Sekundarschulwesen mit der Begabungsausprägung als entscheidendem Auslegekriterium festhielten, und wie sie innerhalb der SPD von Kultuspolitikern wie Adolf Grimme und Heinrich Landahl formuliert wurden (vgl.:
Pakschies, 1979, S. 191 ff).

Somit waren die britisch-deutschen Einheitsschulkonzeptionen auf die
sechsjährige, im fünften und sechsten Schuljahr als Vorbereitung auf
das dreigliedrige Sekundarschulwesen differenzierte, Einheitsgrundschule beschränkt. Aus den oben dargelegten Gründen insistierte die
Besatzungsmacht nicht nachdrücklich auf einer dahingehenden Schulreform in den Ländern ihrer Zone, zumal ihr an einer Reform des Schulwesens "von innen heraus", insbesondere über das Mittel der Schulbuchrevision, ohnehin mehr gelegen war (vgl.: Kap. 4.3.2).

Durch eine öffentliche Reflexion der britischen Maßnahmen im ersten
Besatzungsjahr, die zwar die Erfolge bei der Versorgung der deutschen
Bevölkerung würdigte, aber mit der Entnazifizierung als unzureichende
Vorleistung zur Demokratisierung Deutschlands ins Gericht ging, erhielt auch die Diskussion über etwaige konstruktive Maßnahmen erneut
Auftrieb, unter Wiederbelebung bekannter, bereits während des Krieges
virulenter Argumente. Mit der "Ordinance Nr. 57", die die Gesetzgebungskompetenzen der deutschen Länderregierungen und die in den Händen der Besatzungsmacht verbleibenden Zuständigkeiten neu regelte,
zogen sich die Briten jedoch aus der Bildungspolitik zurück und

überließen sie - bis auf den Vorbehalt der Kontrolle auf Länderebene
- der Ausgestaltung durch die verschiedenen deutschen Interessengruppen inner- und außerhalb der Länderadministrationen und Parteien
(vgl.: Pakschies, 1979, S. 376 ff/Kap. 8.2).

7.2 Das französische Schulwesen als Leitziel der französischen Reformbemühungen

Die zuständigen französischen Schulbehörden hatten schnell die zu
starke Bindung der Schule an die Kirche als "Wurzeln allen Übels"
ausfindig gemacht (vgl.: Cheval, in: Heinemann, Hrsg., 1981, S. 197).
Dem sollte nun abgeholfen werden. Die Wiederaufnahme des Schulbetriebes im September 1945 war von einer Reihe von Provisorien bestimmt (vgl.: Klessmann, 1982, S. 95). Die Franzosen hatten sich auf
eine lange Besatzungszeit eingerichtet, in der sie glaubten, das
deutsche Schulwesen von Grund auf neu gestalten zu können. Zudem
waren sie der Auffassung, die Deutschen nur durch einen langsamen und
intensiven Prozeß der Umerziehung in den Die Richtlinien, die der
Alliierte Kontrollrat in der Direktive JCS 1067 festgelegt hatte,
wurden nur in Ansätzen befolgt, die verantwortlichen französischen
Stellen begnügten sich anfänglich mit Detailkorrekturen und ließen
die Deutschen im großen und ganzen gewähren. Nach kurzer Zeit besannen sich die Franzosen dann aber auf das Schulsystem ihrer Nation und
wollten es in ihrer Zone an die Stelle des deutschen Schulsystems
setzen.

Raimond Schmittlein wollte in den Schulen der französischen Zone das
religionsunabhängige Modell einführen, genau so, wie es auch in
Frankreich gehandhabt wurde, ohne Rücksichtnahme auf deutsche Kultur
und Tradition (vgl.: Vaillant, in: Heinemann, Hrsg., 1981, S. 207).
dies mußte in den Gebieten der französischen Zone, in denen die
Kirche, besonders die katholische, traditionell auch schulpolitisch
einen großen Einfluß hatte, auf Widerstand stoßen (vgl.: Winkeler,
1971, passim/Winkeler, in: Heinemann, Hrsg., 1981, S. 225), genauso

wie die Einführung des französischen Abiturs und des französischen
Notensystems (vgl.: Vaillant, in: Heinemann, Hrsg., 1981, S. 207).
Durch Einführung des Zentralabiturs in Analogie zum Prüfungssystem in
Frankreich meinten die Franzosen, eine schärfere und gerechtere Analyse der zum Studium Geeigneten zu erzielen (vgl.: Erdmann, 2. Aufl.,
1982, S. 248). Das französische Benotungssystem (Notenskala 1 - 20)
wurde als gerechter und demokratischer angesehen als das "undifferenzierte" deutsche Notensystem (Notenskala 1 - 5).
Der Unterricht der französischen Sprache sollte in allen Schulen
Vorrang haben (vgl.: Cheval, in: Heinemann, Hrsg., 1981, S. 197
f/Hearnden, 2. Aufl., 1977, S. 21). Das französische Erziehungswesen
wurde als "Allheilmittel" angesehen (vgl.: Cheval, in: Heinemann,
Hrsg., 1981, S. 197), jedoch ohne Anpassung an deutsche Verhältnisse
mußten die Franzosen mit diesen Reformmaßnahmen Schiffbruch erleiden.
Grosser bringt diese Entwicklung auf den Punkt: "...Die französische
Kulturarbeit in Deutschland war vielseitig. Von den beachtlichen
Pädagogischen Akademien bis zur Gründung der Mainzer Universität, von
der - manchmal weiß Gott katastrophalen! - Zusammenstellung deutscher
Schulbücher bis zur Einführung des allerheiligsten Abiturs 'a la
francaise, sie war sehr viel breiter angelegt als die der anderen
Besatzungsmächte und hat infolgedessen mehr Erfolge und auch mehr
Niederlagen erlebt..." (Grosser, 4. Aufl., 1972, S. 81).

7.3 Der Bericht der amerikanischen Erziehungskommissionen und die
Neudefinition der amerikanischen Bildungspolitik

Was tun mit Deutschland? Daß es auf diese Frage keine eindeutige
Antwort gab, stellte für die Deutschlandpolitik der Westalliierten in
der Anfangsphase der Besatzung eine schwere Belastung dar. Auf einer
Tagung der "Academy of Political Science" im November 1945 in New
York stellte Leon Henderson die miteinander im Widerstreit liegenden
Optionen gegenüber: "We do not have an exact idea as to whether
Germany should be a Morgenthau kind of an agrarian colony or whether
it should be something of a re-invigorated industrial colony as

England would like to have it, or whether it should be split up so that France would be effect take over the industrial Ruhr." (Proceedings of the Academy of Political Science, Vol. XXI, Januar 1946, Nr. 4, S. 555).

Erst der beginnende Ost-West-Gegensatz führte zu einer allmählichen Klärung und ideologischen Verhärtung der Zielvorstellungen, wenn auch nur im wirtschaftspolitischen Bereich: "Many Americans are beginning to realize that the political and economic stabilization of the world is dependent on western Europe's recovery. They are becoming aware of the fact that there can be no western European recovery without Germany's recovery." (Brown, L. H., in: Proceedings, Vol. XXII, Januar 1948, Nr. 4, S. 439). Schon frühzeitig befürchtete der für internationale kulturelle Zusammenarbeit zuständige stellvertretende US-Außenminister (Assistant Secretary of the State) A. McLeish bei einer Bewertung der dürftigen, zur Re-education getroffenen Aussagen des Potsdamer Abkommens und der ICS 1067, daß "the highest political authorities were underestimating the central importance of reeducation on the success of the occupation" (Tent, 1982, S. 39). Zwar hatte bereits im Sommer 1945 das "Long-Range-Policy Statement SWNCC 269/5" des "State-War-Navy-Coordinating Committee", einem aus Vertretern des Außen-, Kriegs- und Marineministeriums gebildeten Gremiums zur Planung besatzungspolitischer Maßnahmen, vorgelegen, blieb jedoch zunächst noch in den Schreibtischschubladen, weil sich zum damaligen Zeitpunkt noch kein prominenter Erziehungswissenschaftler als Leiter für die Erziehungsbehörde der US-Militärregierung finden ließ. Erst als die Kritik der amerikanischen Militärregierung an der Unzulänglichkeit bestehender Planungen für die Bewältigung insbesondere der wirtschaftlichen Probleme im Nachkriegsdeutschland immer deutlicher wurde, entsann man sich des Dokuments, das bei seiner Veröffentlichung im Sommer 1946, kurze Zeit vor der berühmten Rede des damaligen US-Außenministers Byrnes in Stuttgart, einen Wendepunkt in der US-Deutschlandpolitik markierte (vgl.: Gimbel, 1971, S. 39/Tent, 1982, S. 33 ff).

SWNCC 269/5 ging über die für die Anfangsphase der Besatzung von der
ICS 1067 vorgesehenen Entnazifizierungs und Entmilitarisierungsmaß-
nahmen hinaus und stellte fest, daß die Re-education des deutschen
Volkes "can be effective only as it is an integral part of a comprehensive program for their rehabilitation. The cultural and moral re-
education of the nation must, therefore, be related to policies
calculated to restore the stability of a peaceful German economy and
to hold out hope for the ultimate recovery of national unity and
selfrespect." (US-Government, 1950, S. 541). In diesem Rahmen sollte
"the re-establishment of universally valid principles of justice" und
die Einsicht der Deutschen in die Tatsache, daß die Nazi-Tyrannei
diese Prinzipien außer Kraft gesetzt und "Germany to its present
disaster" gebracht habe, gefördert werden (vgl.: a.a.O., S. 542).

Als Prinzipien wurden die Ablehnung von Rassismus, die Menschenwürde
und das Recht des Individuums in der Gemeinschaft, staatsbürgerliche
Mitverantwortung, Bindung der Regierung an die Zustimmung der Regier-
ten, Trachten nach Wahrheit als Voraussetzung für die Wahrung des
Rechts sowie Toleranz genannt, in welchem Zusammenhang die schnellst-
mögliche Überwindung des "Nazi heritage of Germany`s spiritual isola-
tion" durch kulturellen Austausch zwecks "assimilation of the Germany
people into the society of peaceful nations" betrieben werden sollte
(vgl.: a.a.O., S. 542). Für die zukünftige Politik wurde als Grundlage betont: "The reconstruction of the cultural life of Germany must
be in measure the work of the Germans themselves" (a.a.O., S., 542).

SWNCC 269/5 war kennzeichnend für die Bemühungen der amerikanischen
Besatzungsmacht, nachdem sie mit der Beseitigung der geistigen Wurzeln des Nationalsozialismus durch Entnazifizierung und Entmilitarisierung im Geiste der JCS 1067 bereits deutlich an die Grenzen des
Machbaren gestoßen war. Dies galt insbesondere für den Bereich des
Schulwesens, dessen überhastete, wenn auch aus funktionalen und ordnungspolitischen Gründen notwendige Wiedereröffnung eine Reetablierung jener traditionellen Formen, die doch gerade als Hauptschuldige
bei der Verursachung des Nationalsozialismus angesehen worden waren,

begünstigt hatte. Insbesondere die "Westintegrationisten" im Außen-
und Kriegsministerium, deren pessimistische Einschätzung der Möglichkeit einer Zusammenarbeit mit der Sowjetunion durch die Entwicklung
eines zunehmend antagonistischen Verhältnisses der beiden Großmächte
zueinander nachdrückliche Bestätigung erfuhr, drängten auf die Absi-
cherung des amerikanischen Einflusses wenigstens in den Westzonen.
Auf Anregung General Clays wurde in ihrem Auftrag im Sommer 1946 eine
Erziehungskommission unter der Leitung des Präsidenten des "Council
on Education", George F. Zook, in die amerikanische Zone entsandt, um
die Situation des deutschen Erziehungswesens zu analysieren und bildungspolitische Empfehlungen für OMGUS zu erarbeiten (vgl.:
Bungenstab, 1970, S. 48 f/Schlander, 1975, S. 110 f).

Dank der großzügigen Unterstützung durch die Erziehungsabteilung
konnte sich die zehnköpfige "Zook-Kommission" innerhalb eines knappen
Monats durch Gespräche mit Angehörigen der Erziehungsabteilung, Vertretern der deutschen Kultus- und Erziehungsministerien sowie Besuche
in pädagogischen Ausbildungsstätten und Schulen ein detailliertes
Lagebild erstellen. In ihrem, von deweyschem Gedankengut geprägten
und in der von der Besatzungsmacht herausgegebenen "Neuen Zeitung"
veröffentlichten Bericht vom 20.9.46 (NZ, S. 5 ff) würdigten sie den
reichen deutschen Beitrag "zu den Schätzen unserer Kultur". Gleichzeitig stellten sie aber auch - wie Dewey in seiner Kritik am deutschen Idealismus (vgl.: Kap. 3.1.3) - fest, daß "manche der tiefsten
Quellen der jüngsten Entartungen gerade in dieser Kultur" lägen, und
wiesen in diesem Zusammenhang nachdrücklich auf die Notwendigkeit
einer rigorosen Entnazifizierung und Entmilitarisierung hin (vgl.:
a.a.O., S. 9). Als zweite notwendige Voraussetzung für die beabsichtigte Demokratisierung Deutschlands erschien die Beseitigung der
materiellen Notlage der Bevölkerung, die sie z. Z. noch auf den Kampf
um die Befriedung ihrer dringlichsten Bedürfnisse verweise und dem
Einzelnen - neben seiner ohnehin eher unpolitischen Haltung - das
Hineinwachsen in die Rolle des politisch bewußten und interessierten
Staatsbürgers erschwere.

Als im Sozialisationsprozeß angelegte Hindernisse für eine Demokratisierung erkannte die Zook-Kommission zunächst die deutsche patriarchalisch-autoritäre Familienstruktur, die es vor allem durch ein Mehr an Gleichberechtigung für die bislang auf "Küche, Kinder und Kirche" verwiesene Frau demokratischen Erfordernissen anzupassen gelte (vgl.: a.a.O., S. 20). Als mitverantwortlich für einen Mangel an demokratischem Gemeinschaftsgefühl erschienen auch die Kirchen, die durch ihren starken bildungspolitischen Einfluß sowohl in den staatlichen als auch in den von ihnen getragenen Bekenntnisschulen, die aus ihrer konfessionellen Spaltung herrührenden Konflikte bereits in den jungen Generationen anlegten (vgl.: a.a.O., S. 21). Wegen dem "hochgespannten Idealismus" der Deutschen, der zur gemeinschaftssprengenden Verabsolutierung gruppenspezifischer Interessen führe, gelte es, zu den demokratischen Tugenden der Toleranz und der Kompromißfähigkeit zu erziehen (vgl.: a.a.O., S. 23 f). Zwar wurde der Fortschritt der formalen und staatsrechtlichen Demokratisierung, der sich aus der hohen Wahlbeteiligung bei den ersten freien Gemeindewahlen und den weit entwickelten und demnächst (Dezember 1946) zur Abstimmung anstehenden Verfassungsentwürfen ablesen lasse, lobend erwähnt, gleichzeitig aber auch auf die Notwendigkeit der Entwicklung demokratischer Lebensformen hingewiesen, die sich durch Gemeinschaftlichkeit, Weltoffenheit und eine - ganz im Sinne Deweys stehende - distanzierte Haltung gegenüber "absolute(n) Wahrheiten und Werte(n)" auszeichnen sollte (vgl.: a.a.O., S. 24).

Bei der Überwindung der Hindernisse auf dem Wege zu einer demokratischen Lebensform wurde - getragen vom deweyschen "Erziehungsoptimismus" - der Schule eine übertragende Bedeutung zugewiesen (vgl.: a.a.O., S. 25). In der Analyse des in der US-Zone wieder reetablierten traditionellen Schulwesens war die in seiner Dreigliedrigkeit liegende starke Selektionsfunktion Gegenstand der Kritik der Zook-Kommission. Sie trage zur Aufspaltung der deutschen Gesellschaft bereits nach dem vierten Schuljahr der Grundschule bei, indem sie eine kleine, 5 - 10 % eines Jahrganges umfassende Gruppe "der geistig, sozial oder wirtschaftlich Begünstigten" der akademischen Ausbildung und den "höheren Berufen" zuführe, während die Masse, insbesondere die in Volks- und anschließender Berufsschule verbliebenen, auf minderwertige berufliche und gesellschaftliche Positionen verwiesen werde: "Dieses System hat bei einer kleinen Gruppe eine überlegende Haltung und bei der Mehrzahl der Deutschen ein Minderwertigkeitsgefühl entwickelt, das jene Unterwürfigkeit und jenen Mangel an Selbstbestimmung möglich machte, auf denen das autoritäre Führungsprinzip gedieh." (a.a.O., S. 27).

Als Reaktion auf die deutschen Einwände gegen ihre Reformkonzeption führte die Kommission in ihrem Bericht aus, daß eine Demokratisierung der Schule "nicht die Herabsetzung des Niveaus auf einen allgemeinen Durchschnitt (bedeutet, sondern vielmehr), daß allen die gleichen Möglichkeiten geboten werden (...). Eine Begrenzung der Chancen auf Grund der sozialen und wirtschaftlichen Lage läßt sich nicht verantworten." (a.a.O., S. 27). Die Reformvorschläge der Zook-Kommission zum Schulaufbau sahen eine Aufhebung der qualitativen Trennung von Volks- und höheren Schulen vor, zugunsten einer Form, in der auf die sechsjährige Grundschule, in der alle Kinder "ohne Unterschied des Geschlechts, der sozialen Herkunft, der Rasse und der fachlichen und beruflichen Absichten" (a.a.O., S. 30) gemeinsam unterrichtet werden, das die bisherigen höheren Schulen und Berufsschulen integrierende, einheitlich organisierte Sekundarschulwesen folgen sollte. In ihm erfolge die "notwendige Differenzierung entsprechend den künftigen Berufsabsichten der Schüler (...) durch einen elastischen Aufbau des Lehrplans mit Kern- und Wahlfächern" (a.a.O., S. 30). Um eine Auslese nach Besitzverhältnissen zu verhindern, wurde die Forderung nach Schulgeldfreiheit erhoben.

Als Maßnahme zur sog. "inneren Schulreform" wurde u. a. die Umgestaltung der Lehrpläne in dem Sinne vorgeschlagen, daß sie "für die Erziehung zu einer demokratischen Haltung wichtige Beiträge" leisteten, indem der Anteil der Fächer, "die mit akademischer Tradition überlastet und lebensfremd sind und weder den heutigen noch den künftigen Bedürfnissen der Schüler entsprechen" (a.a.O., S. 30), zurückgenommen werden sollte, zugunsten einer stärkeren Betonung sozialkundlicher Fächer wie Geschichte, Staats- und Heimatkunde, von denen sich die Kommission "den Hauptbeitrag zur Entwicklung demokratischen Bürgersinns" erhoffte (vgl.: a.a.O., S. 30). Durch verstärkte Beteiligung der Schüler an der Gestaltung des schulischen Lebens durch "Gemeinschaftsaufgaben, Klassenausschüsse, Diskussionsgruppen, Schulbeiräte, Schülervereinigungen, Vorhaben im Dienste der Gemeinschaft", durch besondere Berücksichtigung der Entwicklung von Diskussionstechniken und demokratische Neugestaltung des Verhältnisses zwischen Lehrern, Schülern, Eltern und Gemeinschaft sollte ermöglicht werden, daß das "Schulleben (...) in allen seinen Phasen (...) Erfahrungen mit einer demokratischen Lebensgestaltung" vermittelt (vgl.: a.a.O., S. 30).

Im Bereich der Lehrerbildung forderte die Zook-Kommission die Abschaffung der in ihren Augen tendenziell antidemokratischen Aufteilung in Volksschul- und Gymnasiallehrer, die bislang zu höherer Besoldung und höherem sozialen Status der letzteren geführt hatte. Ferner sollten die Lehrer durch staatsbürgerliche Erziehung und Unterweisung auf demokratische Erziehungsziele und -methoden vorbereitet werden. Durch den Besuch amerikanischer Schulen für die Kinder der OMGUS-Angehörigen könne Gelegenheit gegeben werden, zu zeigen, "was eine demokratische Schule ist, und wie sie arbeitet." (a.a.O., S. 35)

Das wohl Bemerkenswerteste am Bericht der Zook-Kommission ist Auffassung, daß die Besatzungspolitik zuerst an einen Wiederaufbau der deutschen Wirtschaft zu gehen habe, bevor Re-education-Maßnahmen, etwa im Bereich des Schulwesens, überhaupt mit Aussicht auf Erfolg lanciert werden könnten: Schon 1942 hatte US-Vizepräsident Wallace in einer Rede über US-Nachkriegspläne festgestellt: "Without doubt, in the building of a new and enduring peace, economic reconstruction will play an all-important role." (Current History, Vol. 3. Februar 1943, Nr. 18, S. 540). Diese durchgängig starke Betonung der Notwendigkeit einer funktionierenden Wirtschaft ist jedoch nicht nur vor dem Hintergrund der materiellen Notlage der Bevölkerung im Nachkriegsdeutschland zu verstehen, sondern markiert einen Kristallisationspunkt des amerikanischen Demokratieverständnisses, wie es bereits in der "Declaration of Independence" zum Ausdruck kommt: Erst wenn der Daseinskampf des Menschen um die Befriedung seiner "Lebensnotwendigkeiten" nicht mehr seine ganze Energie in Anspruch nimmt, kann er seine politischen Freiheitsrechte durch Partizipation an öffentlichen Entscheidungsprozessen wahrnehmen (vgl.: Ahrendt, 2. Aufl., 1974, S. 147 ff).

Von daher ist die u. a. von Gimbel (1971, S. 121) aufgestellte These, OMGUS hätte vor dem Dilemma gestanden, zwischen seinen wirtschaftlichen Zielsetzungen und seinem Demokratisierungsprogramm wählen zu müssen, zu relativieren: Die Errichtung einer marktwirtschaftlichen Ordnung in der US- und später in allen drei Westzonen war für die zunehmend an Einfluß gewinnenden "Westintegrationisten" die entscheidende Voraussetzung für die langfristige Demokratisierung Deutschlands; der Bericht der Zook-Kommission diente gerade als Legitimation ihrer wirtschaftspolitischen Ziele.

Neben der Wirtschaftsordnung erschien das Schulwesen als zweiter Transmissionsriemen für die Implementierung des amerikanischen Demokratieverständnisses, die - trotz aller Respektbezeugung der Kommission für die Leistungen und die Eigenständigkeit der deutschen Kultur - letztendlich vorgeschlagen wurde, und sei es auch nur als Rahmen, den die Deutschen - gemäß der in SWNCC 269/5 formulierten Leitlinie - selbständig und eigenverantwortlich auszufüllen hatten. Aufgrund der Ähnlichkeiten mit in der Weimarer Republik diskutierten und in der innerdeutschen Kontroverse nach dem Zweiten Weltkrieg wiederkehrenden Reformvorstellungen, bestand jedoch zumindest eine theoretische Möglichkeit zur Zusammenarbeit mit deutschen Reformern. Kerngedanke der von der Zook-Kommission vorgeschlagenen Schulreform war, durch ein Raum für Mitbestimmung gebendes Schulwesen, der deutschen Jugend die praktischen Erfahrungen im Umgang mit der "demokratischen Lebensform" zu vermitteln, wie sie mit den "town hall meetings" zur traditionellen politischen Kultur der USA gehören. Mit dem Bericht hatte die Besatzungsadministration erstmals konkrete Vorschläge für die Durchführung einer Schulreform im Rahmen der Neuordnung Nachkriegsdeutschlands erhalten; seine Bedeutung für die Bildungspolitik des OMGUS "kann (...) nicht überschätzt werden." (Schlander, 1975, S. 111).

7.4 Die Kontrollratsdirektive Nr. 54

Der Bericht der Zook-Kommission löste eine erhebliche Intensivierung der Re-education-Bemühungen der amerikanischen Besatzungsmacht aus: Im Frühjahr 1947 wurden die Länderregierungen in der US-Zone aufgefordert, Schulreformpläne gemäß der von OMGUS erstellten und an dem Reformvorschlag der Kommission orientierten Richtlinien zu erarbeiten. Damit begannen die offensive Phase der US-Bildungspolitik und die teilweise harten Auseinandersetzungen der Besatzungsmacht mit den deutschen Länderadministrationen über die zukünftige Gestalt des deutschen Schulwesens.

Eine amerikanische Initiative im Alliierten Kontrollrat führte am 25.6.47 zum Erlaß der Kontrollratsdirektive Nr. 54 (ACC-55, vgl.: US-Government, 1950, S. 550). Auf der Grundlage der in ihr formulierten zehn "Basic Principles for Democratization of Education in Germany" sollten Schulreformen in allen vier Zonen durchgeführt werden (vgl.: Schlander, 1975, S. 137). Neben der Betonung der Notwendigkeit der "equal opportunity for all" forderte die ACC-54 die Lehrmittel- und Schulgeldfreiheit für den der allgemeinen Schulpflicht unterliegenden Teil des Schulwesens sowie Lehrmittelfreiheit für die übrigen Teile, einschließlich der Hochschulen. In Übereinstimmung mit den von der Zook-Kommission vorgeschlagenen Maßnahmen zur Gestaltung sozio-ökonomischer Selektionskriterien wurde eine Unterstützung für bedürftige Schüler und Studenten vorgesehen. Die ganzzeitige Schulpflicht sollte sich künftig auf die Altersgruppe der Sechs- bis mindestens Fünfzehnjährigen erstrecken, für die bis 18jährigen eine mindestens teilzeitliche Schulpflicht bestehen. Die zu errichtende Struktur des

Schulwesens sollte die einer horizontal gegliederten Einheitsschule ("comprehensive school") sein, zwecks Aufhebung der vormals qualitativen Trennung in "elementary" und "secondary education". Sowohl Schulorganisation, als auch Lehrpläne und -mittel "should lay emphasis upon education for civic responsibility and a democratic way of life". Im Zuge ihrer Vereinheitlichung sollte die Lehrerausbildung ausschließlich an Hochschulen oder vergleichbaren Institutionen erfolgen.

Die ACC-54 wurde zu einem Zeitpunkt erlassen, zu dem die Schulreform in der SBZ mit der im "Gesetz zur Demokratisierung der deutschen Schule" vom 31.05.46 eingeführten sechsjährigen Grundschule und den anschließenden Berufs-, Fach- und Oberschulen als "demokratische Einheitsschule" bereits erfolgt war. Viele Forderungen der ACC-54, namentlich die zum Schulaufbau, zur Schulgeldbefreiung und zur Erziehungshilfe für Bedürftige, waren dort schon weitgehend verwirklicht. Gemäß ihrem Demokratieverständnis hatte die Sowjetunion lediglich die "fortschrittlichen" deutschen Gruppen, namentlich die KPD und später die SED, bildungspolitisch beteiligt. und die übrigen, "reaktionären" Kräfte, die bürgerlichen Parteien und die Kirchen, an einer nachhaltigen Interessenartikulation gehindert. Demgegenüber hatte die anfängliche Konzeptionslosigkeit der Westmächte in der Bildungspolitik zu einer Re-etablierung der Weimarer Traditionen geführt. Die gemäß ihrem pluralistischen Demokratieverständnis erfolgende Beteiligung verschiedener deutscher Interessengruppen erschwerte die Verwirklichung der Reformziele zusätzlich. Nicht zuletzt war die mit der ACC-54 lancierte Reforminitiative eine vom amerikanischen Erziehungswesen maßgeblich beeinflußte und deckte sich deshalb nicht unbedingt mit den bildungspolitischen Vorstellungen der beiden anderen westlichen Besatzungsmächte. Die Franzosen, ohnehin auf Eigenständigkeit bedacht, versuchten die Einführung von Französisch anstelle von Latein als erste Fremdsprache und durch die Übernahme des französischen Prüfungswesens, die Durchlässigkeit zwischen den Schulzweigen im Sekundarbereich zu erhöhen. Durch die weitgehende Wiederherstellung der Kulturhoheit der deutschen Länder mit der "Ordinance No. 57"

hatten sich die Briten bereits der Möglichkeit begeben, maßgebliche
bildungspolitische Weichenstellungen über die von ihnen engagiert
betriebene Schulbuchrevision hinaus vornehmen zu können.

Selbst wenn eine interzonale Schulreform auf der Grundlage der ACC-54
erfolgt wäre, hätte sie lediglich im Bereich des Schulaufbaus zu
vergleichbaren Formen geführt. Im inhaltlichen Bereich - namentlich
bei Lehrplänen und -mitteln - wäre keine Einheitlichkeit zu erzielen
gewesen: Die Formel des "democratic way of life" (US-Government,
1950, S. 550) war zu wenig konkret, um eine besatzungsmachtspezifi-
sche Interpretation verhindern zu können. Dies galt um so mehr, je
stärker die USA und die Sowjetunion vor dem Hintergrund der mit dem
Beginn des Kalten Krieges zwischen ihnen aufbrechenden Gegensätze
darauf bedacht waren, die von ihnen besetzten Teile Deutschlands in
ihren eigenen Machtbereich einzugliedern. Von daher ist Schlanders
These, eine "konservativ(e) Verwirklichung" eines Schulreformpro-
gramms in allen vier Zonen gemäß der ACC-54 hätte die "Einheitlichkeit des Schulwesens in Deutschland erhalten" können (vgl.:
Schlander, 1975, S. 138), Wunschdenken. Aufgrund der Entwicklung der
globalpolitischen Rahmenbedingungen war die ACC-54 bereits zum Zeitpunkt ihres Erscheinens überholt.

8. DIE ÜBERGABE DER KULTURHOHEIT AN DIE LÄNDER DER WESTZONEN - DIE SCHULPOLITIK DER LÄNDERADMINISTRATIONEN IM WIDERSTREIT MIT DEN ERZIEHUNGSABTEILUNGEN DER BESATZUNGSMÄCHTE

8.1 In der US-Zone

Um die Jahreswende 1946/47 waren die Verfassungen der Länder der amerikanischen Zone (Bremen, Hessen, Bayern, Württemberg-Baden) in Kraft gesetzt und die ersten, demokratisch gewählten Landesregierungen etabliert worden. Aus den deutschen "Auftragsverwaltungen" (Klessmann, 1982, S. 72) waren demokratisch legitimierte Administrationen geworden, die ihr selbstbewußtes Auftreten gegenüber OMGUS auf den Wählerauftrag, die - schließlich von der Besatzungsmacht genehmigten - Verfassungen und auf das von ihr aus ihrem demokratischen Selbstverständnis heraus zugebilligte Recht auf weitgehende Eigenverantwortlichkeit stützen konnten. Jeder Konflikt mit den deutschen Administrationen konfrontierte die Besatzungsmacht fortan mit ihren eigenen Prinzipien und ließ sie stärker als in der Anfangsphase der Besatzung jenes Dilemma ihrer Politik, in einem unterworfenen und besetzten Land mit letztendlich undemokratischen Mitteln Demokratie einführen zu wollen, spüren (vgl.: Weniger, 1959, S. 409 f).

Auf der "Haben-Seite" der Besatzungsmacht standen die konkreten Schulreformempfehlungen der Zook-Kommission, die in die Kontrollratsdirektive ACC-54 eingegangen waren. In der Tatsache, daß sich alle vier Besatzungsmächte - zumindest durch ihre Unterschrift - zu den dort festgelegten Prinzipien bekannt hatten, lag ihr Wert als Forderungskatalog gegenüber den deutschen Kultusbehörden (vgl.: Bungenstab, 1970, S. 94). Ferner gab es hinsichtlich des vorgesehenen Schulaufbaus, insbesondere der sechsjährigen Grundschule, aber auch bei der Forderung nach Schulgeld- und Lehrmittelfreiheit sowie nach einer Unterstützung für Schüler aus sozial schwächeren Familien, deutliche Anknüpfungspunkte zu in der innerdeutschen Diskussion virulenten Reformvorstellungen, besonders bei den von der SPD und den

Volksschullehrerverbänden vertretenen (vgl.: Schlander, 1975, S. 143 f/ Lange-Quassowski, 1979, S. 184 ff). Darüberhinaus entsprach OMGUS der Empfehlung der Zook-Kommission, den Personalstamm der Erziehungsabteilung auszubauen (vgl.: NZ, S. 52 f); am 1.3.48 wurde aus ihr eine eigenständige, die "Education and Cultural Relations Division", mit direktem Zugangsrecht ihres Leiters zum Militärgouverneur, General Clay (vgl.: Bungenstab, 1970, S. 63 f), womit jedoch nicht auch zwangsläufig eine Steigerung ihrer Leistungsfähigkeit erfolgte (vgl.: Zink, 1957, S. 203).

Auf der anderen Seite stand der Widerstand der Kirchen und der christdemokratischen Kultusminister in den Flächenländern der US-Zone gegen die amerikanischen oder sozialdemokratischen Reformpläne. Hinzu kam ein - vor dem Hintergrund der materiellen Notlage allerdings verständlicher - Mangel an Interesse innerhalb der Bevölkerung, sich an der schulpolitischen Diskussion zu beteiligen. Gerade bei der Zielgruppe der geplanten Reformen, den sozial Schwächeren, war dieses Desinteresse weit verbreitet, während die Eltern mit höherem sozialen Status und Kindern in Gymnasien für den Erhalt des traditionellen dreigliedrigen Schulwesens mobil machten (vgl.: Lange-Quassowski, 1979, S. 177 ff).

Fatal für die amerikanischen Reformpläne im Geiste der Zook-Kommission aber war, daß die Parallelen, die sich zwischen ihnen und deutschen Konzeptionen feststellen ließen, auf grundverschiedenen historischen Hintergründen nur partiell gleichen Ideologien entsprangen: "Americans and Germans approached education from two utterly different perspectives. The German educational edifice, dating back to the early nineteenth century, had long trained different social groups for different tasks. In a clearly class-stratified society, it imparted starkly contrasting economic and social skills to seperate social groups at an early age. The American tradition, dating from roughly the same time, strove to impart common values and goals to a heterogeneous population. Commonality - not exclusivity - dominated the American educational tradition." (Tent, 1982, S. 3). Darüberhinaus

konnten die deutschen Reformer den philosophischen Hintergrund des an
absolute Werte nicht gebundenen, empiristisch-positivistischen Pragmatismus John Deweys genauso wenig teilen wie das konservative Lager.
Auch sie besaßen ihren Rückhalt in ethischen, z. T. auch christlichen
Grundwerten, denen gerade nach 12jährigem menschenverachtenden Ninifismus im Zeichen des NS-Staates die Aufgabe der geistigen Orientierung zufiel (vgl.: Lange-Quassowski, 1979, S. 185).

Während es für die Besatzungsmacht darum ging, ein den Anforderungen
der modernen Industriegesellschaft westlicher Prägung adäquates
Schulwesen zu schaffen, das durch Differenzierung die Möglichkeit zur
berufsbezogenen Spezialisierung und somit eine breite Qualifikationspalette hervorbringen sollte, strebte die SPD mit ihrem sozialistischen Einheitsschulkonzept einen Beitrag zur Überwindung des Kapitalismus, zur Hervorbringung der "klassenlosen Gesellschaft" an. Daran
konnte aber der amerikanischen Besatzungsmacht nicht gelegen sein.
Hinzu kam, daß die konkreten Forderungen der deutschen Reformer
innerhalb der SPD - ungeachtet ihrer langfristigen, auf Realisierung
einer sozialistischen Gesellschaftsutopie zielenden Perspektive -
nie explizit über die Einführung der sechsjährigen Grundschule
hinausgingen. Ihr Konzept von einem, gemäß unterschiedlichen Begabungsausprägungen differenzierten Sekundarschulwesen war grundsätzlich mit dem traditionell mehrgliedrigen Sekundarbereich Weimarer
Provenienz in Deckung zu bringen (vgl.: Schlander, 1975, S. 183 f/
Halbritter, 1979, S. 85 ff). Demgegenüber wog gering, daß das Konzept
der "Einheitsschule" nach seiner Einführung in der SBZ als Instrument
begabungsfeindlicher "Nivellierung" und "sozialistischer Gleichmacherei" diffamiert wurde, auch wenn sich gerade dieses "Argument" als
überaus langlebig in der innerdeutschen bildungspolitischen Diskussion erweisen sollte (vgl.: Klessmann, 1982, S. 96).

Charakteristisch für die Diskussion und den Umfang der in die bildungspolitischen Konzeptionen eingeflossenen Reformelemente, war ein
Nord-Süd-Gefälle: Die in der SPD-regierten bremischen Enklave entwickelten Pläne kamen den Vorstellungen der Besatzungsmacht am ehesten

nahe: mit Gesetz vom 31.3.49 wurde die sechsjährige Grundschule
eingeführt (vgl.: Tent, 1982, S. 200 ff). Der hessische Reformplan
hatte einige Anregungen aufgegriffen, auch wenn er, genau wie der
Württemberg-Badens, in seiner ersten Fassung abgewiesen wurde (vgl.:
Bungenstab, 1970, S. 92 ff). Der hessische Reformplan vom 26.9.47
(vgl.: Päd. Provinz 1, 1947, S. 174 ff) und der württemberg-badische
vom April 1948 (vgl.: Päd. Provinz 2, 1948, S. 447 f) sahen beide -
als Voraussetzung der Gleichheit der Bildungsmöglichkeiten - die
Einführung der Unterrichts- und Lehrmittelfreiheit vor, letztere in
Württemberg-Baden bis einschließlich achtem Schuljahr. Die Lehrerbildung sollte einheitlich auf akademischem Niveau erfolgen. Nach der
vierjährigen Grundschule sollte eine in Kern- und Wahlfächer diffe-
renzierende Mittelstufe mit nach mehr praktischen oder mehr wissen-
schaftlich-theoretischen Begabungsausprägungen gestalteten Zweigen
oder Zügen folgen. Der Oberstufenunterricht war in seiner hochschulpropädeutischen Ausrichtung als ein ganzzeitlicher vorgesehen,
ansonsten als ein teilzeitlicher mit integrierter, praktischer Berufsschulausbildung. Nach Maßgabe der vorhandenen Räumlichkeiten war
die Einführung der additiven Gesamtschule geplant, in der alle
Zweige, zumindest bis zur Oberstufe, in gemeinsamen Gebäuden unterrichtet werden sollten. Die Erziehung sollte im Geiste der christlich-abendländischen Kultur erfolgen, als Leitbild wurde das des
freien und eigenverantwortlichen Menschen vorangestellt.

Neben dem öffentlichen Schulwesen sollten in Hessen auch private
allgemein- und berufsbildende Schulen eingerichtet werden können,
sofern sie "als Versuchs- oder Reformschulen zur Anwendung neuer
pädagogischer Grundsätze anerkannt" und bezüglich der Ausbildung, der
Stellung der Lehrkräfte und der Zugangsvoraussetzungen mit den öffentlichen Schulen vergleichbar seien. In beiden Fällen handelt es
sich bei dem vorgesehenen Schulaufbau um einen Kompromiß zwischen dem
traditionellen mehrgliedrigen und dem Einheitsschulekonzept der Besatzungsmacht, der allerdings durch den Hinweis auf die erst noch zu
schaffenden schulbaulichen Voraussetzungen entscheidend zugunsten des
traditionellen Aufbaus verwässert wurde, zumal die gesetzliche Veran-

kerung der Reformvorhaben unterblieb.

Am härtesten war die Auseinandersetzung mit Bayern (vgl.: Tent, 1982, S. 124 ff), wo die Kirchen und die CSU mit ihrem Kultusminister Alois Hundhammer ein besonders inniges und wirksames Bündnis gegen eine Schulreform geschlossen hatten (vgl.: Huelsz, 1970, S. 71 ff). Sie spitzte sich nach Ablehnung auch der zweiten Reformvorlage so zu, daß die Militärregierung die Durchführung einer Schulreform im Sinne der ACC-54 befahl. Besonders nachteilig erwies sich jetzt der Umstand, daß die Erziehungsphilosophie Deweys, die sich im Bericht der Zook-Kommission und der ACC-54 niedergeschlagen hatte, in der bildungspolitischen Diskussion innerhalb der USA zunehmend kritisiert wurde und von verschiedener Seite Einwendungen, besonders gegen ihre Ablehnung absoluter Werte als Richtlinien menschlichen Handelns, erhoben wurden (vgl.: Schlander, 1975, S. 124 ff). Ein Untersuchungsausschuß des amerikanischen Senats rügte zudem das strenge Vorgehen der Militärregierung in Bayern als eine Verletzung demokratischer Prinzipien (vgl.: a.a.O., S. 132 f). Von der amerikanischen Reformkonzeption blieb in Bayern letztlich nur die stufenweise Einführung der akademischen Volksschullehrerausbildung und der Schulgeldfreiheit übrig (vgl.: Huelsz, 1970, S. 127 ff).

Sowohl die Reflexion über die Fragwürdigkeit ihres bildungspolitischen Vorgehens, als auch die Konzentration auf den Wiederaufbau der deutschen Wirtschaft vor dem Hintergrund des Westintegrationskonzepts und des amerikanischen Demokratieverständnisses, leiteten eine neuerliche Wende in der amerikanischen Schulpolitik ein, die offiziell auf der Berchtesgadener Konferenz der Länder-Erziehungsabteilungen der US-Zone im Oktober 1948 vollzogen wurde (vgl.: Tent, 1982, S. 306 f). Unter der neuen Leitlinie "From Directive to Persuasion" wurde vom Ziel der am amerikanischen Vorbild angelehnten Reform des deutschen Schulwesens abgerückt:
"1. The true reform of the German people will come from within. It will be spiritual and moral. The types of school organization, or structure, for example, are of less importance to the future of

German and the world than what is taught, how it is taught and by whom it is taught. (...).
2. It will not be the purpose of Military Government to superimpose an American system of education on the German people (...). (zit. nach Zink, 1957, S. 205). Damit ging die offensiv-konstruktive Phase der amerikanischen Bildungspolitik in der US-Zone zu Ende.

8.2 In der britischen Zone

Mit der bereits erwähnten "Ordinance Nr. 57" vom 1.12.48 hatte die britische Besatzungsmacht ihre legislativen Befugnisse im Bereich des Erziehungswesens an die deutschen Länderadministrationen abgegeben, vorbehaltlich allgemeiner, dem Fortschritt der Entnazifizierung und Entmilitarisierung dienender, Kontrollen (vgl. Kap. 7.1). Zudem war im Frühjahr 1947 mit Robert Birley ein Mann zum "Educational Advisor" der britischen Militärregierung bestellt worden, der die Erfolgsaussichten des Bemühens, ein ganzes Volk umerziehen zu wollen, und den Beitrag, den eine über die notwendigen inhaltlichen Korrekturen hinausgehende Reform des Schulwesens dazu leisten könnte, pessimistisch beurteilte. Tatsächlich galt das Augenmerk des ehemaligen Leiters einer englischen Public School den Gymnasien, in denen eine neue demokratische Elite für den Dienst am deutschen Volk und als Vorbild für die Masse erzogen werden sollte (vgl.: Pakschies, 1979, S. 234 ff). Auch die englische Schulreform von 1944 hatte ja ein nach Begabungsausprägungen differenziertes, gegliedertes Sekundarschulwesen erbracht und die Public School als elitäre Institute für die höhere Bildung beibehalten. Dies ergab eine erheblich größere Nähe der englischen bildungspolitischen Vorstellungen zu den in der innerdeutschen Reformdiskussion virulenten, als das bei der bildungspolitischen Kontroverse zwischen Besatzungsmacht und deutschen Stellen in der US-Zone der Fall war. Die von der SPD vertretenen Reformvorstellungen hatten prinzipiell an einem nach Begabungsausprägungen differenziertes Sekundarschulwesen festgehalten, so daß die innerdeutsche Diskussion - entkleidet man sie ihrer ideologischen Verbrämungen -

sich lediglich um die, zunehmend auch von konservativer Seite akzeptierte, Forderung nach Herstellung der Gleichheit von Bildungsmöglichkeiten durch Einführung der Schulgeld- und Lehrmittelfreiheit sowie um die Verlängerung der Grundschule von vier auf sechs Jahre drehte (vgl. Kap. 5.1.2/7.1).

So bewirkte die ACC-54 im Gegensatz zur US-Zone hier keine auf die Einheitlichkeit des Schulwesens auch im Sekundarbereich abzielenden Reformaktivitäten der Besatzungsmacht. Stattdessen wurde sie - mit Hinweis auf ihren lediglich empfehlenden Charakter - im britischen "Explanatory Memorandum to Control Council Directive Nr. 54" vom 28.8.47 (vgl.: Pakschies, 1979, S. 382 ff) so interpretiert, daß das "principle that equal educational opportunity should be provided for all does NOT mean that all children must receive the same kind to education. It must NOT be taken as an excuse for the levelling-down of standards or for refusing to recognize that some children need stronger educational fare than others." (zit. nach a.a.O., S. 383, Hervorhebungen im Text).

Die von der ACC-54 empfohlene Erhöhung des Pflichtschulalters wurde mit Hinweis auf den Mangel an ausreichenden Schulräumlichkeiten sowie die dadurch bedingte Verminderung der Anzahl der Jugendlichen, die für die berufliche Ausbildung zur Verfügung stünden, eingeschränkt, während die angestrebte Vereinheitlichung der Sekundarschulen nach Maßgabe der an den unterschiedlichen Begabungsausprägungen orientierten, differenzierten "curricula and the nature of the individual schools" (zit. nach a.a.O., S. 384) erfolgen sollte. Im Herbst 1947 erstellte die britische Militärregierung vier Prinzipien für die Schulreform "and declared that it would veto any legislation (der Länderkultusbehörden, d. Verf.) which disregarded them. These principles were that the status of teacher training colleges should be raised, that secondary education should be free, that no legislation should rule out the eventual adaption of the six-year Grundschule, and that the private schools should not be abolished" (Birley, in Hearnden (Hg.), 1978, S. 51) . In diesem Rahmen sollte sich die von deutscher Seite geführte Reformdiskussion und die lediglich überwachende Schulreformpolitik der Besatzungsmacht bewegen.

Im Gegensatz zur US-Zone waren die Kultusministerien der britischen Zone bis auf das nordrhein-westfälische (Christine Teusch, CDU) in der Hand von Sozialdemokraten, unter ihnen die damals bedeutensten Kultuspolitiker der SPD, Adolf Grimme in Niedersachsen und Heinrich Landahl in Hamburg. Gegen den Widerstand von Gymnasiallehrern, der Kirchen und Teilen der Elternschaft, mit Unterstützung von sozialdemokratischen Lehrerverbänden, gelang es, in Schleswig-Holstein (5.3.48) und Hamburg (2.8.49) die sechsjährige Grundschule einzuführen (vgl.: Halbritter, 1979, S. 97 ff). Der niedersächsische Kultusminister A. Grimme hatte bereits 1945 in den "Marienauer Lehrplänen", gemeinsam mit geisteswissenschaftlichen Pädagogen wie Herman Nohl, ein Konzept für den Aufbau der künftigen deutschen Schule erarbeitet, das eine auf dem "abendländischen Kulturgut" basierende Erziehungsarbeit vorsah. Nach der in der fünften und sechsten Klasse differenzierten sechsjährigen Grundschule sollte die Sekundarstufe zwar dreigliedrig, aber mit verbesserten Übergangsmöglichkeiten zwischen Volks-, Mittelschul- und gymnasialen Zweigen organisiert sein (vgl.: Weniger, 1960, S. 75). Weniger in der Struktur, als vielmehr in der Anlehnung an das humanistische Bildungsideal, in an "überzeitlichen Werten" orientierten Inhalten, sollte der "Einheitsschulcharakter" dieses Schulwesens begründet sein. Damit hatte Grimme sich jedoch in Gegensatz sowohl zu dem von der linken SPD propagierten sozialistischen Einheitsschulkonzept, als auch zu der, an keinerlei strukturellen Veränderungen des Schulwesens interessierten Opposition begeben (vgl.: Halbritter, 1979, S. 105 ff). Von dem - ohne nachdrückliche Unterstützung der Besatzungsmacht - verfolgten Reformkonzept blieb in Niedersachsen so gut wie nichts übrig; erst 1955 wurde die Schulgeldfreiheit eingeführt, eine völlige Lernmittelfreiheit existiert bis heute nicht (vgl.: a.a.O., S. 118 ff/Hearnden (Hg.), 1978, S. 30 ff).

In Nordrhein-Westfalen, dem einzigen Land in der britischen Zone mit einem CDU-Kultusminister und starkem Rückhalt in der katholischen

Kirche, insbesondere im Rheinland, galten die bildungspolitischen
Schwerpunkte einer Wiedereinführung der Konfessionsschulen - gegen
den anfänglichen Widerstand der Besatzungsmacht - und der Re-etablierung des traditionellen Schulwesens. Diese Tendenz verstärkte sich
noch vor dem Hintergrund des zunehmenden ideologischen Konflikts im
Zuge des Kalten Krieges. So blieb auch ein Kompromißvorschlag zwischen dem von der Besatzungsmacht auf gesamtzonaler Ebene mit Wohlwollen bedachten Reformvorschlag Grimmes und dem traditionellen
Schulwesen, der durch Einführung des "zweiten Bildungsweges" über
Berufsschule, Berufsfachschule und Fachschule, alternativ zum Gymnasium zur Hochschulreife führen sollte, unrealisiert (vgl.:
Halbritter, 1979, S. 112 ff/Hearnden (Hg.), 1978, S. 16 ff).

Die Militärregierung hatte bereits im August 1945 gesamtzonale Treffen von Vertretern der Länderkultusverwaltungen, die "Schulreferententagungen", ermöglicht, aus denen im September 1946 der "Zonenerziehungsrat (Z.E.R.)" hervorging. Trotz des vehementen Einsatzes
Grimmes für die Konstituierung eines einheitlichen gesamtdeutschen
oder, später wenigstens westdeutschen Schulwesens, konnte er keinen
Beitrag zur Durchsetzung einer gesamt- oder interzonal einheitlichen
Reform, etwa im Sinne der "Marienauer Lehrpläne", leisten. Im Gegensatz zur "Deutschen Zentralverwaltung für Volksbildung" in der SBZ
war dieses Gremium von der Besatzungsmacht nicht mit Weisungsbefugnissen gegenüber den Landeskultusbehörden ausgestattet worden. Vor
dem Hintergrund der bewußten Abwendung vom einheitlich organisierten
Schulwesen des NS-Staates, in Anknüpfung an die deutsche kultuspolitische Tradition des Kulturföderalismus und der die Kulturhoheit der
Länder wieder einsetzenden "Ordinance No. 57", vollzog sich in der
britischen Zone die Re-etablierung des Kulturföderalismus für den
westdeutschen Teilstaat (vgl.: Halbritter, 1979, S. 136 ff). Als sich
dessen Gründung mit dem Zusammentreten des "Parlamentarischen Rates"
am 1.9.48 abzeichnete, legte die Besatzungsmacht ihr bislang gezeigtes Verhalten der Nichteinmischung in der "Policy Instruction No. 40"
nachträglich fest. Sie begründete ihre nun auch offizielle Leitlinie
des "observing, assisting and advising" zur Demokratisierung der

Deutschen mit der Fragwürdigkeit auch als Besatzungsmacht, einer
neuen deutschen Zentralregierung Anweisungen zu erteilen: "Our advice
will be the more accepted the more clear we make it that it is
offered as advice and not as instruction." (zit. nach Pakschies,
1979, S. 251). Durch kulturellen Austausch sollte fürderhin die
Einbindung Deutschlands in den Kreis der friedliebenden Nationen
bewerkstelligt werden (vgl.: a.a.O., S. 251 ff).

In einer Bewertung der britischen Besatzungs- und Re-education-Politik führte die vom "Royal Institute of International Affairs" mit
einer Feldstudie zur Erziehung im besetzten Deutschland betraute
Helen Liddell 1948 aus: "(When) the control of education war handed
back to the Germans themselves, little could be done to counter the
traditional attitude of German education authorities, universities
and secondary school teachers towards the objects of the administration, particulary of secondary education. The German control of
education is highly centralized; the content of German higher education is too academic. It is frequently in the hands, as everywhere in
Germany, of the school councillor of pre-1933, of university professors and ministers of education, who are too old and conservative."
(in International Affairs, Vol. XXIV, Januar 19848, Nr. 1, S. 50).

8.3 In der französischen Zone

Der Wiederbeginn des Unterrichts in der französischen Zone war von
Provisorien gekennzeichnet, hierin unterschied sie sich nicht von den
anderen West-Zonen (vgl. Kap. 4.3.4). "...Die vom nationalsozialistischen Regime unterdrückten konfessionell oder weltanschaulich ausgerichteten Privatschulen wurden 1945 wieder zugelassen, ihre Gebäude,
soweit sie den Krieg überstanden hatten, zurückgegeben..." (vgl.:
Sauer, 1978, S. 438) . Auch die Schulform des Gymnasiums wurde beibehalten, um überhaupt die Durchführung des Unterrichts in diesen ersten Monaten der Besatzungszeit gewährleisten zu können. Nachdem sich
aber wieder Menschen in politischen Parteien zusammengefunden hatten,

wurden diese Provisorien von ihnen und auch von den Kirchen bald heftig verteidigt (vgl.: Klessmann, 1982, S. 95). Weitgehende Einigkeit bestand zwischen Militärregierung und der deutschen Seite eigentlich nur in der Forderung, die von den Nationalsozialisten durchgeführten Änderungen im Schulwesen rückgängig zu machen und das nationalsozialistische Gedankengut gründlich und schnell zu eliminieren (vgl.: Winkeler, in: Heinemann, Hrsg., 1981, S. 213).

Da die Franzosen kein detailliertes Programm zur schnellen Umgestaltung des Schulwesens mitgebracht hatten - Programme zur Umerziehung und zur Änderung des Schulwesens wurden erst während der Besatzungszeit entwickelt (vgl.: Winkeler, 1971, S. 9) - waren Maßnahmen gegen den Willen der jetzt schon in Parteien, Gruppen und Kirchen formierten Gegner einer Schulreform unter Zugrundelegung des französischen Demokratieverständnisses nur schwer durchzusetzen. Dagegen waren die Franzosen - im Gegensatz zu Briten und Amerikanern - nicht gewillt, den Wiederaufbau ihrer Zone deutschen Experten zu überlassen, "...Alle zentralen Fragen wurden ausschließlich von der französischen Militärregierung bearbeitet..." (Cornides, 3. Aufl., 1964, S. 130). Ebenso wurden die Entnazifizierung der Lehrerschaft und ihre Umerziehung schnell und gründlich durchgeführt, auch waren sich die Franzosen der Qualität und Zielsetzung der von ihnen durchgeführten Maßnahmen bewußt: "...Für die Franzosen war nicht die Entnazifizierung das oberste Ziel ihrer Besatzungspolitik, sondern die Dezentralisierung Deutschlands und die nachhaltige Schwächung der deutschen Machtstellung. So scheint dort ähnlich wie in der sowjetischen Zone die Entnazifizierung als Hilfsmittel zur Erreichung der spezifischen Ziele ihrer Deutschlandpolitik angesehen worden zu sein..." (Fürstenau, 1969, S. 42).

Darüberhinaus gelang den Franzosen in den ersten Monaten der Besatzung die nahezu perfekte Kontrolle über das deutsche Schulwesen ihrer Zone. Aber dennoch war ein ständiger Protest gegen Schulreformmaßnahmen hörbar und es gab ein hartnäckiges Bemühen deutscher Stellen, die von den Franzosen angeordneten Maßnahmen zu unterlaufen (vgl.:

Winkeler, 1971, S. 15 ff). Daran, daß die große Reform der Strukturen als auch der Inhalte im Schulwesen der Zone nicht durchgeführt wurden, hatten auch die Kirchen, hier vor allem die katholische, großen Anteil. Die beiden Kirchen waren starke bildungspolitische Machtfaktoren geblieben, zudem fungierten sie über Monate hinweg als politische Repräsentanten des sonst führungslosen deutschen Volkes. Da sie den Franzosen als einzige politisch zuverlässige und intakte Organisation erschienen, weil sie die Zeit des Hitler-Regimes einigermaßen unbeschadet überstanden hatten, erhielten sie von der Militärregierung schon sehr früh Mitsprachemöglichkeiten und die Chance der freien Entfaltung im öffentlichen Leben - schon lange, bevor die Neu-/Wiedergründung der ersten politischen Parteien erlaubt wurde. Dies gab ihnen vielfältige Artikulationsmöglichkeiten für ihre bildungspolitischen Vorstellungen (vgl.: Winkeler, in: Heinemann, Hrsg., 1981, S. 215).

Die Bildung des Landes Südbaden erfolgte am 30. August 1946, die des Landes Rheinland-Pfalz einen Monat später am 8. Oktober. Zuvor hatte bereits das Land Württemberg-Hohenzollern am 16.10.1945 eine vorläufige Regierung erhalten. Diese wurde als "Staatssekretariat" bezeichnet und von Carlo Schmid geführt (vgl.: a.a.O., S. 136/Schmid, 1979, S. 238). Im Zuge der von den Franzosen vorgesehenen Demokratisierung des politischen Lebens wurden im September und Oktober 1946 in allen Ländern der Zone Kreis- und Gemeindewahlen durchgeführt. In sämtlichen Ländern gewann die CDU auf Kreis- und Gemeindeebene relative oder absolute Mehrheiten (vgl.: Willis, 1962, S. 196). Nach den Wahlergebnissen wurden Vertreter in die gemäß einer Verordnung des "Commandant en Chef Francais en Allemagne", General Koenig, gebildeten Beratenden Landesversammlungen entsandt. Deren wichtigste legislative Funktion war neben der Beratung von Haushaltsfragen die Schaffung eines Verfassungsentwurfs für das jeweilige Land. Diese Verfassungsentwürfe sollten dann durch Volksabstimmungen bestätigt werden (vgl.: Löhr, 1974, S. 17 ff/ Willis, 1962, S. 196 f).

Nach den Wahlen vom September und Oktober 1946 konnten die gewählten
Vertreter auf Kreis- und Gemeindeebene die örtliche und kommunale
Verwaltung übernehmen (vgl.: Willis, 1962, S. 181/Ruge-Schatz, 1977,
S. 57, S. 65). Die deutsche Kultusverwaltung bemühte sich, den Direk-
tiven der Besatzungsmacht auszuweichen, wo es nur möglich war, denn
den Politikern der Mehrheitspartei ging es um eine Wiederherstellung
des Schulsystems aus der Zeit vor 1933. Besonders wichtig war ihnen,
im Verein mit der katholischen Kirche, der katholischen Erziehungsgemeinschaft und den katholischen Elternvereinigungen, die Beibehaltung
des Gymnasiums und die Umwandlung der Volksschulen in Bekenntnisschulen (vgl.: Ruge-Schatz, 1977, S. 81/Winkeler, 1971, S. 116 f). Nun
gab es auch deutsche Stimmen, die sich gegen eine Restauration des
Weimarer Schulwesens aussprachen, z. B. in der SPD, der KPD oder den
liberalen Parteien (vgl.: Winkeler, in: Heinemann, Hrsg., 1981, S.
219). Da sie aber nicht das politische Gewicht hatten, gegen die
Vorstellungen der beherrschenden CDU anzugehen, drangen sie mit ihren
Widerständen nicht durch. Auch die Forderungen einzelner progressiver
Pädagogen ließen sich nicht durchsetzen, die Gründung eines nichtkon-
fessionellen Lehrervereins scheiterte am Widerstand der Militärregierung. Somit fehlte in den ersten Jahren nach dem Krieg eine echte
überkonfessionelle Interessenvertretung der Lehrer (vgl: Winkeler,
1971, S. 118).

Am 1. Oktober 1946 erging ein Befehl der Militärregierung, nach dem
verschiedene Typen der Höheren Schulen jetzt in einer Schulform
vereinigt werden sollten. Wichtig war, daß ab der Untertertia die
Wahl zwischen alt- und neusprachlichem Zweig, ab Untersekunda die
Wahl zwischen vier Zweigen (Französisch - Griechisch - Latein, Französisch - Latein - Englisch, Französisch - Latein - Naturwissenschaften, Französisch - Englisch - Naturwissenschaften) möglich war. Desweiteren wurde die Koedukation eingeführt. Die ersten Klassen des
Gymnasiums sollten so gestaltet werden, daß ein Übergang zum Gymnasium von anderen Schulen möglich war, Latein sollte daher in den
ersten drei Klassen nicht mehr erteilt werden. Französisch erhielt
den Vorrang vor allen Sprachen, eine spezielle Mädchenausbildung

wurde abgeschafft. Diese französischen Reformpläne lösten heftigsten
Widerstand aus, besonders bei der katholischen Kirche, die bemüht
war, die Schulreform mit Hinweisen auf die Schulwesen in der SBZ oder
im Nationalsozialismus zu diskreditieren (vgl.: Ruge-Schatz, 1977, S.
84 f).

Am 27.6.1947 kündigte die Militärregierung unter Berufung auf die
Direktive ACC Nr. 54 (vgl.: Kap. 7.4) Änderungen im Schulwesen an,
dies mußte als Versuch erscheinen, unter Berufung auf die ACC-54 die
Reformen durchzusetzen, für die der Militärregierung nach 1945 die
Konzepte gefehlt hatten. Eigentliches Objekt der Reform waren wieder
die Gymnasien (vgl.: Winkeler, in: Heinemann, Hrsg., 1981, S. 221).
Nun sollte vor der Zulassung zum Hochschulstudium eine Prüfung mit
zentraler Aufgabenstellung stehen, dem französischen "Baccalaureat"
angelehnt. Die Bewertung dieser Prüfung erfolgte an einem Punktesystem. Die Franzosen behaupteten, das neue System sei gerechter. Nach
der Weisung wurden im weiteren die humanistischen Gymnasien aufgelöst, Latein und Griechisch sollten zugunsten von Französisch beschränkt werden (vgl: Winkeler, 1971, S. 28). Nach Bekanntwerden kam
es zu schärfsten Protesten der Kirchen, aber auch die anderen Gruppierungen gingen gegen die Verordnung an, da sie das bisher erreichte
- die weitgehende Restauration der Weimarer Schulverhältnisse - in
Frage gestellt sahen. Diie Kirchen bangten um ihre Theologenausbildung (vgl.: Winkeler, in: Heinemann, Hrsg., 1981, S. 221). Nach
weiteren Protesten der Kultusbehörden gab die Militärregierung nach,
sie zog zwar ihre Weisung nicht zurück, unternahm aber auch nichts
gegen ihre Nichtdurchführung (vgl.: Winkeler, 1971, S. 29).

Im Frühsommer 1947 änderte sich dann die politische Situation. Die
Länder erlangten mit eigener Verfassung und demokratisch gewählter
Volksvertretung weitgehende Autonomie. In Südbaden und Südwürttemberg-Hohenzollern entschied sich die Bevölkerung am 18. Mai 1947
mehrheitlich für die Annahme der Verfassung (vgl.: Gönner/Haselier,
2. Aufl., 1980, S. 122). Die Ländervertretungen bemühten sich nun,
die durch Zugeständnisse der Militärregierung oder Nichtdurchsetzung

von Weisungen seitens der Besatzungsbehörden erreichte schulpolitische Situation zu festigen und gegen die Militärregierung zu behaupten. In Württemberg-Hohenzollern wollte niemand den Reformplan der Franzosen verwirklichen, in Baden entwickelte das Kultusministerium eigene Denkschriften zur Schulreform, in Rheinland-Pfalz wurde versucht, einen Mittelweg zwischen den eigenen Interessen und denen der Besatzungsmacht zu finden (vgl.: Ruge-Schatz, 1977, S. 87 f). In den Jahren 1948/49 machte die Militärregierung nur noch selten Gebrauch von ihrem Eingriffsrecht in das Schulwesen, offensichtlich scheute sie weitere schulpolitische Auseinandersetzungen mit den Deutschen. In allen Ländern der Zone wurden die geforderten oder geplanten Schulreformmaßnahmen so lange verschleppt, bis die Franzosen durch die Beendigung der Besatzung und den Verlust des Besatzungsstatus (September 1949) keinen Zugriff auf das Schulwesen ihrer ehemaligen Zone mehr hatten (vgl.: Winkeler, 1971, S. 113).

Insgesamt betrachtet hatte die französische Besatzungsmacht bis 1949 nur wenige ihrer geplanten Maßnahmen durchsetzen können; die wenigsten von ihnen hatten auch nach 1949 Bestand. Als wichtigste Ursachen hierfür können genannt werden: die Dominanz der Kirchen (bes. der katholischen) und der ihnen nahestehenden Verbände (Kath. Erziehungsgemeinschaft, Kath. Elternvereinigung, Ev. Lehrergemeinschaft) bei den schulpolitisch engagierten Gruppen. Sie konnten fast konkurrenzlos ihre bildungspolitischen Vorstellungen artikulieren (vgl.: Winkeler, S. 216 f/Cheval, S. 198, beide in: Heinemann, Hrsg., 1981). Die Übermacht der CDU in der Verwaltung gegenüber den anderen politischen Gruppen in allen Ländern der Zone bildete das politisch-administrative Machtpotential zur Durchsetzung der bildungspolitischen Restauration. (vgl.: Winkeler, 1971, S. 117).

9. DIE EINHEITSSCHULKONZEPTION IN DER SBZ

9.1 Die "antifaschistisch-demokratische" Reform des Schulwesens und die Entwicklung des Gesetzes "zur Demokratisierung der deutschen Schule"

"...Der Aufbau der antifaschistisch-demokratischen Schule begann überall im Osten Deutschlands unmittelbar nach dem Einmarsch der Sowjetarmee..." (Günther/Uhlig, 1974, S. 37). Der Wiederaufbau des Schulwesens in der sowjetischen Besatzungszone wurde von Anfang an als ein dem gesellschaftlich-politischen Ziel der Demokratisierung dienender Umbau aufgefaßt. Das durchgängige Ziel aller Reformbemühungen in der SBZ war die Umgestaltung des gesamtgesellschaftlichen Systems hin zum Sozialismus. In der Phase der "antifaschistisch-demokratischen" Reform des Schulwesens wurde die Schulpolitik von deutscher Seite bestimmt von Kommunisten und Sozialdemokraten.

Um eine einheitliche Entwicklung des Schulwesens in der Gesamtzone zu gewährleisten, schuf die SMAD am 10. August 1945 die "Deutsche Zentralverwaltung für Volksbildung", der wiederum die Länderzentralverwaltungen der 5 Länder der SBZ untergeordnet waren. Zum Leiter der deutschen Zentralverwaltung wurde Paul Wandel, ein Exil-Kommunist aus Moskau, von der SMAD ernannt (vgl.: Erdmann, 2. Aufl., 1982, S. 249 f). Neben dem Wiederingangbringen des Unterrichts (vgl. Kap. 4.3.4) wurde die Reform des Bildungssystems als wichtigste Aufgabe aller reformerischen Kräfte angesehen, die sich mit Volksbildung befaßten. Dies wurde schon vor Beendigung des Krieges im Februar 1945 in den "Richtlinien der Polit-Büro-Kommission der KPS" festgehalten. Im gleichen Sinne äußerte sich auch Wandel in der Startnummer der im Jahr 1946 begründeten pädagogischen Publikation "Die neue Schule": "...Es bedarf nicht des Beweises, warum wir nicht die "alte", die Menschen verkümmernde und sie verderbende und zum Menschenmord vorbereitende Schule Nazideutschlands weiterführen können. Wir können aber auch nicht dorthin zurückkehren, wo wir 1933 standen. Unsere neue

Schule muß wirklich frei sein von allem reaktionären Gedankengut, von Rassen- und Völkerhaß..." (Wandel, in: dns, 1. Jg. 1946, Nr. 1, S. 3).

Detaillierte Pläne für eine äußere Schulreform lagen allerdings noch nicht vor, als im Oktober 1945 die Schulen wieder eröffnet wurden. Somit waren in der Anfangszeit nur Ansätze zu einer Reform des Schulwesens möglich wie z. B. die verfügte Trennung von Kirche und Schule oder die Einführung einer Fremdsprache in der Volksschule (vgl.: Mon. Paed., C II, S. 177 f). "...Jene Pädagogen, die sich nur widerstrebend dem Druck der Besatzungsmacht beugten, wurden mit dem Hinweis auf die in demokratischen Staaten mit "gemischten Konfessionen" längst durchgeführte Trennung und die ausdrücklich gewährleistete Glaubens- und Gewissensfreiheit beschwichtigt..." (Lange, 1954, S. 41). Legitimiert wurde diese Maßnahme weiterhin mit dem Hinweis darauf, daß sie als Verstärkung des Einflusses der Wissenschaft auf den Unterricht gedacht war: "..." Wissenschaftlichkeit des Unterrichts" ist eine ausdrückliche Forderung des Schulgesetzes (§ 4)..." (a.a.O., S. 41/s. u.).

Zum ersten Mal öffentlich zur Diskussion gestellt wurden ausführlichere Pläne zur Schulreform im gemeinsamen "Aufruf von SPD und KPD zur demokratischen Schulreform" (vgl.: Mende, in: Robinsohn, Hrsg., 2. Aufl., 1972, S. 2/15/Hearnden, 2. Aufl., 1977, S. 22/Mon. Paed., C II, S. 177 f) vom 18. Oktober 1945. In diesem Entwurf legten SPD und KPD ihre Vorstellungen von Bildungsreform-Maßnahmen vor, denen eine gemeinsame Beratung der Bildungsausschüsse beider Partner vorangegangen war. Der Aufruf hatte den Charakter eines offziellen Dokuments und war die wichtigste Grundlage für die Vorbereitung des Gesetzes zur Demokratisierung der deutschen Schule (vgl.: Hearnden, 2. Aufl., 1977, S. 22 f). "...Auf einer ähnlichen Linie der Anknüpfung an demokratische, noch nicht verwirklichte Forderungen der deutschen schulpolitischen Tradition lag der gemeinsame Aufruf von SPD und KPD aus dem Jahre 1945 (...) Er sprach sich für ein einheitliches, öffentliches Schulsystem mit klarer Trennung von Kirche und Schule aus,

das im Geiste einer kämpferischen Demokratie gestaltet werden sollte
und als entscheidende Voraussetzung einer wirklichen Demokratisierung
einen neuen Typ des demokratischen, verantwortungsbewußten und fähigen Lehrers nannte..." (Herrlitz/Hopf/Titze, 1981, S. 142). Weitere
in ihm aufgestellte Forderungen waren: Durchführung einer Säuberung
des Lehr- und Verwaltungspersonals, Verbot von Privatschulen, Umstellung der Lehrpläne, Ausarbeitung neuer Lehrbücher und eine Reform des
Hochschul- und Universitätswesens (vgl.: Mon. Paed., C II, S. 180).

Diese und weitere Maßnahmen wurden zur Jahreswende 1945/46 in verschiedenen Kommissionen von SPD und KPD diskutiert, und auch der FDGB
verfaßte ein Schulprogramm, das inhaltlich allerdings von dem der
beiden großen Parteien nicht verschieden war (vgl.: a.a.O., S. 186).
Die deutsche Zentralverwaltung für Volksbildung beschloß am 24. September 1945 die Einsetzung einer Kommission, welche bis zum 1. Februar 1946 einen Plan zum Aufbau einer "antifaschistisch-demokratischen" Einheitsschule erarbeiten sollte. Diese Kommission bestand
aus Mitarbeitern der Zentralverwaltung (vgl.: Mende, in: Robinsohn,
Hrsg., 2. Aufl., 1972, S. 2/18/Mon. Paed., C II, S. 195). Am 22.
Oktober wurde durch einen Befehl der SMAD den Landes- und Provinzialregierungen das Recht übertragen, Gesetze und Verordnungen zu erlassen. Hierdurch wurde es ermöglicht, daß die Länderverwaltungen die
Einheitsschule per Gesetz einführen konnten (vgl.: a.a.O., S.
195/Mende, in: Robinsohn, Hrsg., 2. Aufl., 1972, S. 2/18 f). Im
Dezember 1945 legte die Kommission einen ersten, nach einer Diskussion zwischen Mitarbeitern von Zentralverwaltung und SMAD sowie der
Schulabteilungen der Länder im Januar 1946 einen zweiten, überarbeiteten Entwurf vor, der als "Einheitsschulplan" bezeichnet wurde
(vgl.: a.a.O., S. 2/19).

Zum Inhalt dieses Einheitsschulplanes führt Sothmann aus: "...Die
demokratische Erneuerung des Schulwesens wird also nicht nur den
Aufbau und die innere Struktur der Schule erfassen, sondern auch die
Beziehungen der Schule zur Umwelt der Schule neu gestalten..."
(Sothmann, in: dns, 1. Jg. 1946, Nr. 2, S. 5). Dieser Schulreformplan

fand allerdings nicht bei allen gesellschaftlich relevanten Gruppen
einhellige Zustimmung. Besonders die CDU und die katholische Kirche
wehrten sich auf das Entschiedenste gegen den Plan. Die Kirche mußte
gegen die Schulreform vor allem deshalb angehen, weil durch ihn ihre
jahrhundertealten Privilegien wie Schulgründung und Schulaufsicht
beschnitten werden sollten. Bei den Parteien war die Opposition nicht
nur gesellschaftlich-politisch begründet. Die Argumentation von CDU
und LDPD ging auch von einer Begabungstheorie aus, die die Menschen
in Unbegabte, praktisch Begabte und theoretisch Begabte aufteilte.
Doch auch außerhalb dieser größeren Gruppen und Institutionen gab es
Widerstand gegen den Reformplan. Große Teile des Bürgertums waren
ebenfalls gegen die Reform, argumentiert wurde hier oft mit dem Abbau
und Verfall des Leistungsniveaus der Höheren Schule durch die Einheitsschule (vgl.: a.a.O., S. 2/20/Mon. Paed., C II, S. 189 ff). Da
aber SPD und KPD das schulpolitische Feld beherrschten und die Besatzungsmacht das Schulwesen ebenfalls als Staatsmonopol handhabte
(vgl.: Erdmann, 2. Aufl., 1982, S. 250 ff), konnten sich die Kritiker
der Einheitsschule nicht durchsetzen.

Es gab auch zwischen den großen Parteien Auseinandersetzungen um die
Schulstruktur. Die sozialdemokratischen Vorschläge, auf die reformpädagogische Vorstellungen aus der Weimarer Zeit großen Einfluß hatten,
sahen eine frühe Gabelung der Schulzweige und eine individuelle
Förderung der Schüler vor. Die Kommunisten hingegen forderten die
undifferenzierte Einheitsschule (vgl.: a.a.O., S. 250). Damit aber
alle Länder der Zone das gleiche Schulsystem einführten, wurde der
von der Zentralverwaltung ausgearbeitete Entwurf von Partei- und
Ländervertretern bis zum Mai 1946 diskutiert und geändert, um dann
schließlich von den Vertretern der Länder- und Provinzialregierungen
"einstimmig" verabschiedet zu werden (vgl.: Mon. Paed., C II, S.
196). Mitte Mai 1946 wurden die Arbeiten am Gesetzentwurf beendet,
woraufhin die SMAD ihre Zustimmung zu der Vorlage erteilte Zwischen
dem 22. Mai und dem 6. Juni 1946 stimmten alle Provinzialverwaltungen
dem Gesetzentwurf zu, damit trat "...das bis dahin bedeutendste
Gesetz der deutschen Schulgeschichte für die gesamte sowjetische

Besatzungszone in Kraft..." (Mon. Paed., C II, S. 208). "...So gelang es bereits im zweiten Jahr der Besatzung, in den fünf Ländern der SBZ ein einheitliches Schulgesetz einzuführen..." (Froese, 1962, S. 7).

Strukturelle Änderungen, wie sie durch das Gesetz eingeführt wurden, unterschieden sich nicht wesentlich von den auch durch die Westmächte empfohlenen Änderungen des deutschen Schulwesens, so daß die Sowjets behaupten konnten, daß das Gesetz die einzige schulpolitische Maßnahme in allen Zonen sei, die voll und ganz dem Potsdamer Abkommen entspräche. Ab 1947 stellten sie heraus, das Gesetz stimme mit den Forderungen der Direktive ACC Nr. 54 überein, so auch Kreuzinger (1948): "...Für die sowjetisch besetzte Zone ist festzustellen, daß in den Richtlinien eine weitgehende Übereinstimmung mit dem Gesetz zur Demokratisierung der deutschen Schule besteht..." (Kreuzinger, in: dns, 3. Jg. 1948, Nr. 1, S. 30).

Der Text des Schulgesetzes enthielt insgesamt nur sieben Paragraphen (vgl.: a.a.O., S. 28 f/Mon. Paed., C II, S 211 f/Mende, in: Robinsohn, Hrsg., 2. Aufl., 1972, S. 2/21 f). Der erste Paragraph definiert Ziele und Aufgaben der neuen Schule. Die Jugend soll zu "selbständig denkenden und verantwortungsbewußt handelnden" Menschen erzogen werden, "frei von nazistischen und militärischen Auffassungen im Geiste des friedlichen und freundschaftlichen Zusammenlebens der Völker und einer echten Demokratie zu wahrer Humanität" (Mon. Paed., C VI, Dok. I, 35). Der Paragraph 2 regelt sowohl das staatliche Schulmonopol als auch die Trennung von Schule und Kirche sowie die Koedukation. "Aufbau und Gliederung der demokratischen Einheitsschule" (a.a.O., Dok. I, 35) sind im Paragraphen 3 festgelegt. Dies ist der umfangreichste und auch wichtigste Paragraph des Gesetzes. Wesentliche Inhaltspunkte sind: die Festlegung auf die 8-jährige, für alle obligatorische Grundschule mit einer modernen Fremdsprache ab der 5. Klasse und zusätzlichen Kursangeboten in der 7. und 8. Klasse für eine zweite Fremdsprache, Mathematik und Naturwissenschaften. Nach Beendigung der Grundschule erfolgt die Differenzierung in Berufsschule (3-jährig), begleitend zur Berufsschulausbildung, Ober-

schule (4-jährig) und Fachschule. Die beiden letzteren führen zur
Hochschulreife. Darüberhinaus wird die Schaffung von Weiterbildungsmöglichkeiten für Erwachsene angesprochen (Abendschulen, Volkshochschulen, usw.). Über die Hochschulen sollte ein besonderes Gesetz
ergehen. § 4 legt die Lehrpläne, die die Wissenschaftlichkeit des
Unterrichts fest, Paragraph 5 regelt Schulgeld und Erziehungsbeihilfen. Im Paragraph 6 wird neben Schulaufsicht und -verwaltung auch die
Mitarbeit der Eltern durch Schulausschüsse eingerichtet. Der 7. und
letzte Paragraph verfügt eine Neuregelung der Lehrerausbildung durch
ein besonderes Gesetz (vgl.: Mon. Paed., C VI, Dok. I, 35).

Das Gesetz galt als erste Bestandsaufnahme der "antifaschistischdemokratischen" Schulreform (vgl.: Mon. Paed., C II, S. 220), und
schon im Juni 1946 erschien die erste Durchführungsbestimmung zum
Schulgesetz, die "Richtlinien zur Durchführung der Schulreform auf
dem Lande" (Mon. Paed., C VI, Dok. I, 38).

9.2 Die Entwicklung zur "sozialistischen Einheitsschule" 1946 - 1949

Nach seiner Verabschiedung durch die Länder- und Provinzialverwaltungen wurde das Schulgesetz von der SBZ-CDU heftig angegriffen und
auch die Kirchen versuchten, gegen das Gesetz, das sie ihrer früheren
schulpolitischen Privilegien beraubte, Front zu machen. Da aber die
SED in Zusammenarbeit mit der sowjetischen Militärverwaltung die
politische Führung der Zone in der Hand hatte, gelang es den gegen
das Schulgesetz angehenden Gruppen nicht, die sich durch das Gesetz
manifestierende Entwicklung hin zur sozialistischen Einheitsschule
aufzuhalten oder gar in ihrem Sinne zurückzudrehen. "...Die gesetzmäßig begründete Gestalt der Einheitsschule ist in den folgenden
Jahren praktisch verwirklicht und weiterentwickelt worden..."
(Froese, 1962, S. 28).

In der Folge des Gesetzes wurde in den Grundschulen Russisch als
erste moderne Fremdsprache ab der 5. Klasse eingeführt. "...Als

"Fundament" der Einheitsschule soll sie (die Grundschule, Anm. d. Verf.) eine "umfassende grundlegende Allgemeinbildung" vermitteln, die in der Oberstufe der Einheitsschule nur differenziert, erweitert und vertieft werden soll..." (Lange, 1954, S. 192). Besondere Bemühungen galten auch der Beseitigung der Rückständigkeit von Landschulen (vgl.: Mon. Paed., C II, S. 14). Hier sollten die oft einklassigen und wenig gegliederten Schulen ausgebaut und zu Zentralschulen zusammengefaßt werden. "...Zur Erreichung dieses Ziels ist eine beträchtliche Aktivität entfaltet worden, insbesondere in der Richtung der Verbesserung der Leistung der ländlichen Schulen..." (Lange, a.a.O., S. 192). Dies war der Beginn des Ausbaus des "antifaschistisch-demokratischen" Bildungswesens, der dem Gesetz zur Demokratisierung der deutschen Schule folgte und unter dem Oberziel der "Erziehung der Jugend gegen Faschismus, Militarismus, Untertanengeist" (Mon. Paed., C III, S. 25) stehen sollte.

Am 15. Juli 1946 erging der Befehl Nr. 220 der SMAD über die Verbesserung der materiellen und rechtlichen Lage der Lehrer in der SBZ. Er legte Gehälter, Wohnungsgeld und Kinderzulagen von Lehrern für Grund-, Mittel- und Berufsschulen sowie Schulräte fest (vgl.: Mon. Paed., C VI, Dok. I, 41). Verbessert wurde auch die Ausbildung des Lehrkörpers durch die Errichtung von "Pädagogischen Fakultäten" an den Hochschulen (vgl. Kap. 4.3.1): "...Mit der Gründung der Pädagogischen Fakultäten wurde ein wesentlicher Schritt getan, um eine alte Forderung fortschrittlicher bürgerlicher Pädagogen zu erfüllen, die sich die revolutionäre Arbeiterbewegung zu eigen gemacht hatte: die Hochschulausbildung für alle Lehrer..." (Günther/Uhlig, 1974, S. 65).

Im Laufe des Schuljahres 1947/48 wurde von der deutschen Verwaltung für Volksbildung die zweite, "verbesserte" Auflage der Lehrpläne für die Schulen herausgegeben. Als besonders wichtig wurde der Geschichtsunterricht herausgestellt. Weiterhin wurden in den Stundenplänen neue Schwerpunkte gelegt. So sollte in der Oberstufe der 8-klassigen Grundschule verstärkt naturwissenschaftlicher Unterricht in den Fächern Physik und Chemie erteilt werden (vgl.: Mon. Paed., C

III, S. 27 ff). Wegen des trotz aller Bemühungen (s. o.) immer noch bestehenden Fachkräftemangels konnte der in den Stundenplänen ausgewiesene Fachunterricht nicht sofort an allen Schulen durchgeführt werden. Im Schuljahr 1947/48 wurde nur in ca. 70 % der Grundschulen Fremdsprachenunterricht in den Klassen 5 - 8 erteilt. Demgegenüber machte die Schulbuchproduktion in der Ostzone gute Fortschritte. Bis zum Jahr 1948 konnten ca. 13,6 Mio. Schulbücher gedruckt und verteilt werden (vgl.: Mon. Paed., C III, S. 31 ff). Wichtigste schulpolitische Maßnahme der Jahre 1946 - 1948 in der SBZ war der Aufbau der 8-klassigen allgemeinbildenden Grundschule und die Einordnung der Oberschule in das Gesamtschulsystem. Besondere Unterstützung galt sowohl der Verbesserung der Landschulen (s. o.) als auch der neu konzipierten Mittelstufe der Grundschulen (Klassen 5 - 8).

Als Fazit der Veränderungen am Ende des Schuljahres 1947/48 im Schulsystem der SBZ gegenüber dem vorherigen gesamtdeutschen Schulsystem läßt sich festhalten: Die Mehrheit der Schüler erhielt bis zur 8. Klasse die gleiche Grundschulausbildung, die allgemeine Grundschule war zum Kernstück der neuen Einheitsschule geworden. Durch den Versuch, allen Kindern den bestmöglichen Bildungsstand zu vermitteln, hatte eine allgemeine höhere Bildung breitere Kreise erreicht, als dies vorher durch das dreigliedrige Schulsystem möglich war, dies wurde auch durch eine besondere Förderung für Landkinder erreicht (vgl.: Mon. Paed., C III, S. 37 f). Dennoch: der Unterricht litt in den Jahren 1946 - 1948 noch an vielfältigen Mängeln, z. B. an der ungenügenden Verfügbarkeit von Lehr- und Heizmaterial. Als besonders gravierend stellte sich der Lehrermangel heraus, zumal dieser durch einen immer noch sehr starken Zustrom von Vertriebenen verschlimmert wurde. Außerdem standen nicht alle gesellschaftlich relevanten Kräfte hinter dem Konzept der Schulreform und waren daher auch nicht bereit, sich voll für sie einzusetzen. Selbst die linientreue pädagogische Literatur der DDR gesteht ein, daß sich die organisatorische Umänderung der Schule nicht glatt vollzog, sondern gegen vielfältige Widerstände durchgesetzt werden mußte (vgl.: Mon. Paed., C III, S. 37 f).

Die sich gegen die Reform zur Wehr setzenden Gruppen und Personen wurden als "reaktionär" abqualifiziert, sie wollten nicht "für eine gerechte Sache tätig" sein (Mon. Paed., C III, S. 79). Andere Kritiker, wie z. B. der Landesvorsitzende der CDU von Sachsen, Herwegen, der sich für die christliche Bekenntnisschule ausgesprochen hatte, und mit ihm weitere wurden später "als Agenten des Monopolkapitals entlarvt" (Mon. Paed., C II, S. 208 f). "...Von den skizzierten Ansätzen her entwickelt sich unter kommunistischer Führung ein in vieler Hinsicht neues Erziehungssystem, dessen demokratische Fassade die andersgearteten Absichten seiner Urheber mit Erfolg kaschierte. Das angeordnete Neugestaltungsprogramm war für die Pioniere wie für die Zöglinge der pädagogischen Bewegung bestechend..." (Lange, 1954, S. 42).

In den ersten Jahren der Besatzungszeit hatten Reformpädagogen wie Litt, Spranger oder Petersen einen großen Einfluß auf die pädagogischen Strömungen in der SBZ. Daher konnte Otto Winzer (1946) auch mit Recht behaupten: "...So ist es denn auch kein Zufall, daß die Träger dieser Reformgedanken des deutschen Schulwesens durchaus nicht nur in den Reihen der sozialistischen und gewerkschaftlichen Arbeiterbewegung entstammen, sondern von allen freiheitlichen und fortschrittlichen Kräften Deutschlands verfochten werden..." (Winzer, in: dns, 1. Jg. 1946, Nr. 3, S. 3).

Hochangesehen zu dieser Zeit war auch die Arbeitsschulbewegung. Viele engagierte Pädagogen wurden von der SPD in ihren Forderungen und Vorschlägen unterstützt: "...Wo sind alle die Pädagogen, die vor 1933 an Versuchsschulen methodische Erfahrungen sammelten? Sie werden in kritischer Überprüfung dessen, was sie damals erarbeiteten und erprobten, wichtige Erkenntnisse für das, was heute richtig ist, beitragen müssen..." (Sothmann, in: dns, 1. Jg. 1946, Nr. 6, S. 208). Nach der Bildung der SED und ihrer zunehmenden Ausrichtung auf sowjetkommunistische Vorgaben gerieten die reformpädagogischen Ideen immer stärker in Verruf. Die Reformpädagogik bildete sich jetzt nach offizieller SBZ-Lesart "zu einem Hemmnis der gesellschaftlichen Ent-

wicklung heraus, denn sie entsprach keineswegs den Aufgaben und
Zielen der demokratischen Schulreform" (Mon. Paed., C III, S. 53).

Ab 1946 wurde versucht, allen Tendenzen entgegenzuwirken, die Erziehung und damit auch Schule als ein reformpädagogisches Aufgabenfeld
ansahen: "...Wenn heute die Frage aufgeworfen wird, weshalb jene
demokratisch gesinnten Pädagogen, die in ihren entscheidenden Jahren
überzeugte Anhänger der "Arbeitsschule" und der "weltlichen" Schulbewegung gewesen waren, nach 1945 den Kommunisten Jahre hindurch wertvolle Dienste geleistet haben, ist die Antwort im Programm der "demokratischen Schulreform" zu suchen, das 1945/46 die offizielle Schulpolitik der SBZ bestimmte..." (Lange, 1954, S. 39). Die prinzipielle
Auseinandersetzung mit und schließliche Ausschaltung der Reformpädagogik wurde in den Jahren 1947 - 1949 betrieben. Diese Entwicklung
wird auch anhand der Ergebnisse der "Pädagogischen Kongresse" deutlich (vgl.: Kap. 5.2.3). Vom ersten bis zum vierten der Kongresse
zeigte sich eine deutliche Entwicklung weg von der Reformpädagogik
der zwanziger und frühen dreißiger Jahre hin zur sozialistischen
Pädagogik sowjetischer Provenienz. So stand der erste Pädagogische
Kongreß im August 1946 wie auch Teile des Gesetzes zur Demokratisierung der deutschen Schule noch ganz in der Tradition von Reformern
wie den oben genannten (vgl.: Mon. Paed., C VI, Dok. I, 43 u. I,
44/Mende, in: Robinsohn, Hrsg., 2. Aufl., 1972, S. 2/24). In deren
Sinne konnte Karl Sothmann in der "neuen Schule" (1946) noch behaupten: "...Die demokratische Erneuerung des Schul- und Erziehungswesens
hat also nicht das Ziel, Einheitsschüler zu Einheitsmenschen zu
erziehen..." (Sothmann, in: dns, 1. Jg. 1946, Nr. 1, S. 4). Doch
schon auf dem 2. Pädagogischen Kongreß (September 1947) zeigte sich
eine deutliche Abkehr von diesen Ideen. Hier wurden am 10. September
1947 die "Grundsätze der Erziehung in der deutschen demokratischen
Schule" (Mon. Paed., C VI, Dok. I, 54) angenommen. Sie stellten ein
pädagogisches Manifest über die Schulreform und eine theoretische
Ergänzung zum Schulgesetz dar (vgl.: Mon. Paed., C III, S. 58
f/Erdmann, 2. Aufl., 1982, S. 253). Die Pädagogik in der SBZ sollte
durch die "Grundsätze" auch in der Theorie auf die Politik der herr-

schenden Partei abgestimmt werden. Sie sollten Ausgangspunkt für die
Erarbeitung einer neuen "antifaschistisch-demokratischen" Pädagogik
sein und die bis dahin umfassendste theoretische Begründung für das
Schulgesetz liefern (vgl.: Mon. Paed., C III, S. 68). Wesentlich an
ihnen war aber ihre Ablehnung einer autonomen Erziehung als Grundlage
einer neuen Pädagogik. Die "kritiklose Übernahme der Reformpädagogen,
des Herbartianismus oder anderer ähnlicher Strömungen" (Mon. Paed., C
III, S. 69) wurde ebenfalls verneint.

In diesem Sinne forderte der dritte Pädagogische Kongreß (Juli 1948)
dann die ideologische Ausrichtung der Lehrer auf den Marxismus-
Leninismus. Damit wurde die endgültige Abkehr von den Ideen der
Reformpädagogik manifest (vgl.: Mon. Paed., C III, S. 181 ff). Auf
ihrer ersten Parteikonferenz (25. - 28.1.1949) gab die SED die Zielvorgaben für die schulpolitische Zukunft an wie z. B. die quantitative Leistungssteigerung in der Bildung von Lehrern und Schülern
(vgl.: Mon. Paed., C III, S. 140 f). Auf dem 4. Pädagogischen Kongreß
(August 1949) schließlich wurden die reformpädagogischen Ideen als
"pseudodemokratische Phrasen" (Erdmann, 2. Aufl., 1982, S. 253) abqualifiziert, die den "objektiven Klasseninteressen" der Gesellschaft
zuwiderlaufen und somit die Entwicklung des Sozialismus gefährdeten
(vgl.: Mon. Paed., C VI, Dok. I, 84 u. I, 85). "Unter dieser Blick-
wendung nach Osten wurde die Schule auf den Weg zur ideologisch
geschlossenen, an Produktionsinteressen der sozialistischen Gesellschaft orientierten Leistungsschule verwiesen (Erdmann, 2. Aufl.,
1982, S. 253/vgl.: Mende, in: Robinsohn, Hrsg., 2. Aufl., 1972, S.
2/24). In der Folge des 4. Pädagogischen Kongresses begann auf der
Grundlage der von ihm erarbeiteten Richtlinien systematisch und im
großen Stil die ideologische Ausrichtung der Lehrerschaft auf die SED
unter ständiger Berücksichtigung der führenden Rolle der Partei bei
allen gesellschaftlich relevanten Entscheidungen (vgl.: Mon. Paed., C
III, S. 184 ff, S. 190).

10. DAS SCHULWESEN IN BERLIN

10.1 Die Besatzungsmächte und ihr Einfluß auf die Gestaltung des Berliner Schulwesens

In diesem Kapitel soll das Werden des Schulgesetzes von Groß-Berlin aus dem Jahre 1948 im Widerstreit von Besatzungsmächten, politischen Parteien und anderen Interessenverbänden dargestellt werden. Am Beispiel Berlins lassen sich, anders als in den Besatzungszonen, die Auswirkungen des direkten Zusammentreffens der Besatzungsmächte aufzeigen. Die Auseinandersetzungen um das Schulgesetz, die sich zwischen den Parteien und anderen Interessenverbänden wie Kirchen und Schulrätekonferenz abspielten, sind denen in den Zonen ähnlich. An der Entwicklung des Schulgesetzes kann noch einmal der Einfluß der deutschen Interessengruppen auf die Entstehung des (west-)deutschen Schulwesens deutlich gemacht werden. Die Gegensätze im Vorgehen bei der Verfolgung bildungspolitischer Ziele zwischen den westlichen Besatzungsmächten und der Sowjetunion dokumentieren sich eindrucksvoll in Berlin.

Die Sowjets hatten in den ersten Monaten der Besatzungszeit die Initiative in Berlin, da die Stadt von ihnen allein besetzt war (vgl.: Hearnden, 2. Aufl., 1977, S. 30). Die erste schulpolitische Maßnahme der sowjetischen Militärregierung nach Übernahme der gesamten administrativen und politischen Macht in Berlin am 28. April 1945 war die Schließung aller Schulen (vgl.: Klewitz, 1973, S. 30). Im Mai 1945 ließen die Sowjets einen zentralen Magistrat und Bezirksämter einrichten. Im Berliner Magistrat war Otto Winzer, einer der führenden Funktionäre der in der Sowjetunion geschulten Emigranten, vom Mai 1945 bis zum Dezember 1946 Leiter der Abteilung Volksbildungswesen (vgl.: Klewitz, 1971, S. 32 f). Das Berliner Hauptschulamt legte im Juni 1945 Richtlinien für das Schuljahr 1945/46 vor, die denen für die SBZ ähnelten und eine Umstrukturierung im Sinne der von den Kommunisten und der sowjetischen Besatzungsmacht angestrebten Einheitsschule vorbereiten sollten (vgl.: Hearnden, 2. Aufl., 1977, S. 30). Diese "vorläufigen Richtlinien für die Wiedereröffnung des Schulwesens" traten am 11. Juni 1945 in Kraft (vgl.: Klewitz, 1971, S. 35). Ebenso wurden von den Sowjets sehr zügig Entnazifizierungsmaßnahmen durchgeführt, sie sollten bis zum Eintreffen der anderen Besatzungsmächte im Juli 1945 abgeschlossen sein (vgl.: a.a.O., S. 41).

Die Sowjets versuchten, bis zum Eintreffen von Briten, Amerikanern und Franzosen das Leben und die Verwaltung in Groß-Berlin nach ihren Vorstellungen zu gestalten, um so die westlichen Besatzungsmächte vor vollendete Tatsachen stellen zu können (vgl.: a.a.O., S. 34). Die erste kulturpolitische Maßnahme der Westmächte war dann auch die nachträgliche Genehmigung der "Vorläufigen Richtlinien für die Wiedereröffnung des Schulwesens" im Befehl Nr. 1 der interalliierten Kommandantur vom 1.7.45. Diese Richtlinien behielten Gültigkeit - im Sinne eines Berliner Schulgesetzes - bis im Juni 1948 das Gesetz über die Berliner Einheitsschule verabschiedet wurde (vgl.: a.a.O., S. 40). Im übrigen hatten die amerikanische, britische und französische Besatzungsmacht in der Anfangsphase ihres Wirkens in Berlin prosowjetischen Planungen kaum etwas entgegenzusetzen. Von der zielbewußten Strategie der sowjetisch orientierten Schulverwaltung überrumpelt, in deren Spitzenpositionen die sowjetische Besatzungsmacht schon frühzeitig moskaufreundliche Vertreter eingeschleust hatte, versuchten Amerikaner und Briten, langsam eine Gegenstrategie zu entwickeln. Die Franzosen erlangten in Berlin schulpolitisch kaum Bedeutung, so daß hier hauptsächlich die Auseinandersetzungen zwischen den Sowjets auf der einen und den angelsächsischen Besatzungsmächten auf der anderen Seite erwähnt sind.

Im September 1945 bestanden Amerikaner und Briten darauf, daß wichtige Änderungen an Schule, Schulaufbau und Schulverwaltung von der alliierten Kommandantur genehmigt werden mußten. Desweiteren unterstützten die USA und Großbritannien das Recht der Parteien und anderer Interessengruppen, die nicht an der Führung beteiligt waren, sich zu informieren und an der öffentlichen Diskussion über Vorschläge zur Neuordnung des Berliner Schulwesens teilzunehmen. Briten und Amerikaner standen dem geplanten Reformkonzept generell positiv gegenüber, wollten aber erst die Zustimmung der Bevölkerung zu diesen Maßnahmen sichergestellt wissen. Da ihnen die Zustimmung der Öffentlichkeit aber zweifelhaft erschien, benutzten sie die Tatsache der einseitigen Zusammensetzung des Berliner Hauptschulamtes schließlich als Argument, um eine grundlegende Neuordnung des Berliner Schulwesens vorerst aufzuschieben (vgl.: Hearnden, 2. Aufl., 1977, S. 31).

Im Laufe der Zeit kristallisierten sich zwei grundlegende Kontroversen zwischen den Besatzungsmächten und den z. T. durch sie vertretenen gesellschaftlichen Gruppen heraus. Die erste Kontroverse war die Frage der Trennung von Kirche und Schule. Die Sozialisten und Kommunisten wollten, wie auch in der SBZ vorgesehen (s. o.) eine strikte Trennung von Schule und Kirche herbeiführen, der Religionsunterricht sollte aus den Schulen verbannt werden. Hiergegen wehrte sich besonders die katholische Kirche. Sie argumentierte, daß der Staat pädagogische Belange nur bei Unzulänglichkeiten oder bei Versagen der elterlichen Erziehung geltend machen könne, den Eltern somit die eigentliche Verantwortung für die Erziehung ihrer Kinder obliege. Die Kirche als oberste Instanz in allen Erziehungs- und Glaubensfragen müsse die Eltern damit vertraut machen, ihre Kinder im christlichen Geist zu erziehen. Somit hätten Eltern und Kirche über die Religionsausübung und den Religionsunterricht der Kinder zu entscheiden, nicht aber der Staat, der lediglich dafür Sorge zu tragen habe, daß alle Kinder ihrer Schulpflicht genügten. Die evangelische Kirche war hier flexibler. Sie wollte es den Erziehungsberechtigten freistellen, ihre Kinder am Religionsunterricht teilnehmen zu lassen, der nicht ein Bestandteil des regulären Stundenplanes sein müsse (vgl.: Hearnden, 2. Aufl., 1977, S. 32).

Amerikaner und Briten wollten aber auf die Mitarbeit der Kirchen nicht verzichten und boten ihnen gute Arbeitsmöglichkeiten, da sie die religiöse Erziehung als einen wichtigen Beitrag zur Umerziehung

des Volkes betrachteten (vgl.: Klewitz, 1971, S. 52).
In der Kontroverse staatliches Schulmonopol vs Kirche kam es in
Berlin zu den gleichen Auseinandersetzungen wie in den Zonen, da her
bildungspolitische Fragen mit weltanschaulichen Ansprüchen verbunden
waren. Schließlich wurde ein Kompromiß gefunden: wöchentlich zwei
Stunden Religionsunterricht mit freiwilliger Teilnahme, der im Auftrag der Kirchen durchgeführt werden sollte (vgl.: Hearnden, 2 Aufl.,
1977, S. 32).

Die zweite grundlegende Kontroverse behandelte die Frage der Privatschulen. Im Schulverfassungsstatut vom 3. September 1945 waren vom
Berliner Magistrat allgemeinbildende Grundschulen als Privatschulen
generell für unzulässig erklärt worden. Im Januar 1946 hingegen
wurden Privatschulen vom alliierten Erziehungskomitee wieder für
zulässig erklärt. Dies bedeutete, daß schon bestehende Privatschulen
weiter arbeiten konnten, die Eröffnung von weiteren sollte mit alliierter Erlaubnis möglich sein (vgl.: Klewitz, 1971, S. 53 f). 1947
wurde ein Passus des Schulgesetzes verabschiedet, demzufolge keine
kirchlichen Privatschulen zugelassen werden sollten. Nach Intervention von Amerikanern und Briten wurden die schon bestehenden kirchlichen Privatschulen gebilligt (vgl.: Hearnden, 2. Aufl., 1977, S.
33).

Die beiden skizzierten Kontroversen waren neben der Frage: Einheitsschule oder dreigliedriges Schulsystem? die wesentlichen Streitpunkte
in der Auseinandersetzung um das Berliner Schulwesen, nicht nur
zwischen den Besatzungsmächten, sondern zwischen allen Beteiligten.
Zusammenfassend kann zur ersten Phase alliierter Schulpolitik in
Berlin (1945 - 1946) festgehalten werden: Die Re-education-Politik
der Westmächte in Berlin war im wesentlichen eine Reaktion auf die
sowjetisch-kommunistische Neuordnung der ersten Besatzungsmonate. In
den Jahren 1945 und 1946 brachen die westlichen Alliierten das Monopol der sowjetisch-kommunistischen Führung im Schulwesen durch ihre
Opposition gegen die Beschränkungen des Religionsunterrichts und der
Privatschulen (vgl.: Klewitz, 1971, S. 73). Amerikaner und Briten

verhinderten die schnelle Festschreibung der von der sowjetischen
Besatzungsmacht und der KPD schon teilweise durchgeführten Neuordnung
des Berliner Schulwesens in Form eines Gesetzes. Grund dafür war
(neben anderen) die Ablehnung der 8-jährigen Grundschule, wie sie im
Schuljahr 1946/47 aufgrund des Gesetzes "zur Demokratisierung der
deutschen Schule" (s. o.) in der SBZ eingeführt wurde. Amerikaner und
Briten empfahlen die 6-jährige Grundschule. Desweiteren wurde die von
ihnen als undemokratisch empfundene Praxis der Reform in der SBZ
abgelehnt.

Die drei wesentlichen Auswirkungen der angelsächsischen Schulpolitik
in Berlin 1945/46 waren: Zum ersten wurde der Magistrat durch die
alliierte Kommandantur dazu verpflichtet, eigenständige Änderungen
des Schulwesens zu unterlassen, vom Magistrat eingereichte Reformpläne scheiterten, weil sie von der alliierten Kommmandantur nicht
einstimmig angenommen wurden. Zum zweiten konnte der Magistrat nicht,
wie in der SBZ vorgesehen, den Religionsunterricht abschaffen, er
mußte ihn organisatorisch in die Eckstunden der Stundenpläne mit
einbeziehen, und zum dritten gestaltete sich die Diskussion um die
Schulreform vielseitiger, da die angelsächsischen Besatzungsmächte
Kirchen, Parteien, Gruppen und auch Einzelpersonen in stärkerem Maße
erlaubten, ihre Absichten zur Geltung zu bringen.

Ab 1947, nach Beendigung der Phase der Entnazifizierung und der
Entmilitarisierung, begannen die angelsächsischen Besatzungsmächte,
im Rahmen der Neuorientierung der US-Besatzungspolitik ein eigenes,
konstruktives Re-education-Programm in Gang zu setzen. Dies kam deshalb erst so spät, weil Amerikaner und Briten vorher kein detailliertes Konzept für den Aufbau des Schulwesens in Berlin hatten (vgl.:
Klewitz, 1971, S. 73 f). Sie verfolgten hiermit auch die Absicht,
durch eine sukzessive Übertragung von Regierungsposten auf Deutsche
die Besatzungskosten zu reduzieren und die sowjetische Machtexpansion
einzudämmen (vgl.: a.a.O., S. 88). Durch diese Umorientierung, mani-
festiert in der Direktive JCS 1779 vom Juli 1947, die die JCS 1067
ablöste (s. o.), wurde die bis zu diesem Zeitpunkt untergeordnete

Erziehungsabteilung zu einer Hauptabteilung der amerikanischen Militärregierung in Berlin ausgebaut. Sie hatte zeitweise den größten Mitarbeiterstab aller Hauptabteilungen. Ziel der amerikanischen Besatzungspolitik wurde jetzt u. a. die Förderung der deutschen Eigeninitiative in allen Bereichen (vgl.: a.a.O., S. 95 f).

Die Sowjetunion und die von ihr beeinflußte KPD/SED hielten an der von ihnen initiierten "antifaschistisch-demokratischen" Neuordnung des Schulwesens fest, die über die in der Direktive ACC-54 (s. o.) festgelegten Forderungen, die Amerikaner und Briten für sich als verbindlich ansahen, hinausgingen.

Nachdem die Westalliierten eine schnelle Verabschiedung des Einheitsschulgesetzes verhindert hatten, und Stadtverordnetenwahlen nicht kommunistische Mehrheit brachten, wollten sie den Deutschen die Entscheidungen über ihre Erziehungspolitik selbst überlassen und zogen sich aus der praktischen Schulpolitik zurück. (vgl.: a.a.O., S. 103)

10.2 Die Auseinandersetzungen der Parteien um das Berliner Schulgesetz

In der Anfangsphase der Besatzungszeit dominierte in Groß-Berlin, wie auch in der SBZ, das von der sowjetischen Besatzungsmacht und der KPD sowie der SPD initiierte Konzept der "antifaschistisch-demokratischen Schulreform". Im Konzept dieses Reformplanes wurde eine staatliche, nicht vertikal gegliederte Schulorganistion gefordert, die der umfassenden Demokratisierung der Schulorganisation, der Lehrerschaft und der Curricula dienen sollte. Dieser Plan büßte aber im Laufe des Jahres 1946 seine Orientierungsfunktion ein. Das in der SBZ im Jahre 1946 verabschiedete "Gesetz zur Demokratisierung der deutschen Schule", wurde in der Folgezeit von den Kommunisten und der Sowjetmacht immer mehr auf die bolschewistischen Gleichschaltungstendenzen hin interpretiert, so daß die "Neue Schule" immer weniger emanzipatorischen Zielsetzungen genügen konnte. Dadurch verlor dieser Entwurf in Berlin viele Anhänger (vgl.: a.a.O., S. 104 f). Der entscheidende Verlust an Wirkung aber wurde verursacht durch die innerparteiliche Opposition in der Berliner SPD, die sich im Gegensatz zu Teilen der SBZ-SPD, zur KPD und zur Sowjetunion für eine parlamentarisch-demokratische Entwicklung einsetzte. Nach der Verschmelzung von KPD und SPD zur SED (s. o.) in der SBZ blieb die SPD in Berlin, die diesen Weg nicht mitgegangen war, als eigenständige Parteiorganisation erhalten. (vgl.: a.a.O., S. 128 f) Die Berliner SPD erhielt jetzt auch Unterstützung von der westdeutschen SPD unter Kurt Schumacher und von den West-Alliierten. Allerdings waren die Forderungen nach Anhebung des Bildungsniveaus breiterer Bevölkerungsschichten und die gleiche Förderung aller Schüler unabhängig von der Schicht unverrückbare Fixpunkte der SPD-Schulreformvorstellungen. Hier ging sie mit den Vorstellungen der SED konform, ebenso in der Forderung der 8-jährigen allgemeinen Grundschule, die nach langen Diskussionen innerhalb der SPD in den Schulgesetzverhandlungen von 1947 zur zentralen Forderung erhoben wurde (vgl.: a.a.O., S. 130 f, S. 133). Im Gegensatz zu den Kommunisten entschied sich die SPD in Berlin aber für die Betonung einer freiheitlichen Entwicklung des Menschen, betonend, daß "für die Sozialdemokratie Sozialismus und Freiheit unlösbar miteinander verbunden seien" (a.a.O., S. 135), ganz im Gegensatz zum Kommunismus sowjetisch-stalinistischer Prägung, der die Persönlichkeit ignoriere und eine Vermassung der Gesellschaft befürchten lasse.

Im Laufe des Jahres 1946 konnten sich auch Liberale mit ihren Reformplänen Gehör verschaffen, bürgerliche Reformvorstellungen fanden so wieder Eingang in die öffentliche Diskussion (vgl.: a.a.O., S. 139). Anfänglich warb auch die LDP unter Dr. Külz für die "antifaschistisch-demokratische Schulreform" und sympathisierte mit den alten liberalen Forderungen der Trennung von Staat und Kirche und den ungehinderten Aufstiegsmöglichkeiten für alle Begabten ohne Ansehen der sozialen Schicht (vgl.: a.a.O., S. 108). Seit 1946 gewann das schulpolitische Programm der LDP eigene Züge, hatte aber auch viele Gemeinsamkeiten mit dem sozialdemokratischen Reformkonzept. Sie beinhielten auch die liberalen Vorstellungen Schulgeldfreiheit, Unentgeltlichkeit von Lehr- und Lernmitteln, Leistung als alleiniges Mittel der Auslese und die ausschließlich staatliche Kompetenz im Schulsektor. Nicht vertreten wurde von den Liberalen die Forderung nach der 8-jährigen Grundschule. Vielmehr sprachen sie sich für die 6-jährige Grundschule und später auch gegen die Trennung von Staat und Kirche aus. Ebenso forderte die LDP eine differenzierte Oberstufe. Sie wollte einen Unterschied sehen zwischen "intellektuell" und "praktisch-manuell" begabten Kindern. (vgl.: a.a.O., S. 139 ff).

Das christlich-traditionalistische Reformkonzept der CDU von 1945/46 stellte eine Alternative zur "antifaschistisch-demokratischen Schulreform" von SPD/KPD und sowjetischer Besatzungsmacht dar, da es sich auf die Grundlagen des abendländischen, christlich geprägten Geistesgutes und auf das Elternrecht der Erziehung stützte. Die CDU und die katholische Kirche befanden sich seit 1945 in Opposition zum Magistrat, denn die CDU beharrte auf der Entwicklung der Kirchen und auf der Beibehaltung des Religionsunterrichts. Allerdings war der Einfluß der CDU und der Kirche noch 1947 bei den Verhandlungen zum Berliner Schulgesetz wesentlich geringer als der von SPD oder KPD/SED. Erst durch die zunehmenden Auseinandersetzungen zwischen den westlichen und der östlichen Besatzungsmacht konnte die CDU an Boden gewinnen und ihre Ziele gleichberechtigt neben die sozialistischen und liberalen Forderungen stellen (vgl.: a.a.O., S. 147 f). Die Argumentation der CDU ähnelte der der katholischen Kirche. Wie sie beharrte auch die CDU auf der Forderung, nicht der Staat oder die Schule sondern einzig die Eltern hätten über den Geist der Erziehung ihrer Kinder zu bestimmen, die Rolle des Staates sollte auf die Unterhaltung von Schulen, die Ausbildung von Lehrkräften und die Aufstellung von Lehrplänen mit verbindlichem Wissenskanon beschränkt bleiben. Wichtig war der CDU auch der Erhalt des humanistischen Gymnasiums, so sprach sie sich für die 6-jährige Grundschule mit anschließender Aufsplitterung in eine 2-jährige Volksschule und ein 6-jähriges humanistisches Gymnasium aus. Im Gegensatz zur marxistisch-sozialistischen Annahme, bei entsprechender Förderung bestände eine hohe Lernfähigkeit aller

Schüler, vertrat die CDU die Auffassung von anlagebedingten Begabungen beim Menschen (vgl.: a.a.O., S. 150 ff).

Die Vorstellungen der CDU hatten in Berlin eine Außenseiterstellung. Daher versuchte sie in der Diskussion um das Schulgesetz auf eine Anpassung an die Schulentwicklung in den Westzonen hinzuwirken, wo ihre Vorstellungen eine wesentlich breitere Grundlage hatten und stärker beachtet wurden (vgl.: a.a.O., S. 154 f).

Neben dem Hauptschulamt war die Schulrätekonferenz die maßgebliche schulpolitische Instanz in Berlin. Von ihr ging die Gesetzesdiskussion in der zweiten Hälfte des Jahres 1946 aus. Beherrschend in ihr waren SPD-Schulräte. Zu dieser Zeit erging eine Aufforderung der alliierten Kommandantur an das Hauptschulamt, anstatt des Schulgesetzes für die SBZ einen ausführlich diskutierten eigenen Reformplan vorzulegen. Daraufhin wurden dem alliierten Erziehungskomitee im Oktober 1946 Richtlinien für eine Schulreform vorgelegt. Sie beinhalteten eine 12-jährige Schulpflicht, aufgeteilt in eine 9-jährige allgemeinbildende Schule (statt wie bisher 8 Jahre) und eine 3-jährige Berufsschule. Nach der 6-jährigen Grundschule war eine Gabelung vorgesehen in einen praktischen und einen wissenschaftlichen Zweig und eine Differenzierung in Kern- und Kursunterricht. Die Gabelung nach der 6. Klasse in zwei getrennte Schulzüge wurde als Kompromiß zwischen Reformern und Traditionalisten angesehen (vgl.: a.a.O., S. 157 ff). Durch die ständige Opposition von bürgerlichen Schulpolitikern, konservativen Lehrern und Kirchen ließ die Schulrätekonferenz schließlich den Reformplan zugunsten getrennter Gesetzentwürfe von CDU, SPD und SED fallen, die dann ab März 1947 (1. Lesung) heftig diskutiert wurden. Die LDP hatte auf die Vorlage eines eigenständigen Reformplanes verzichtet.

Die Wahlen zur Stadtverordnetenversammlung hatten der SPD eine deutliche die parlamentarische Mehrheit gebracht, die zusammen mit den SED-Mandaten die bürgerlichen Parteien majoritieren konnte. Dies tat sie schließlich auch in der Frage der 8-jährigen Grundschule (vgl.:

a.a.O., S. 162 ff/Hearnden, 2. Aufl., 1977, S. 33 f).

In der Diskussion ab 1945 waren allerdings auch Reformziele, die von allen Parteien anerkannt wurden, so u. a.: die Verlängerung der Schulpflicht, die Unentgeltlichkeit des Unterrichts und der Lernmittel, verstärkter Fachunterricht, Differenzierung in Kern- und Kursunterricht ab der 7. Klasse, koedukativer Unterricht und Einrichtung von Elternausschüssen (vgl.: Klewitz, 1971, S. 170 ff). Keine Einigung wurde dagegen erzielt in der Frage der 8-jährigen Grundschule, der religiösen Erziehung, der gymnasialen Bildung und der Privatschulfrage. Hier beharrte die CDU in Verbindung mit den Kirchen auf ihren Prinzipien (vgl.: a.a.O., S. 175 f). Die CDU gewann ab 1947 an Einfluß durch die stärker werdende Auseinandersetzungen der Alliierten um Berlin und mit dem Argument, die Einheitsschule sei rein marxistisch-sowjetisch motiviert unter Verkennung (oder Verleugnung) der jahrzehntelangen Tradition des Einheitsschulgedankens bei deutschen Reformpädagogen (vgl.: a.a.O., S. 182).

Die SPD hingegen erhielt eine Betätigung ihrer Positionen durch die Direktive ACC-54 (s. o.). Ihre Reformziele stimmten mit der ACC-54 überein, zudem galt die Direktive nicht nur für Berlin, sondern für alle deutschen Länder (vgl.: a.a.O., S. 185). Nach der 2. Lesung des Gesetzentwurfs im Oktober und November 1947 hatte die SPD auch das Ziel der konsequenten Trennung von Schule und Kirche aufgegeben, um zu einem Kompromiß mit der LDP zu gelangen. Die CDU blieb im wesentlichen in ihrer oppositionellen Rolle (vgl.: a.a.O., S. 188).

Schließlich wurde das Schulgesetz für Groß-Berlin am 13. November 1947 von der Stadtverordnetenversammlung beschlossen mit den Stimmen von SPD, SED und LDP gegen die Stimmen der CDU. Es wurde nach langen Auseinandersetzungen am 22. Juni 1948 mit rückwirkender Gültigkeit zum 1. Juni 1948 von der alliierten Kommandantur bestätigt (vgl.: a.a.O., S. 202/ Erdmann, 2. Aufl., 1982, S. 253/Mon. Paed., C VI, Dok. I, 57). Die wichtigsten Bestimmungen lassen sich wie folgt zusammenfassen: Schulträger war die "öffentliche Gebietskörperschaft

Groß-Berlin", Privatschulen, die schon zugelassen waren, blieben
zugelassen, weitere Zulassungen durch die Schulbehörde waren möglich
(§ 1), Einführung der 12-jährigen, in sich gegliederten Einheitsschule (§ 4), Aufsicht des Schulwesens durch den Magistrat (§ 5),
Koedukation (§ 11), Durchführung zwei Wochenstunden umfassenden Religionsunterrichts in Verantwortung der Kirchen auf Wunsch der Eltern
und auf freiwilliger Basis (§§ 13 u. 14), Schülerselbstverwaltung (§
17), Einrichtung von Elternausschüssen (§ 18), ab der 7. Klasse
Aufteilung in Kern- und Kursunterricht (§ 20), 3-jährige Berufsschule
ergänzend zur Berufsausbildung anschließend an die 9. Klasse (§ 21),
Einrichtung eines wissenschaftlichen Zweiges ab der 9. Klasse, der
zur Hochschulreife führt, Einführung der Hochschulausbildung für
zukünftige Lehrer (§ 25) (vgl.: Mon. Paed., C VI, Dok. I, 57).

10.3 Die Revision des Schulgesetzes in West- und Ost-Berlin

Bei den Wahlen in West-Berlin am 03. Dezember 1950 erhielten die
bürgerlichen Parteien CDU und FDP (die ehemalige LDP) mit zusammen 66
Sitzen eine Mehrheit von 5 Sitzen gegenüber der SPD. Hierdurch war
die SPD gezwungen, in der Frage der Einheitsschule nachzugeben, da
sie die angestrebte große Koalition nicht gefährden wollte (vgl.:
a.a.O., S. 254). Schon am 20. Mai 1951 wurde mit den Stimmen von CDU
und FDP gegen die Stimmen der SPD ein Schuländerungsgesetz erlassen,
welches eine Veränderung der Schulorganisation zur Folge hatte. Von
nun an war die Grundschule 6-jährig, die CDU/FDP-Koalition setzte die
Dreigliedrigkeit der Oberstufe durch, die SPD erreichte immerhin, daß
im 7. und 8. Schuljahr Übergänge zwischen den Zweigen geschaffen
wurden bzw. blieben. Die Gesetzesnovelle wurde von der SPD nach und
nach stillschweigend gebilligt (vgl.: a.a.O., S. 256 f, S. 262).

Seit den Wahlen im Oktober 1946 hatten die alliierten Vorbehaltsrech-
te in den jeweiligen Sektoren zu Auseinanderentwicklungen zwischen
den Westsektoren und dem Ostsektor Berlins geführt. In Ost-Berlin
wurde eine Angleichung des Schulwesens mit dem in der SBZ betrieben,

nach Gründung der DDR im Oktober 1949 wurde die Angleichung des Schulwesens der Stadt an das DDR-Schulwesen systematisch und zügig durchgeführt. Gestützt auf die vorläufige Berliner Verfassung vom August 1946 hatten die Sowjets von ihren Vorbehaltsrechten im Ostsektor regen Gebrauch gemacht und in der Folge des III. Pädagogischen Kongresses im Juli 1948 zeichnete sich die beabsichtigte Gleichschaltung von Schule und Lehrern mit den Zielen von SED und sowjetischer Besatzungsmacht ab. Diese in Ost-Berlin durchgeführten Maßnahmen boten letztendlich auch der CDU-Opposition in West-Berlin immer wieder Gelegenheit, ihre Revisionsforderungen ideologisch zu untermauern und ihnen schließlich auch zum Erfolg zu verhelfen (vgl.: a.a.O., S. 237 ff, S. 242).

11. DIE SCHULREFORM ZWISCHEN EINHEITSSCHULE UND TRADITIONELLEM DREI-GLIEDRIGEN SCHULWESEN

11.1 Die Veränderung der wirtschaftlichen und politischen Präferenzen in ihren Auswirkungen auf die Re-education

Die Wirtschaftspolitik spielte in den besatzungspolitischen Gesamtkonzeptionen aller vier Siegermächte eine besondere Rolle: Gemeinsame, wenn auch unterschiedlich deutlich ausgeprägte Zielperspektiven waren zunächst, die deutsche Wirtschaft als Basis militärischer Stärke auf lange Sicht auszuschalten, sowie über Reparationsleistungen Wiedergutmachung für die im Zweiten Weltkrieg erlittenen Schäden zu erlangen. Darüber hinaus waren die Alliierten aber auch bemüht, über eine von ihnen maßgeblich gestaltete Nachkriegswirtschaftsordnung, Einfluß zu nehmen auf die gesellschaftliche Entwicklung: "The United States and Great Britain were not prepared to ignore the gap that would develop in the economy of Europe if Germany could not rebuild a productive economy, and they were concerned with the probable costs to themselves of plugging this gap. France, on the other hand, was not worried by this prospect, and envisaged a situation in which it would replace Germany as the predominant state in Europe. Soviet policy, in marked contrast, was focused on somewhat different ends: reconstruction of Soviet productive capacity at German expense and the vigorous reduction of Germany as a security threat. The Soviet Union had no interest at all in the reconstruction of the European economy. In fact, as events were to prove, it was desirous of seeing this economy permanently weakened." (Reitzel/Kaplan/Coblenz, 1956, S. 143).

Getreu der marxistischen Interpretation des "Faschismus" als besonders aggressiver, imperialistisch-expansiver Variante des Kapitalismus, stellten die wirtschaftspolitischen Maßnahmen der Sowjetunion, namentlich Enteignung des Großgrundbesitzes, Bodenreform sowie Sozialisierung der Industrie, den Hauptbeitrag zur Zerschlagung der ökono-

mischen Basis des "Überbauphänomens Faschismus" und die unabdingbare
Voraussetzung für die Errichtung einer sozialistischen Wirtschafts-
und Gesellschaftsform dar (vgl.: Klessmann, in Heinemann (Hg.), 1981,
S. 234 ff). Als flankierende Maßnahmen folgten ein konsequenter
Elitenaustausch, die Besetzung politisch und gesellschaftlich relevanter Schlüsselpositionen mit linientreuen Kommunisten und Suspen-
dierung der alten, bürgerlichen Herrschaftselite aus bürgerlichen
Parteien und Kirchen. In dieser grundlegenden Umgestaltung der ökonomisch-politischen Rahmenbedingungen spielte das Erziehungswesens im
allgemeinen und die Einheitsschule als besonderer Ausdruck eine besondere Rolle. Anders dagegen die Prioritätensetzung in den drei
Westzonen. SWNCC 269/5 und der Bericht der Zook-Kommission hatten
bereits den in der amerikanischen Tradition des "pursuit of happi-
ness" liegenden fundamentalen Stellenwert einer florierenden Wirtschaft für den Erfolg der Re-education deutlich gemacht. Der moralische Gehalt der US-Nachkriegspolitik "wird deshalb weder aus der
Analyse der amerikanischen Außenpolitik eliminiert noch rein als
Ideologie eingestuft. In seinem Gewicht tritt er hinter die Berücksichtigung wirtschaftlicher Interessen zweifellos zurück. Die bürger-
lich-liberale Gesellschaft der USA, auf die Gewinnmaximierung der
privat wirtschaftenden Subjekte orientiert, richtet ihr Verhalten
innen wie außen darauf, die besten Voraussetzungen für ihre Wohl-
standssteigerung zu schaffen." (Czempiel, in Knapp (Hg.), 1975, S.
138). Nun hatten sich die USA vor dem Hintergrund ihrer, durch den
Zweiten Weltkrieg potenzierten wirtschaftlichen Stärke, zur führenden
westlichen Macht entwickelt und hielten mit dem "Marshall-Plan" das
geeignete Instrument in der Hand, um maßgeblich auf die Besatzungspolitik ihrer beiden westlichen Allianzpartner einwirken zu können. So
wurde bis 1948 auch der starke und viele Kontrollratsverhandlungen
lähmende Widerstand Frankreichs gegen die Errichtung eines Weststaa-
tes aus den drei westlichen Zonen und dessen Gestaltung nach dem
Vorbild der westlich-kapitalistischen Industriegesellschaft gebrochen
(vgl.: Klessmann, 1982, S. 103 ff) ebenso wie die verschiedenen
sozialistischen Veränderungsimpulse der britische Labour-Regierung
(Entflechtung, Verstaatlichungen, Mitbestimmung etc.) weitgehend

wirkungs- und folgenlos blieben.

Zudem hatte, wegen der massiven wirtschaftlichen Probleme Großbritanniens eine Umgestaltung der anglo-amerikanischen Bizonenverwaltung, des zunächst paritätischen Bipartite Board, den USA eine dominierende Stellung eingeräumt. Trotzdem konnten in der britischen Zone dank der SPD-Mehrheiten in Schleswig-Holstein und Hamburg bis 1948 konkrete Reformergebnisse im Schulwesen erreicht werden. Allerdings war ihr Bestand an die linken Parlamentsmehrheiten gebunden und damit überwiegend nur von kurzer Dauer.

Die breite Basis, die auf eine Wirtschaftsdemokratie zielende Reformansätze innerhalb der westdeutschen Nachkriegsöffentlichkeit, in den Gewerkschaften und den Parteien bis hin zur CDU (Ahlener Programm) zu Beginn der Besatzungszeit hatten (vgl.: Erdmann, 2. Aufl., 1982, S. 170 ff), schrumpfte unter der, durch den Kalten Krieg einsetzenden, Polarisierung und Ideologisierung politischer Auseinandersetzungen, wie es sich u. a. an den Ergebnissen der ersten Landtagswahlen in den drei Westzonen ablesen läßt (vgl.: a.a.O., S. 394 f). Die wirtschaftliche Notlage tat ein übriges, um in der CDU mit dem Konzept der "sozialen Marktwirtschaft" Müller-Armacks und Erhards, den wirtschafts- und gesellschaftspolitischen Entwurf einer von ihren krankhaften Auswüchsen geheilten kapitalistischen Nachkriegsordnung für Westdeutschland entstehen zu lassen. Wenn auch Gewerkschaften und SPD ihre Abwendung von radikalen Forderungen nach einer sozialistischen Planwirtschaft mit ihrem Plazet für Marhall-Plan und Währungsreform, damit de facto für die weitgehende Restauration eines kapitalistischen Wirtschafts- und Gesellschaftssystems, bekundeten, stellten doch die bürgerlichen Parteien den idealen Juniorpartner für die dominierende amerikanische Besatzungsmacht dar (vgl.: Lange-Quassowski, 1979/Huster/ Schweiger, in: Die Deutsche Schule, 12/1979, S. 753 f).

Inwieweit die USA Abstriche von ihren Schulreformbemühungen machten, um die in ihrer Zone bis auf Bremen über die Landtagsmehrheiten verfügenden Christdemokraten mit ihren restaurativen bildungspolitischen Konzeptionen nicht zu verprellen, kann aufgrund der Quellenlage nur spekulativ beurteilt werden. Huelsz (1970) vermutet einen solchen Zusammenhang bei der Kritik des amerikanischen Senats an der rigorosen Haltung der bayrischen US-Erziehungsabteilung gegenüber dem bayrischen Erziehungsministeriums (vgl.: S 124 ff). Unbestritten bleibt, daß die auf die Christdemokraten gestützte westintegrationistische amerikanische Besatzungspolitik, teils begünstigt, teils angeregt durch die genannten Faktoren, einen wesentlichen Beitrag zur langfristigen Re-etablierung einer westlich-kapitalistischen Wirtschafts- und Gesellschaftsordnung im westdeutschen Teilstaat geleistet hat (vgl.: Huster/ Schweiger, in: Die Deutsche Schule 12/1979, S. 753). Innerhalb dieser ökonomisch-politischen Rahmenbedingungen konnte weder die auf Systemüberwindung hin orientierte Schulreform der SPD, noch die der Besatzungsmacht greifen, die zwar einer kapitalistischen Industriegesellschaft wie der amerikanischen Vorbild funktionierte, aber durch ihre strukturelle Ähnlichkeit mit dem in der SBZ eingeführtem sozialistischen Einheitsschulwesen in den Augen der westdeutschen restaurativen Kräfte diskreditiert war und zudem mit dem Hinweis auf positive eigene Traditionen abgelehnt wurde (vgl.: Schlander, 1975, S. 222).

Erst die in den 60er Jahren aufkommende These, das traditionelle Bildungswesen könne die heranwachsende Generation nicht mehr im notwendigen Umfang für die Anforderungen der modernen Industriegesellschaft qualifizieren und gefährde somit die wirtschaftliche Leistungsfähigkeit, sollte wieder eine intensive bildungspolitische Reformdiskussion in der Bundesrepublik auslösen (vgl.: Bildungswesen, 1979, S. 20).

11.2 Konkrete Ergebnisse der Schulreformbemühungen

Bei der Betrachtung der Auswirkungen, die die Re-education-Bemühungen der Besatzungsmächte auf die Schulen in den Zonen hatten, sind grundsätzlich zwei Entwicklungen zu unterscheiden, die in der unterschiedlichen Einwirkungsintensität der Besatzungsmächte von Westzonen und SBZ begründet sind. In den Westzonen brachten die Re-education-Initiativen der Besatzungsmächte neben einigen wenigen konkreten Ergebnissen (s. u.) eine "Fülle von Anregungen" zur Um-/Neugestaltung der Schulen in den Zonen, die auch in der schulpolitischen Diskussion in der Bundesrepublik immer wieder aufgenommen wurden (vgl.: Bungenstab, 1969, S. 163). In der SBZ ging eine umwälzende Neugestaltung des Erziehungswesens vor sich, die mit der grundsätzlichen Umgestaltung der ökonomischen und sozio-kulturellen Rahmenbedingungen der Ost-Zone durch die Besatzungsmacht und später durch die staatsführende SED in engem Zusammenhang stand.

11.2.1 Einführung der Einheitsschule

In der US-Zone wurde die Einführung eines horizontal gegliederten Einheitsschulwesens nach amerikanischem Vorbild auf der Grundlage der Direktive ACC-54 in der Zeit vom Frühjahr 1947 bis zur Berchtesgadener Konferenz der Erziehungsabteilungen der US-Militärregierung (Oktober 1948) offensiv verfolgt, in dieser Zeit sollten die Landesregierungen ultimativ Schulreformpläne auf der Grundlage der in der Direktive ACC-54 erhobenen Forderungen ausarbeiten. Die Reformvorstellungen von SPD und den Volksschullehrer-Verbänden gingen in Richtung Einführung der 6-jährigen Grundschule, ebenso sollten die Übergangsmöglichkeiten zur gymnasialen Oberstufe verbessert werden. Die CDU/CSU-Mehrheiten in den Regierungen und Landtagen konnten aber, gestützt auf die Gymnasiallehrer, die organisierte Elternschaft und die allgemeine Grundstimmung in der Bevölkerung, alle Reforminitiativen entscheidend verwässern und abblocken, die Einheitsschule wurde hier als "sozialistische Gleichmacherei" diffamiert. Nur im SPD-regierten Bremen wurde mit einem Gesetz vom 31.03.1949 die 6-jährige

Grundschule eingeführt.

Der Schwerpunkt der britischen Reformmaßnahmen lag auf einer Schulbuchrevision und auf Austauschprogrammen für Lehrer. Die ACC-54 wurde von den Briten dahingehend interpretiert, daß das Schulwesen im Sekundarbereich durchaus ein dreigliedriges sein kann, ähnlich wie das aus dem "Education Act" von 1944 hergegangene britische Schulsystem. Bereits im Dezember 1946 wurde mit der "Verordnung 57" die Kulturhoheit an die Länder zurückgegeben. Die Reformvorstellungen von SPD und GEW in der britischen Zone waren denen der Gruppen in der amerikanischen Zone ähnlich. Die SPD konnte dank ihrer Mehrheiten in Schleswig-Holstein (Gesetz vom 05.03.1948) und in Hamburg (Gesetz vom 02.09.1949) die 6-jährige Grundschule einführen. Wichtigste Reformmaßnahmen der französischen Militärregierung waren neben einer Schulbuchrevision und einer Säuberung der Lehrpläne von nationalsozialistischem Gedankengut die Erleichterung des Übergangs von der Hauptschule zum Gymnasium. Sie versuchte 1947, das Gymnasium in ein Einheitsschulsystem französischer Prägung einzubinden, was ihr aber wegen des Widerstandes von Kirchen, Eltern- und Lehrerverbänden sowie der CDU nicht gelang. Die konservativen Gruppierungen in den Ländern der Zone hatten in Verbindung mit einer breiten Unterstützung durch die (überwiegend katholische) Bevölkerung eine derart starke Stellung, daß auf eine entschlossene Besatzungsmacht wie die französische den harten Konflikt auf diesem Felde scheute. So wurde auch hier weitestgehend das Schulsystem der Weimarer Zeit restauriert: "...Innerhalb des Schulwesens der Westzonen führte die teilweise sehr rasche Herstellung eines "geordneten Schulbetriebs" zur Stabilisierung der traditionellen, "eingespielten" Schulreformen..." (Herrlitz/Hopf/Titze, 1981, S. 143).

Lediglich in der SBZ ließ die sowjetische Besatzungsmacht von Anfang an keinen Zweifel darüber aufkommen, daß sie entschlossen war, auch gegen Widerstände in breiten Kreisen der Bevölkerung und durch politische Gruppen (CDU, LDPD), eine Neuordnung des Gesellschaftssystems und damit einhergehend auch eine Neuordnung des Schulsystems durchzu-

setzen. Zugute kam ihr dabei, daß die vor allem in Sachsen und
Preußen traditionell starken Arbeiterparteien für die Einheitsschule
standen, die SMAD mit einigem Recht darauf verweisen konnte, die
alliierten Reformbeschlüsse auch umzusetzen und last not least die
Sowjets im Gegensatz zu den anderen drei Besatzungsmächten darauf
verzichteten, ihr eigenes polytechnisches Schulwesen auf die Besetzten übertragen zu wollen.

11.2.2 Lehrplanreform und Partizipation

Die Lehrplanreform beschränkte sich in den Westzonen weitgehend auf
die Eliminierung nazistischer Inhalte, besonders im "Gesinnungsfach"
Geschichte. Die Franzosen griffen bei der Sprachenausbildung, besonders an Gymnasien ein, wo sie zur Erleichterung der Übergänge den
Lateinunterricht der ersten drei Schuljahre strichen und generell
Französisch als erste Fremdsprache einführten. In den angelsächsischen Besatzungszonen kam es, gemäß dem Grundsatz, daß die Deutschen
die Reformvorschläge selbst erarbeiten sollten, zu keinen Initiativen
der Besatzungsmächte, allerdings gaben sie Hilfestellungen in Form
von unterstützenden Institutionen, in der US-Zone durch die "Curriculum and Textbook Writing Centers", in der britischen Zone durch das
"Central Book Committee" (vgl.: Kap. 4.3.2).

Trotz der Propagierung, insbesondere der USA, im Rahmen der Demokratisierung der Schule eine Erweiterung der Mitbestimmungsrechte der
Schüler und Anstrengungen zu deren politischer Bildung für das Leben
in einem demokratischen Staatswesen durchzusetzen, griffen die Besatzungsmächte, wohl auch aus Personalmangel der Erziehungsabteilungen,
nicht direkt in den internen Schulbetrieb ein. Lediglich durch die ab
1947/48 intensivierten Austauschprogramme wurde deutschen Lehrern und
Schülern die Gelegenheit gegeben, in den USA mit institutionalisierten Schülermitverwaltungen Bekanntschaft zu machen (vgl.: Lange-Quassowski, 1979, S. 213 ff). Die Partizipation der Eltern
beschränkte sich hauptsächlich auf die Stellungnahme zu Reformvorhaben. Hierbei war zu berücksichtigen, daß nur Eltern, die selbst eine

höhere Bildung hatten, in der Regel die Tragweite schulpolitischer Weichenstellungen erkennen konnten, diese engagierten sich aber größtenteils für die Bewahrung ihrer Bildungsprivilegien und damit für die Restauration des traditionellen Schulwesens.

Im übrigen wurde die Bildungspolitik durch die materielle Notlage der Bevölkerung und den Kampf um die Befriedung elementarster Bedürfnisse sowie den Wiederaufbau des zerstörten Landes in den Hintergrund gedrängt. Auch in der SBZ beherrschten die materiellen Probleme die Gedanken der Menschen und verbrauchten den größten Teil ihrer Energien. Vor allem aus den im Vorabschnitt genannten Gründen war es für die Besatzungsmacht einfacher, ihre Ziele durchzusetzen. Wie in den Westzonen wurde eine schnelle Säuberung der Lehrpläne von allen, was nationalsozialistischen Inhalten durchgeführt. Durch die Vorarbeiten einiger Gruppen schon vor Ende des Krieges konnten neue Lehrpläne, besonders in Geschichte, schnell eingeführt werden. In den ersten Jahren wurden von der Zentralverwaltung für Volksbildung neue Stundentafeln für die Übergangszeit bis zur Erstellung komplett überarbeiteter Lehrpläne herausgegeben. die Mitarbeit von Eltern und Schülern an der Gestaltung des Schullebens wurde im Schulgesetz von 1946 festgeschrieben.

11.2.3 Schulgeld- und Lehrmittelfreiheit

Die Schulgeld- und Lehrmittelfreiheit war eine maßgebliche Forderung der Alliierten in der ACC Nr. 54, um die materielle Situation der Eltern als Selektionsmechanismus im Bildungsprozeß auszuschalten. Die Schulgeldfreiheit wurde im wesentlichen bis 1949 in allen Ländern der Westzonen eingeführt, in Niedersachsen erst 1955 (vgl.: Kap. 8.2).

Die Regelung der Lehrmittelfreiheit wurde in den einzelnen Bundesländern sehr unterschiedlich gehandhabt. So gab es in einzelnen Ländern überhaupt keine Lehrmittelfreiheit (z. B. Rheinland-Pfalz), in anderen Ländern ist nur die Oberstufe der Gymnasien von der Lehrmittelfreiheit ausgenommen (z. B. Bayern). Diese Regelungen gelten z. T.

bis zum heutigen Tage. Das Gesetz zur Demokratisierung der deutschen
Schule regelte auch schon die Frage des Schulgeldes. So wurde die
Grundschule und die Berufsschule schulgeldfrei eingeführt, Oberschule
und Hochschule sollten nur für Kinder minderbemittelter Eltern schulgeldfrei sein, bzw. diesen Kindern sollte durch Beihilfen der Besuch
von Ober- und Hochschule ermöglicht werden (vgl.: Mon. Paed., C VI,
Dok. I, 46). Die Verfassung der DDR regelte 1949 die generelle Schulgeldfreiheit und die Unentgeltlichkeit von Lehrmitteln für Pflicht-
schulen (Art. 39).

12. DAS ALLGEMEINBILDENDE SCHULWESEN IN DER BUNDESREPUBLIK DEUTSCHLAND UND IN DER DDR NACH 1949

12.1 Parallelen zur Reformdiskussion während der Besatzungszeit in der Bundesrepublik: Die Diskussion um die integrierte Gesamtschule

Die 50er Jahre standen in der Bundesrepublik zunächst im Zeichen der weiteren Verfestigung der Weimarer Traditionen im Schulwesen. 1951 und 1954 wurden die während der Besatzungszeit in Schleswig-Holstein und Hamburg eingeführten sechsjährigen Grundschulen von christlich-liberalen Landtags- bzw. Bürgerschaftsmehrheiten wieder abgeschafft, zugunsten einer Regelung, nach der der Übergang zum Gymnasium wieder nach dem vierten Grundschuljahr erfolgen konnte. 1957 folgte Bremen in der Rücknahme dieses Reformansatzes. (vgl.: Hearnden, 2. Aufl., 1977, S. 40)

Immerhin wurde 1953 der "Deutsche Ausschuß für das Erziehungs- und Bildungswesen" gegründet, ein unabhängiges Expertengremium, von dem die Ausarbeitung einer umfassenden Reformkonzeption erhofft wurde (vgl.: a.a.O., S. 42). Im Mittelpunkt des Interesses standen jedoch zunächst Bemühungen, durch Abbau der föderalistischen schulpolitischen Vielfalt, die Übergangsmöglichkeiten bei einem Schulwechsel von einem in ein anderes Bundesland zu verbessern. Im "Düsseldorfer Abkommen" von 1955 einigte sich die Kultusministerkonferenz (KMK) auf eine Vereinheitlichungen des Bewertungssystems sowie der Schultyp-, Fach- und Abschlußbezeichnungen (vgl.: a.a.O., S. 44), wenngleich der Widerstand der Länder gegen eine umfassende Vereinheitlichung durch Zentralisierung und Ausweitung der bildungspolitischen Kompetenzen des Bundes, ungebrochen war (vgl.: a.a.O., S. 82). Vor diesem Hintergrund blieb auch der 1959 vom "Deutschen Ausschuß" vorgelegte "Rahmenplan zur Umgestaltung und Vereinheitlichung des allgemeinen öffentlichen Schulwesens" ohne unmittelbare schulpolitische Auswirkungen, da die kultuspolitische Eigenständigkeit der Länder koordinierte, umfassende Reformbemühungen von vornherein ausschloß.

Mit der Erstellung des "Rahmenplans" hatte der "Deutsche Ausschuß" das Ziel angestrebt, durch eine Aufwertung der Volksschule, die trennende Kluft zwischen einer "volkstümlichen" Massenbildung und einer elitären höheren Bildung zu überwinden und die als allzu früh empfundene, scharfe Selektion nach dem vierten Grundschuljahr durch Einführung einer zweijährigen Förderstufe auf das Ende des sechsten Schuljahres zu verschieben. Nach dem sechsten Schuljahr war dann wieder die traditionelle Dreiteilung in die, um eine neunte Klasse erweiterte, nun als "Hauptschule" bezeichnete Volksschuloberstufe, Realschule und Gymnasium vorgesehen. Lediglich das nun unter der Bezeichnung "Studienschule" geführte humanistische Gymnasium sollte auch weiterhin nach dem vierten Grundschuljahr beginnen. Durch verbesserte Übergangsmöglichkeiten von Haupt- und Realschule in die gymnasiale Oberstufe sollte ein Beitrag zur Bedarfsdeckung der in steigendem Maße hohe Qualifikationen nachfragenden Wirtschaft geleistet werden. Darüberhinaus kamen auch Argumente zur Verbesserung der vertikalen sozialen Mobilität und zur Ausschöpfung von Bildungsreserven zum Tragen (vgl.: Hearnden, 2. Aufl. 1977, S. 82 ff).

Dreierlei ist an dem "Rahmenplan" bemerkenswert. Zunächst knüpft er an die "klassischen" Ansätze der Bildungsreform an : Das traditionelle Bildungswesen erwies sich als den gewandelten Bedingungen der (wieder) dynamischen Industriegesellschaft als nicht mehr adäquat und erweckte nun ein auf Funktionalitätssteigerung gerichtetes Reformbedürfnis. Hierin liegt der erste Wiederanknüpfungspunkt an Reformkonzeptionen aus der Besatzungszeit, insbesondere an die im Gefolge des Berichts der Zook-Kommission in den Vordergrund tretende amerikanische, die ja ebenfalls ein den Erfordernissen der modernen Industriegesellschaft westlicher Prägung Rechnung tragendes, funktionales Erziehungswesen zu implementieren suchte (vgl.: Kap. 8.1). Darüberhinaus weist die vom "Deutschen Ausschuß" vorgeschlagene Schulstruktur deutliche Parallelen zum britischen, mit dem Education Act von 1944 eingeführten Schulwesens auf, das gleichfalls eine dreigliedrige Sekundarstufe mit den Public Schools als Sonderform ähnlich der "Studieschule" umfaßt, und mit dem deutsche Erzieher durch die britische Besatzungsmacht bekannt wurden (vgl.: Kap. 7.1). Wenn auch der "Deutsche Ausschuß" die Reformkonzeptionen der Besatzungsmacht als den deutschen Verhältnissen nicht angemessen bezeichnet (vgl.: Empfehlungen und Gutachten, Folge 3, S. 6), ist es noch nicht unwahrscheinlich, daß über die Person des ehemaligen G.E.R.-Mitgliedes Fritz Borinski, Anregungen aus der britischen Schulreform in den "Rahmenplan" eingeflossen sind. Schließlich weist der "Rahmenplan" der nachfolgenden Schulreformdiskussion während der 60er Jahre die Richtung: Insbesondere die Forderung nach verbesserten Übergangsmöglichkeiten sollte ein horizontal gegliedertes, einheitliches Schulwesen wieder stärker in den Mittelpunkt des bildungspolitischen Interesses rücken.

Angeregt vom "Rahmenplan" und ausgelöst durch den sog. "Sputnik-Schock", wurde zu Beginn der 60er Jahre die pädagogische Forschungsarbeit intensiviert, insbesondere mit dem Ziel, die These vom "ständischen Charakter" des dreigliedrigen westdeutschen Schulwesens empirisch zu belegen. Eine OECD-Studie und die 1964 erschienene Aufsatzsammlung "Die deutsche Bildungskatastrophe" von G. Picht machten zudem auf die Bedeutung der Qualifikationsfunktion des Schulwesens für die wirtschaftliche Leistungsfähigkeit aufmerksam (vgl.: Hearnden, 2. Aufl., S. 136 ff/Bildungswesen, 1979, S. 20 ff). Dies führte zu verschiedenen Aktivitäten zur Verbesserung der Übergangsmöglichkeiten zu hochschulpropädeutischen Schullaufbahnen, sowohl innerhalb des allgemeinbildenden Schulwesens als auch durch Ausweitung des "Zweiten Bildungsweges".

In ihren "Bildungspolitischen Leitsätzen" von 1964 forderte die SPD wieder die "Zusammenlegung (von Hauptschule, Realschule und gymnasialer Mittelstufe) zu einer organisatorischen Einheit" (Scharfenberg (Hg.), 1976, Bd. 1, S. 104). Zunehmend griff die Diskussion über die ökonomische Dimension des Bildungswesens hinaus und erfaßte auch mehr und mehr die gesellschaftspolitische, indem die Allokationsfunktion der schulischen Qualifikation und ihre Lebenschancen der nachwachsenden Generationen Rückwirkung auf die Bildungschancen der Kindergeneration ins Bewußtsein gehoben wurde. Mit seinem Gutachtenband "Begabung und Lernen" (1968) relativierte der "Deutsche Bildungsrat" den Begabungsbegriff als wesentliche Rechtfertigung für ein vertikal gegliedertes, verschiedene Formen umfassendes Schulwesen, in diesem Sinne (vgl.: Bildungswesen, 1979, S. 23 ff). Schließlich ließ die gegen Ende der 60er Jahre sprunghaft zunehmende Erosion der erstarrten politischen Nachkriegskultur vor allem auch das tradierte Bildungswesen absolut werden. Auf beiden Seiten stellten sich wieder - mit ähnlicher Argumentation - die Kontrahenten ein, die in diesem Jahrhundert bereits auf der Weimarer Reichsschulkonferenz von 1920 und in der Re-educations-Phase 1945 - 1949 die "Klingen gekreuzt" und eine pragmatisch-funktionale Anpassung eines überholten Bildungswesens an gewandelte ökonomisch-sozio-kulturelle Rahmenbedingungen be- oder verhindert hatten.

Hinter der Forderung nach "Abbau der Unterprivilegierung" durch mehr "Chancengleichheit" wurde von Christdemokraten, Vertretern der Industrie und der Kirchen, organisierten Gymnasiallehrern und Teilen der Elternschaft systemüberwindendes, sozialistisch-egalisierendes Gedankengut vermutet. Antikommunistische Ressentiments, wie sie mit der Einführung der sozialistischen Einheitsschule 1946 in der SBZ angelegt worden waren, entfalteten ihre Langzeitwirkung (vgl.: Kuhlmann, in Robinsohn (Hg.), 2. Aufl., 1972, Bd. 1, S. 94 ff/Kap. 8.1). Trotz der Flankendeckung durch den "Deutschen Bildungsrat", der in seinem "Strukturplan" von 1970 eine mit struktureller Vereinheitlichung verbundene curriculare Reform in der Sekundarstufe I (fünftes bis zehntes Schuljahr) und eine mehr berufsbezogene Ausrichtung der gymnasialen Oberstufe befürwortete (vgl.: Hearnden, 2. Aufl., 1977, S. 206 ff), trotz des 1973 vorgelegten "Bildungsgesamtplans" der "Bund-Länder-Kommission für Bildungsplanung", der die Einführung der integrierten Gesamtschule als Regelschule vorsah, blieb die Reform bei einem bundesweiten Resümee mit der Einführung des Kurssystems in der neugestalteten gymnasialen Oberstufe und einigen vereinzelten

Fortschritten stecken. Sie scheiterte an den Interessengegensätzen innerhalb des föderalistisch-pluralen Bildungswesen, an finanziellen Problemen und letztendlich daran, daß durch die Verbesserung der Übergangsmöglichkeiten im Schulwesen, durch die "Flickwerksreformen" der 60er und frühen 70er Jahre, das Reformbedürfnis einer mehrheitlich "liberal-konservativen" Gesellschaft (vgl.: a.a.O., S. 95) gesättigt war und weitergehende Reformbemühungen auf breite Ablehnung stießen.

Einige der in der Re-education-Phase noch heiß umkämpften Vorhaben erledigten sich in den 60er Jahren unter einigen Rückzugsgefechten zwar, gleichwohl ohne große politische Erschütterungen fast von selbst (akademische Lehrerbildung, Marginalisierung der Bekenntnisschulen, quantitative Ausweitung der höheren Bildungsabschlüsse). Sei es, daß diese Resultate nachkriegsdeutscher Restauration sich als Anachronismen herausgestellt hatten, sei es, daß bildungsökonomische Betrachtungsweisen an Boden gewannen: Der bildungspolitische Problemhaushalt und seine Begründungszusammenhänge hatten sich offensichtlich geändert. Allerdings nicht in der Kernfrage der Schulreform, der Gesamtschule. Als wäre es eine zeitlose Walstatt konträrer gesellschaftspolitischer Projektionen, kristallierte sich in der Gesamtschulfrage tiefer Dissens zwischen den Kontrahenten, ohne vernünftige Relation zum pädagogischen Problem, kompromißunfähig, bisweilen grotesk. Die antirationalen Traditionslinien der neueren deutschen Bildungsgeschichte brachen sich wieder einmal Bahn.

12.2 Die Weiterentwicklung des sozialistischen Einheitsschulwesens in der DDR

Im Jahr 1950 war das Schulwesen der DDR schon weitestgehend durch die Einheitsschule geprägt. Die Gruppen, die vormals reformpädagogische Ideen verfochten hatten, waren zugunsten einer durchgängigen Einheitlichkeit in den Hintergrund gedrängt worden (vgl.: Hearnden, 2. Aufl., 1977, S. 54). Durch die Neuordnung des Schulwesens war der Anteil der Arbeiter- und Bauernkinder in den Oberschulen auf 34 %

angestiegen. Auf dem III. Parteitag der SED (Juli 1950) wurde eine
Diskussion geführt um die weitere Steigerung des Prozentsatzes durch
die Errichtung von Oberschulen in Industriegebieten. Hinzu kommen
sollten, auf einen Vorschlag von W. Ulbricht hin, neue, sog. "Zehnklassenschulen" zur Ausbildung von mittleren technischen Leistungs-
kräften. Diese sollten nach Möglichkeit auch Arbeiter- und Bauernkinder sein, um damit einen Beitrag zur Umstrukturierung der Gesellschaft zu leisten. Ab 1951 wurde die Einführung der Zehnklassenschule
vorbereitet, ab dem Schuljahr 1951/52 gab es durch sie in der DDR ein
dreigliedriges Schulsystem: nach der 8-jährigen Grundschule gab es
die Wahl zwischen Berufsschule (2 Jahre, in Verbindung mit einer
Berufsausbildung), Zehnklassenschule (2 Jahre) und Oberschule
(4 Jahre). Von der Zehnklassenschule wurden, um ihre Attraktivität zu
erhöhen, Übergangsmöglichkeiten zur Oberschule geschaffen (vgl.:
a.a.O., S. 55/Mende, in: Robinsohn, Hrsg., 2. Aufl., 1972, S. 2/25
f).

Der entstandene Dualismus von Oberschule und Zehnklassenschule führte
zu heftigen Diskussionen. Deren Ergebnis war schließlich im Mai 1953
die "Verordnung über die Reorganisation der allgemeinbildenden Schulen" (a.a.O., S. 2/28). Die Oberschule und die Zehnklassenschule
wurden zu einer neuen, 3-jährigen Oberschule vereinigt. Diese Vereinigung wurde, ebenfalls wieder nach heftigen Diskussionen, im Oktober
1953 zurückgenommen, die Zehnklassenschulen blieben bestehen (vgl.:
a.a.O., S. 2/29/Hearnden, 2. Aufl., 1977, S. 56 f). Weitere Bemühungen in diesen Jahren galten der Zentralisierung von Dorfschulen und
der Verbesserung der Bildungsmöglichkeiten für Landkinder. Die zweite
Hälfte der 50er Jahre war in der Schulpolitik bestimmt von dem Versuch, die Mittelschule (= Zehnklassenschule) so attraktiv zu machen,
daß sie mit der Oberschule konkurrieren konnte. Desweiteren sollte
die polytechnische Erziehung vorangetrieben werden. Auf der 3. Parteikonferenz der SED (März 1956) und auf dem V. Pädagogischen Kongreß
wurde auf die Notwendigkeit des Ausbaus eines Mittelschulwesens aus
ökonomischen Gründen hingewiesen, da ein verstärkter Techniker- und
Facharbeiterbedarf bestand. Hinzu kamen die Forderungen nach einer

Ausweitung der Mittelschulbildung auf alle Kinder, die weitere Arbeit an einer Realisierung der polytechnischen Bildung und des Aufbaus einer "sozialistischen Schule" (vgl.: a.a.O., S. 100 f/Mende, in Robinsohn, Hrsg., 2. Aufl., 1977, S. 2/30 ff). Im Resultat strebte man die Einführung einer allgemeinbildenden, für alle verbindlichen, 10-klassigen polytechnischen Oberschule an. Hierin sah man den genuin sozialistischen Schultyp, der das gesellschafts-politische Ziel einer Integration von Hand- und Kopfbildung mit ökonomischen Qualifikationserfordernissen verbinden sollte.

Im Dezember 1959 wurde dann als Gipfel der schulpolitischen Entwicklung der 50er Jahre das "Gesetz über die sozialistische Entwicklung des Schulwesens" (a.a.O., S. 108) in der DDR verabschiedet. Hierdurch wurde die polytechnische 10-klassige Oberschule für alle Kinder verbindlich (vgl.: a.a.O., S. 108/Mende, in: Robinsohn, Hrsg., 2. Aufl., 1972, S. 2/35 f). "...Der Einheitlichkeit der mitteldeutschen Schulgesetzgebung und Organisation des Bildungswesens entspricht das einheitliche Bildungssystem..." (Froese, 1962, S. 27) . Die Schulpolitik der frühen 60er Jahre bestand im wesentlichen in der Ausführung des Gesetzes von 1959, wobei immer wieder betont wurde, daß die wirtschaftliche Entwicklung die Vorgaben für die Ausbildung der Jugendlichen liefere und daß die Schulausbildung daher gemäß den Forderungen der Wirtschaft ablaufen müsse (vgl.: a.a.O., S. 2/40). Anfang der 60er Jahre wurde versucht, um das "polytechnische" der Ausbildung zu gewährleisten, die Oberschulbildung mit einer praktischen beruflichen Tätigkeit zu verschmelzen, hierzu wurde die Verbindung des Abiturs mit der Erlangung eines qualifizierten praktischen Berufsabschlusses gekoppelt (vgl.: Hearnden, 2. Aufl., 1977, S. 161). Seither ist das strukturbestimmende Merkmal des DDR-Bildungssystems ungeachtet der quantitativ nicht bedeutsamen speziellen Bildungswege - eine hochgradige Vernetzung, die von der Vorschule bis zum quartären Bildungssektor das gesamte Bildungswesen umspannt.

Anhang I: Abkürzungsverzeichnis

- ACC:
  Allied Control Council - Alliierter Kontrollrat, zentrales Organ der vier Besatzungsmächte in Deutschland, Sitz in Berlin

- ACC-54:
  Direktive Nr. 54 des Alliierten Kontrollrates

- ADLLV:
  Allgemeiner Deutscher Lehrer- und Lehrerinnenverband

- A.M.F.A.:
  Administration Militaire Francaise en Allemagne - Französische Militärregierung, Sitz in Baden-Baden

- C.C.G. (B.E.):
  Control Commission for Germany, British Element - Britische Militärregierung, Sitz in Bünde/Westfalen

- CDU:
  Christlich-Demokratische Union

- CSU:
  Christlich-Soziale Union

- DAG:
  Deutsche Angestellten Gewerkschaft

- DGB:
  Deutscher Gewerkschaftsbund

- DWK:
  Deutsche Wirtschaftskommission

- E.A.C.:
European Advisory Commission - anglo-amerikanisch-sowjetisches Planungsgremium während des Zweiten Weltkrieges

- E.R.A.B:
Education and Religious Affairs Branch - Erziehungsabteilung der Britischen Militärregierung

- E.R.A.S:
Education and Religious Affairs Section - Erziehungsabteilung der amerikanischen Militärregierung

- ERP:
European Recovery Program - Europäisches Wiederaufbauprogramm, der sog. "Marshall-Plan"

- FDGB:
Freier Deutscher Gewerkschaftsbund - sozialistische Einheitsgewerkschaft in der Deutschen Demokratischen Republik

- G.E.R.:
German Educational Reconstruction - Zusammenschluß deutscher und britischer Erzieher und Erwachsenenbildner

- GEW:
Gewerkschaft Erziehung und Wissenschaft

- JCS:
Joint Chiefs of Staff - Vereinigte Stabschefs der amerikanischen Streitkräfte

- JCS 1067:
Direktive 1067 der Amerikanischen Vereinigten Stabschefs

- JCS 1779:

    Direktive 1779 der Amerikanischen Vereinigten Stabschefs

- KPD:

    Kommunistische Partei Deutschlands

- KPdSU:

    Kommunistische Partei der Sowjetunion

- LDPD:

    Liberal-Demokratische Partei Deutschlands (DDR)

- M.M.A.A.:

    Mission Militaire pour les Affaires Allemandes - Französische Militärmission

- NKFD:

    Nationalkomitee Freies Deutschland - Exilorganisation der KPD in der Sowjetunion während des Zweiten Weltkrieges

- OECD:

    Organization for Economic Cooperation and Development - wirtschaftlicher Zusammenschluß der wichtigsten westlichen Industriestaaten, gegr. 1961 als Nachfolgeorganisation der

- OEEC:

    Organization for European Economic Cooperation - 1948 gegr. Zusammenschluß zwecks Verteilung der ERP-Mittel

- OMGUS:

    Office of Military Government for Germany, United States - amerikanische Militärregierung, Sitz in Höchst

- RGW:
Rat für gegenseitige Wirtschaftshilfe (auch COMECON) - wirtschaftlicher Zusammenschluß der Ostblockländer

- SBZ:
Sowjetische Besatzungszone

- SED:
1946 durch Zusammenschluß von SPD und KPD in der SBZ entstandene Sozialistische Einheitspartei Deutschlands

- SHAEF:
Supreme Headquarter of Allied Expedition Forces - Oberkommando der der anglo-amerikanischen Streitkräfte

- SMAD:
Sowjetische Militäradministration - sowjetische Militärregierung, Sitz in Berlin

- SPD:
Sozialdemokratische Partei Deutschlands

- SWNCC:
State-War-Navy Coordination Committee - Koordinierungskomitee des US-Außen-, Kriegs- und Marineministeriums

- SWNCC 269/5:
Long-Range Policy Statement des SWNCC Nr. 269/5 - Empfehlungen für die amerikanische Besatzungspolitik

- Z.E.R.:
Zonenerziehungsrat - Koordinationsgremium der Kultusminister in der britischen Zone

Anhang II: Literaturverzeichnis

MONOGRAPHIEN UND QUELLENSAMMLUNGEN

- Adam, Robert: Die USA, Bd. 1: Geschichte und Verfassungsordnung, München 1964

- Arbeitsgruppe am Max-Planck-Institut für Bildungsforschung: Das Bildungswesen in der Bundesrepublik Deutschland, Reinbek 1979 (zit. als "Bildungswesen 1979")

- Arendt, Hannah: Über die Revolution, München, 2. Aufl., 1974

- Backer, John. H.: Die Entscheidung zur Teilung Deutschlands. Die amerikanische Deutschland-Politik 1943 - 1948, München 1981

- Baske, S. u. M. Engelbert (Hg.): Zwei Jahrzehnte Bildungspolitik in der Sowjetzone Deutschlands. Dokumente, Bd. 1: 1945 - 1958, Berlin 1966

- Baumann, Ulrich, Volker Lenhart u. Axel Zimmermann (Hg.): Vergleichende Erziehungswissenschaft. Erziehungswissenschaftliche Reihe Bd. 22, Wiesbaden 1981

- Borinski, Fritz: Gesellschaft, Politik, Erwachsenenbildung. Ausgewählte Aufsätze zur politischen Bildung und Erziehung, Villingen 1969

- Bundesanstalt für gesamtdeutsche Aufgaben: Mitteilungen über die Dreimächtekonferenz von Berlin - Wortlaut des Potsdamer Abkommens vom 02.08.45, o. J.

- Bungenstab, Karl-Ernst: Umerziehung zur Demokratie? Re-educations-Politik im Bildungswesen der US-Zone 1945 - 1949, Düsseldorf 1970

- Clay, Lucius D.: Decision in Germany, New York 1950

- Cornides, Wilhelm: Die Weltmächte und Deutschland. Geschichte der jüngsten Vergangenheit 1945 - 1955. Tübingen, 3. Aufl., 1964

- Dallek, Robert: Franklin D. Roosevelt and American Foreign Policy 1932 - 1945, New York 1979

- A Decade of American Foreign Policy, Basic Documents 1941 - 1949, New York 1968

- Dewey, John, Oscar Handlin u. Werner Correll: Reform des Erziehungswesens. Eine Einführung in John Deweys Gedanken zur Schulreform, Weinheim 1963

- Empfehlungen und Gutachten des Deutschen Ausschusses für das Erziehungs- und Bildungswesen, Folge 3: Rahmenplan zur Umgestaltung und Vereinheitlichung des allgemeinbildenden öffentlichen Schulwesens, Nachdruck der ersten Aufl., Stuttgart 1969

- Erdmann, Karl-Dietrich: Das Ende des Reiches und die Neubildung deutscher Staaten. dtv-Taschenbuchausgabe des Gebhardt-Handbuch der deutschen Geschichte, Bd. 22, Stuttgart, 2. Aufl., 1982 (zit. als Erdmann, 2. Aufl., 1982)

- Ders.: Die Weimarer Republik. dtv-Taschenbuchausgabe des Gebhardt-Handbuch der deutschen Geschichte, Bd. 19, Stuttgart 3. Aufl., 1982, (zit. als Erdmann: Weimar)

- Fichte, Michael: Besatzungsmacht und Gewerkschaften. Zur Entwicklung und Anwendung der US-Gewerkschaftspolitik in Deutschland 1944 bis 1948, Opladen 1982

- Froese, Leonhard (Hg.): Bildungspolitik und Bildungsreform. Amtliche Texte und Dokumente zur Bildungspolitik im Deutschland der Besatzungszonen, der Bundesrepublik und der DDR, München 1969

- Ders.: Sowjetisierung der deutschen Schule. Entwicklung und Struktur des mitteldeutschen Bildungswesens, Freiburg 1962

- Fürstenau, Justus: Entnazifizierung. Ein Kapitel deutscher Nachkriegspolitik, Neuwied u. Berlin 1969

- Fürstenau, Peter u. a.: Zur Theorie der Schule. Pädagogisches Zentrum, Veröffentlichungen Reihe B: Diskussionsbeiträge, Bd. 10, Weinheim u. Basel 2. Aufl., 1972

- Gimbel, John: Amerikanische Besatzungspolitik in Deutschland 1945 bis 1949, Frankfurt/Main 1971

- Gönner, Eberhard u. Günther Haselier: Baden-Württemberg. Geschichte seiner Länger und Territorien. Freiburg 2. Aufl., 1980

- Gradl, J. B.: Anfang unter dem Sowjetstern. Die CDU in der SBZ 1945 - 1948, Köln 1981

- Grosser, Alfred: Deutschlandbilanz. Geschichte Deutschlands seit 1945, München 1970 u. München, 4. Aufl., 1972

- Günther, Karl-Heinz u. Gottfried Uhlig: Geschichte der Schule in der Deutschen Demokratischen Republik 1945 - 1971, Berlin (Ost) 1974

- Halbritter, Maria: Schulreformpolitik in der britischen Zone 1945 bis 1949, Frankfurt/M. 1979

- Hearnden, Arthur: Bildungspolitik in der BRD und DDR, Düsseldorf, 2. Aufl. 1977

- Ders.: The British in Germany. Educational Reconstruction after
  1945, London 1978

- Heinemann, Manfred (Hg.): Umerziehung und Wiederaufbau. Die Bildungspolitik der Besatzungsmächte in Deutschland und Österreich.
  Veröffentlichungen der Historischen Kommission der Deutschen Gesellschaft für Erziehungswissenschaft, Bd. 5, Stuttgart 1981

- Helling, Fritz u. Walther Kluthe (Hg.): Dokumente zur demokratischen Schulreform in Deutschland 1945 - 1948, Schwelm/Westfalen,
  o. J.

- Henke, Klaus-Dietmar: Politische Säuberung unter französischer
  Besatzung. Die Entnazifizierung in Württemberg-Hohenzollern,
  Stuttgart 1981

- Herrlitz, Hans-Georg, Wulf Hopf u. Hartmut Titze: Deutsche Schulgeschichte von 1800 bis zur Gegenwart. Eine Entführung, Königstein
  1981

- Heyen, Franz-Josef (Hg.): Geschichte des Landes Rheinland-Pfalz.
  Reihe Territorien-Ploetz - Geschichte deutscher Länder, Freiburg u.
  Würzburg 1981

- Hildebrandt, Horst (Hg.): Die deutschen Verfassungen des 19. u. 20.
  Jahrhunderts, Paderborn, 11., erg. Aufl. 1979

- Hohlfeld, J. (Hg.): Dokumente der Deutschen Politik und Geschichte
  von 1848 bis zur Gegenwart, Bd IV, Berlin 1952

- Huelsz, Isa: Schulpolitik in Bayern zwischen Demokratisierung und
  Restauration in den Jahren 1945 - 1950, Hamburg 1970

- Huster, Ernst-Ulrich u. a.: Determinanten der westdeutschen Restauration 1945 - 1949, Frankfurt/M. 1972

- Kaiser, Karl u. Roger Morgan: Strukturwandlungen der Außenpolitik in Großbritannien und der Bundesrepublik, München u. Wien 1970

- Kanz, Heinrich (Hg.): Deutsche Pädagogische Zeitgeschichte Bd. 1: 1945 - 1959, Ratingen u. Kastellaun 1975

- Kinder, H. u. W. Hilgemann: dtv-Atlas zur Weltgeschichte Bd. 2, München 16. Aufl., 1982

- Klafki, Wolfgang u. a.: Erziehungswissenschaft Bd. 1 u. 2, Frankfurt/M. 1970

- Klessmann, Christoph: Die doppelte Staatsgründung. Deutsche Geschichte 1945 - 1955. Schriftenreihe der Bundeszentrale für politische Bildung Bd. 193, Bonn 1982

- Klewitz, Marion: Berliner Einheitsschule 1945 - 1951, Berlin 1971

- Knapp, Manfred (Hg.): Die deutsch-amerikanischen Beziehungen nach 1945, Frankfurt/New York 1975

- Konrad-Adenauer-Stiftung (Hg.): Konrad Adenauer und die CDU der britischen Besatzungszone 1946 - 1949. Dokumente zur Gründungsgeschichte der CDU Deutschlands, Bonn 1975

- Kuklick, Bruce: American Policy and the Division of Germany, Ithaca u. London 1972

- Lange, Max-Gustav: Totalitäre Erziehung. Das Erziehungssystem in der Sowjetzone Deutschlands. Frankfurt/Main 1954

- Langewellpott, Christel: Erziehungswissenschaft und pädagogische Praxis in der DDR, Düsseldorf 1973

- Lange-Quassowski, Jutta-B.: Neuordnung oder Restauration? Das Demokratiekonzept der amerikanischen Besatzungsmacht und die politische Sozialisation der Westdeutschen: Wirtschaftsordnung - Schulstruktur

- Politische Bildung, Opladen 1979

- Latour, C. F. u. Thilo Vogelsang: Okkupation und Wiederaufbau. Die Tätigkeit der Militärregierung in der US-Besatzungszone 1944 - 1947, hrsg. vom Institut für Zeitgeschichte, Stuttgart 1973

- Lawson, Robert F.: Reform of the West German School System 1945 - 1962. University Microfilms International, Ann Arbor, Michigan, USA, 1963

- Leonhard, Wolfgang: Die Revolution entläßt ihre Kinder, Köln u. Berlin 1955

- Löhr, Hermann-Josef: Die kulturpolitische Diskussion in der Beratenden Landesversammlung von Rheinland-Pfalz, hrsg. von der Landeszentrale für politische Bildung Rheinland-Pfalz, Mainz 1974

- Moehlmann, Arthur H.: Theorien der demokratischen Erziehung und Bildung, Hannover 1978

- Monumenta Paedagogica, hrsg. von der Kommission für deutsche Erziehungs- u. Schulgeschichte der Deutschen Akademie der Wissenschaften zu Berlin:
+ Bd. C III: Zur Entwicklung des Volksbildungswesens auf dem Gebiet der Deutschen Demokratischen Republik 1946 - 1949, Berlin (Ost) 1968 (zit. als Mon. Paed., C III)
+ Bd. C IV: Dokumente zur Geschichte des Schulwesens in der DDR, Teil 1: 1945 - 1955, Berlin (Ost) 1970 (zit. als Mon. Paed. C IV)

- v. Münch, I.: Dokumente des geteilten Deutschland, Stuttgart 1968

- Northedge, F. S.: Descent from Power. British Foreign Policy 1945 bis 1973, London 1974

- Pakschies, Günter: Umerziehung in der Britischen Zone 1945 - 1949. Weinheim u. Basel 1979

- Pressestelle der Staatskanzlei Rheinland-Pfalz (Hg.): Rheinland-Pfalz - heute und morgen, Main 1976

- Reitzel, William, Morton A. Kaplan u. C. G. Coblenz: United States Foreign Policy 1945 - 1955, Washington D. C. 1956

- Robinsohn, Saul B. (Hg.): Schulreform im gesellschaftlichen Prozeß, Bd. 1, Stuttgart, 2. Aufl., 1972

- Röhrs, Hermann: Die progressive Erziehungsbewegung, Hannover 1977

- Ruge-Schatz, Angelika: Umerziehung und Schulpolitik in der französischen Besatzungszone 1945 - 1949, Frankfurt/M. 1977

- Sauer, Paul: Das Land Württemberg-Baden von 1945 - 1952, Ulm 1978

- Scharfenberg, Günter (Hg.): Dokumente zur Bildungspolitik der Parteien in der Bundesrepublik Deutschland, 3 Bde., Berlin 1976

- Schlander, Otto: Reeducation - Ein politisch-pädagogisches Prinzip im Widerstreit der Gruppen, Bern u. Frankfurt/M. 1975

- Schmid, Carlo: Erinnerungen, Bern/München/Wien 1979

- Schwarz, Hans-Peter: Vom Reich zur Bundesrepublik, Neuwied und Berlin 1966

- Tent, James F.: Mission on the Rhine - Reeducation and Denazification in American Occupied Germany, Chicago 1982

- Thies, J. u. K. Van Daak: Südwest-Deutschland - Stunde Null. Geschichte der französischen Besatzungszone, Düsseldorf 1979

- Thomas, Helga: Schulreform und Gesellschaft in England und Wales 1944 - 1970, Stuttgart 1975

- US-Government Printing Office: Germany 1947 - 1949. The Story in Documents, Washington D. C., 1950

- Weber, Hermann: Die SED 1946 - 1971, Hannover 1971

- Ders.: Von der SBZ zur "DDR" Bd. 1: 1945 - 1955, Hannover 1968

- Willis, F. Roy: France, Germany and the new Europe 1945 - 1967, Stanford Ca., USA, 1968

- Ders.: The French in Germany 1945 - 1949, Stanford Ca., USA, 1962

- Winkeler, Rolf: Schulpolitik in Württemberg-Hohenzollern 1945 - 1952. Eine Analyse der Auseinandersetzungen um die Schule zwischen Parteien, Verbänden und französischer Besatzungsmacht, Stuttgart 1971

- Wulf, Christoph (Hg.: Wörterbuch der Erziehung, München, 5. Aufl., 1980

- Zink, Harold: The United States in Germany 1944 - 1955, Princeton 1957

PERIODIKA UND ZEITSCHRIFTEN

- Beck, Maximilian: Notes on the Reeducation of Germany, in: Harvard Educational Review, Vol. XV, Mai 1945, Nr. 3

- Boehling, Rebecca: Das antideutsche Vorurteil in den USA und seine
  Wirkung auf die Nachkriegspolitik in der US-Zone 1943 - 1947, in:
  Bildung und Erziehung, 34. Jahrgang, 1981, S. 132 ff

- Bondy, Curt: Observation and Reeducation of German Prisoners of
  War, in: Harvard Educational Review, Vol. XIV, Jan. 1944

- Bungenstab, Karl-Ernst: Die Ausbildung der amerikanischen Offiziere
  für die Militärregierungen nach 1945, in: Jahrbuch für Amerika-
  studien Bd. 18, S. 195 ff, Heidelberg 1973

- Current History, Jahrgänge 1942 - 1944

- Dorn, Walter: Die Debatte über die amerikanische Besatzungspolitik
  (1944 - 1945), in: Vierteljahreshefte für Zeitgeschichte, Jan. 1958

- Evans, Frederic: The Reeducation of Germany, in: The Political
  Quarterly, Vol. XVI, Jan. - März 1945, Nr. 1

- Gelber, H. G.: Der Morgenthauplan, in: Vierteljahreshefte für
  Zeitgeschichte, Mai 1955, S. 372 ff

- Huden, Daniel P.: Gleichheit und Elitestreben in der Erziehungspolitik der Besatzungszeit, in: Bildung und Erziehung, 34. Jahrgang,
  1981, S. 150 ff

- Koszyk, Kurt: Umerziehung der Deutschen aus britischer Sicht, in:
  Aus Politik und Zeitgeschichte (Beilage zur Wochenzeitung "Das
  Parlament"), B 29/1978, S. 3 ff

- Kowalski, H. G.: Die European Advisory Commission als Instrument
  alliierter Deutschlandplanung 1943 - 1945, in: Vierteljahreshefte
  für Zeitgeschichte, Juli 1971, S. 261 ff

- Liddell, Helen G.: Education in Occupied Germany. A Field Study, in: International Affairs, Vol. XXIV, Jan. 1948, Nr. 1

- Martin, Kingsley: The Re-education of Germany, in: The Political Quarterly, Vol. XV, April - Juni 1944, Nr. 2

- Mercator: German Disarmament and European Reconstruction, in: edb., Vol. XIII, Okt. - Dez. 1942, Nr. 4

- Minshall, T. H.: The Problem of Germany, in: International Affairs, Vol. XX, Jan. 1944, Nr. 1

- Moltmann, G.: Die frühe amerikanische Deutschlandplanung im Zweiten Weltkrieg, in: Vierteljahreshefte für Zeitgeschichte, Mai 1957, S. 241 ff

- Die Pädagogische Provinz 1, 1947, S. 174 ff: Bericht des hessischen Ministers für Kultur und Unterricht Erwin Stein über die Pläne zur Erneuerung des Schulwesens im Lande Hessen vom 28.09.47

- Die Päd. Provinz 2, 1948, S. 447 ff: Schulreformplan des Landes Württemberg-Baden vom April 1948

- Proceedings of the Academy of Political Science, Vol. XXI, Jan. 1946, Nr. 4 u. Vol. XXII, Jan. 1948, Nr. 4

- die neue schule, Jahrgänge 1946 - 1948

- Schultze, Walter: Das Schulwesen in der Bundesrepublik, in Frankreich, Großbritannien und den USA, in: Soziologie der Schule, hrsg. von Peter Heintz (Sonderheft der Kölner Zeitschrift für Soziologie und Sozialpsychologie, Köln 1970)

- Viner, Jacob: The Treatment of Germany, in: Foreign Affairs, Vol. XXIII, Juli 1945, Nr. 4

- Weniger, Erich: Die Epoche der Umerziehung 1945 - 1949, in:
  Westermanns Pädagogische Beiträge, 11. Jahrgang 1959, S. 403 ff/
  517 ff sowie 12. Jg. 1960, S. 9 ff/74 ff

- Neue Zeitung vom 20.09.46, München

Anhang III: Dokumente zur alliierten Re-educations-Politik

- Dok. 1: JCS 1067 (Auszug)
  aus: US-Government 1950, S. 26

- Dok. 2: JCS 1779 (Auszug)
  aus: a.a.O., S. 40 f

- Dok. 3: SWNCC 269/5
  aus: a.a.O., S. 541 f

- Dok. 4: ACC-54
  aus: a.a.O., S. 550

- Dok. 5: Befehl Nr. 40 der SMAD
  aus: Froese (Hg.) 1969, S. 84 ff

- Dok. 6: Gesetz zur Demokratisierung der deutschen Schule, aus: a.a.O., S. 91 ff

- Dok. 7: Schulgesetz von Groß-Berlin vom 26.06.48
  aus: a.a.O., S. 106 ff

- Dok. 8: Verfassung der DDR (Auszug) vom 07.10.49
  aus: a.a.O., S. 125 f .

Innenpolitik in Theorie und Praxis
herausgegeben von
Lutz-Rainer Reuter, Hamburg und Rüdiger Voigt, Siegen

Band 1
Bernhard Muszynski
Forschungspolitik und Humanisierung der Arbeit
1982. 358 Seiten. Br. DM 48,—.
ISBN 3-597-10374-X

Band 2
Wolfgang Seibel
Die Nutzung verwaltungswissenschaftlicher Forschung für die Gesetzgebung
Chancen und Risiken weniger komplexer Rechtsetzungen
1984. 139 Seiten. Br. DM 29,80.
ISBN 3-597-10392-8

Band 3
Hiltrud Naßmacher (Hrsg.)
Wohnen und kommunale Politik
1985. XII, 193 Seiten. Br. DM 32,—.
ISBN 3-597-10393-6

Band 4
Rudolf Billerbeck
Schutz für Kaliforniens Küste
Interessen und Instrumente in der amerikanischen Umweltpolitik
1982. X, 276 Seiten. Br. DM 44,—.
ISBN 3-597-10394-4

Band 5
Albrecht Ebertzeder
Verrechtlichung des beruflichen Bildungswesens durch das Berufsbildungsgesetz?
1983. 122 Seiten. Br. DM 25,—.
ISBN 3-597-10395-2

Minerva Publikation Saur GmbH
Postfach 71 06 40, Heilmannstr. 17, 8000 München 71

Innenpolitik in Theorie und Praxis
herausgegeben von
Lutz-Rainer Reuter, Hamburg und Rüdiger Voigt, Siegen

Band 6
Hans-Joachim Reeb
Erziehung in den Streitkräften
Eine interdisziplinäre Analyse geltender Bestimmungen
1983. II, 184 Seiten. Br. DM 32,—.
ISBN 3-597-10396-0

Band 7
Walter H. Asam, Michael Heck (Hrsg.)
Soziale Selbsthilfegruppen in der Bundesrepublik Deutschland
Aktuelle Forschungsergebnisse und Situationsdiagnosen
1983. II, 302 Seiten. Br. DM 44,—.
ISBN 3-597-10397-9

Band 8
Bernhard Wanders
Zwischen Dienstleistungsunternehmen und politischer Basisbewegung
Mieterorganisation in der Bundesrepublik Deutschland
Empirische Untersuchung zur politischen Organisation wohnungsbezogener Verbraucherinteressen in Mietervereinen und Deutschem Mieterbund sowie in Mieterinitiativen
1984. XIV, 285 Seiten. Br. DM 44,—.
ISBN 3-597-10398-7

Band 9
Margot Fälker
Schulpolitik als Resultat von Machtrelationen
Computerunterstützte Datenanalyse der Schulpolitik in Nordrhein-Westfalen
von 1950 bis 1966
1984. 395 Seiten. Br. DM 48,—.
ISBN 3-597-10519-X

Band 10
Rainer Koch
Berufliche Sozialisation öffentlicher Bediensteter
Zur Auswirkung eines integrierten Verwaltungsstudiums
auf das berufliche Selbstverständnis
1984. VI, 108 Seiten. Br. DM 25,—.
ISBN 3-597-10520-3

Minerva Publikation Saur GmbH
Postfach 71 06 40, Heilmannstr. 17, 8000 München 71

Innenpolitik in Theorie und Praxis
herausgegeben von
Lutz-Rainer Reuter, Hamburg und Rüdiger Voigt, Siegen

Band 11
Zehn Jahre Hochschule der Bundeswehr Hamburg
Aufgaben – Entwicklungen – Perspektiven
hrsg. v. Wolfgang Gessenharter, Harro Plander, Lutz-Rainer Reuter
1985. VIII, 370 Seiten. Br. DM 46,—.
ISBN 3-597-10521-1

Band 12
Michael Heck
Deutsche Kohlepolitik
(in Vorbereitung)

Band 13
Hans-Werner Fuchs / Klaus-Peter Pöschl
Reform oder Restauration?
Eine vergleichende Analyse der schulpolitischen Konzepte und Maßnahmen
der Besatzungsmächte
1945 – 1949
1986. IV, 203 Seiten. Br. DM 38,—.
ISBN 3-597-10523-8

Minerva Publikation Saur GmbH
Postfach 71 06 40, Heilmannstr. 17, 8000 München 71

38,